OOK DEUR HELENA HUGO

Haar naam is Ragel

Marta

'n Roman

HELENA HUGO

LUX VERBI

Marta

Uitgegee deur Lux Verbi,
'n druknaam van NB-Uitgewers,
'n afdeling van Media24 Boeke (Edms) Bpk
Heerengracht, Kaapstad 8001
www.luxverbi.co.za

Teksversorging deur Elmarie Botes en Johan Steyn
Omslag en uitleg deur Marthie Steenkamp
Gedruk en gebind deur Interpak Books, Pietermaritzburg

Eerste uitgawe, eerste druk 2013
Tweede druk 2013

ISBN 978-0-7963-1757-5 (sagteband)
ISBN 978-0-7963-1759-9 (ePub)
ISBN 978-0-7963-1758-2 (mobi)

Opgedra aan Elize Schutte – my haarkapper.

Nee, beywer julle allereers vir
die koninkryk van God en vir
die wil van God, dan sal Hy
julle ook al hierdie dinge gee.

– MATTEUS 6:33

Een

Marta sit die telefoon se gehoorstuk terug. Wat het haar besiel om dit so uit te blaker vir die vreemde vrou – die nuus van Deon en Gunther? Sy het gepraat sonder om te dink. Maar miskien sou sy dit vanoggend, ná haar slapelose nag, vir enigeen gesê het. Nou is dit uit. Sy kon haar vreugde met iemand deel, iemand wat nie die vaagste vermoede het oor hoekom sý so opgewonde is nie. Dit is per slot van rekening 'n wonderlike verrassing vir meneer Swanepoel en veral vir Ciska, wat nie 'n geheim maak van haar verlange na haar seuns nie. Die vrou, dié Marinda Boshoff, kuier daar en Ciska praat. Vrydag, toe Marta haar hare gaan was en set het, het Ciska haar vertel van die vroutjie wat in Hester Visser se huis bly, en wat by hul tuinhekkie verbygestap het en meneer Swanepoel so vriendelik gegroet het. Sy is 'n mooi mens en hy kon nie haar innerlike skoonheid en verfyndheid miskyk nie, ook nie die hartseer nie – sulke seergemaakte oë. Toe nooi hy haar om te kom tee drink. Dit was die regte ding om te doen, want sy is 'n opgevoede mens en 'n ware dame. Sy lees ook uitstekend.

Dis nie asof Marta nie weet van die vrou wat die groot huis vir haar alleen huur nie. Sy het Valery en haar kleinseun vroeër die week daar sien ingaan en besef dat daar weer mense in tannie Hester se huis is. Later het sy by Tienke Bakker gehoor dat dit net een vrou is en dat sy alleen is omdat sy en haar man probleme het. Wat presies, het Tienke nie geweet nie. Die vrou neem haar middagetes by dominee en mevrou Van Velden en is stil en eenkant hoewel sy belowe het om met die kinders se kunsklas te help. Dit het uitgekom dat sy kunstig is, selfs kunstiger as Emma van Velden – en dít wil gedoen wees. Marta sien uit na die ontmoeting. Sy teken in haar afspraakboek aan: *Tienuur, kunstige mevrou Marinda Boshoff, highlights.*

Haar pa kyk vir haar uit sy geraamde portret langs die telefoon op die lessenaar. Sy boeke en lêers wat hy gebruik het toe hy skoolgehou het, staan met hul rugkante na haar toe. Sy studeerkamer is aan die koue kant van die huis. Daar hang geraamde almanakprente van leeus en luiperds teen die muur, ou skoolfoto's van die krieketspanne wat hy afgerig het en leerlinge wat presteer het, een van hom en meneer Swanepoel wat saam 'n toekenning ontvang. Dis die geraamde goud-sertifikaat wat tussen die ander hang.

Die lessenaar blink, die pennehouer en die borsbeeldjie van Albert Einstein staan nog altyd op dieselfde plek. Haar pa was 'n wiskunde-man. Sy werkgereedskap – passers, liniale en sakrekenaars – is in 'n laai toegesluit. Hy wou nooit 'n nuwe rekenaar aankoop nie.

Marta hou die studeerkamer soos dit was. Sy kom in as sy skoon-maak en om die telefoon te gebruik, die huishouding se begroting uit te werk en nou en dan 'n briefie of nota te skryf. Dis al jare dat haar pa dood is, maar sy kry steeds so 'n aardige gevoel as sy in sy stoel sit en skryf, asof hy sal inkom en haar vra wat sy daar maak. Maar dit is lankal haar lessenaar. Sy het een laai leeggemaak. Dis waar sy die bankstate en rekenings byderhand hou. Ander dokumente en goed wat sy vir die inkomstebelastingmense moet hou, is in die liasseer-kas toegesluit.

Marta los die afspraakboek oop. Sy haal diep asem. Die kamer ruik na hout wat pas geolie is en ou papiere. Sy sal môre weer hier afstof.

Dis Maandag en wasdag. Sy het sesuur die eerste bondel in die masjien gedruk. Aan die geraas wat sy hoor, lei sy af dis die hoogte-punt van die laaste spoelsiklus. Sy sal kan wasgoed uithaal en ophang voor haar eerste en enigste ander kliënt vir vandag opdaag. Dis oom Ollie Olwagen, wat Clanwilliam toe ry vir banksake. Tannie Olwagen het geskakel om te vra of Marta nie sy baard en wenkbroue kan trim nie, die bankmense is nie takhare gewoond nie en hy wil sy stem daar gaan dik maak oor sy rentes wat elke maand minder is.

Marta sug. Sy kon nog nooit genoeg spaar om meer as drie rand 'n maand aan rente te verdien nie, maar rente is 'n algemene probleem onder die afgetredenes wat nie kan werk nie. Hulle kan nie meer op onvoldoende pensioene leef nie. Die lewenskoste raak hoër en die ekonomie knyp en dis gevaarlik om op jou spaargeld te teer. Vra haar, sy weet hoe hulle moet sukkel om deur te kom met haar haarkapper-geld en haar ma se pensioentjie.

Sjoe, die wasmasjien klink of hy homself uitmekaar wil ruk. Oom Hannes het laas die deksel kom afskroef, binne-in gekyk en haar verseker dat dit nie 'n ernstige probleem is nie. Dit klink net so. Vir haar voel dit asof die masjien hom elke oomblik gaan losruk, alles in sy pad bestorm en stukkend stamp voor hy self by die agterstoep aftuimel. Hoor daar! Soms wonder sy of oom Hannes regtig so handig is, maar daar is niemand anders op die dorp wat sulke werkies doen nie en hy vra nie veel nie, net dat sy hare gesny word en 'n koppie tee.

Die wasmasjien fluit soos 'n trein wat 'n stasie binnestoom, 'n teken dat die eerste bondel finaal afgehandel is en die volgende een dus ook gedoen kan word voor die nuwe vrou aanland en die wanklanke moet verduur. Marta wil vinnig kombuis toe, maar word in haar vaart gestuit deur haar ma wat in haar rystoel aangesit kom. Die wiele fluit ook, nie met dieselfde intensiteit as die wasmasjien nie, maar tog.

"Jy moet laat kyk na daai masjien!" raas Hetta voor Marta kan aan-bied om haar rystoelwiele te olie.

"Ek het laas week gevra dat oom Hannes kyk, onthou Moeder nie?"

"Hannes Kramer kyk teen sy oogvelle vas. Kry iemand van Clan-william of ten minste Lambertsbaai dat hulle nuwe parte kom insit.

Daai ding gaan ontplof en dan is ons al twee in die hospitaal en die
huis aan die brand, wil jy dit hê?"

"Nee, dit sal nie gebeur nie. Oom Hannes het my gewys, dis net die
deksel wat skud. Sodra hy die deksel afhaal, is dit stiller."

"So, jy moet nou sonder deksel was? Kan hy nie 'n nuwe deksel
bring nie?"

"Dit sal nie help nie."

"Hoekom sê hy dan dis die deksel?"

Marta hou asem op. Hierdie gesprek gaan die hele Maandagog-
gend oorheers. Sy moet nog 'n bondel insit, en dan begin dit van voor
af – die wasmasjien se geraas en haar ma se gekla. *Tel jou woorde,
Marta*, maan sy haarself.

"Wil Moeder saamkom kombuis toe? Ek moet gaan wasgoed op-
hang," sê sy toe sy weer asem skep.

"Ja, ek wou juis vir jou kom sê my tee is koud, jy moet 'n vars
pot maak."

"Het Moeder al Moeder se pille gedrink?"

"Ek weet nou nie … Wil jy nie gaan kyk of hulle nog op die bed-
tafeltjie lê nie?"

Marta vat die rystoel se handvatsels vas. "Ek stoot Moeder eers
kombuis toe. Dis so 'n lekker dag, miskien moet ek Moeder uitstoot
om buite te sit terwyl ek wasgoed ophang?"

Hetta Koster trek haar skraal skouertjies skeef en vou haar trui-
pante oorkruis voor haar bors. Sy sidder asof dit in die middel van
die winter is.

"Wil jy hê my bors moet weer toeslaan?"

"Dis windstil en die son skyn."

"Dis nog nie somer nie."

Marta tel weer haar woorde en voer nie die argument verder nie. Sy
parkeer die rystoel langs die tafel. Sy gooi water in die ketel en skakel dit
aan. Haar ma trek die tydskrif wat op die tafel lê, nader. Dis 'n redelik
nuwe *Vrouekeur* met 'n artikel oor haarmodes vir die somerseisoen wat
Marta vanoggend saam met haar koffie gesit en bestudeer het. Sy koop

nooit tydskrifte nie. Van haar kliënte dra gereeld pakke oues aan – sommige wat dateer van selfs drie jaar gelede. Dit pas mos 'n haarkapper om tydskrifte byderhand te hê, maak nie saak hoe oud en gehawend nie, hoewel daar nooit meer as een persoon by haar sit en wag vir 'n beurt nie en iemand selde 'n tydskrif optel. Maar Marta sal nie 'n gegewe perd in die bek kyk nie en haar ma geniet dit om te blaai en hier en daar te lees. Sy ook – veral die stories en artikels oor glanspersone. Net jammer party mense sny patrone en resepte uit en dan moet sy eers seker maak of alles nog daar is voor sy begin lees. Haar ma kan haar so bloedig vererg as dit met haar gebeur, en sy is reg. Dis nie goeie maniere om jou versnipperde tydskrifte vir iemand anders aan te dra nie.

Die plastiekmandjie gaan swaar wees met al die nat handdoeke. Marta skuif dit eenkant toe, trek die rottangmandjie met die volgende lot nader en begin die masjien laai.

"Ek dag ek hoor die telefoon?" vra haar ma.

"Dit was die vrou wat by mevrou Visser huur. Sy kom tienuur."

"Lyk my sy is van plan om lank te kuier."

Marta kom orent. "Of om môre terug te gaan huis toe."

"Ek dag Tienke sê die vrou se man het haar gelos?"

"Dalk het hulle weer opgemaak."

"In my tyd sou 'n vrou nooit die pad kon vat en op 'n ander plek gaan wegkruip nie, ons moes suffer en uithou."

Marta staan met die mandjie in haar arms. "Moeder het mos nie gesuffer nie?"

"Ek praat nie van my en jou pa nie, ek praat in die algemeen. Die ketel kook."

Marta sit die mandjie neer en haal die klein teepotjie uit.

"Wat van jou?" vra haar ma – asof sy omgee.

"Ek is nie nou lus nie."

"Jy gaan 'n sakkie mors as jy net vir my maak en dan kla jy weer ons kom nie uit met die groceries nie."

Marta haal die blik met eenkoppiesakkies uit die kas. "Dis nie so erg nie. Moeder is lus vir tee en Moeder mag drink soveel soos Moeder wil."

"Is dit al weer daardie flou sakkies?"

"Laat dit trek tot ek van die wasgoedlyn af terugkom, dan skink ek vir Moeder."

"Dit kan trek, maar ek sê jou …"

Haar ma maak 'n snorkgeluid en blaai verwoed in die *Vrouekeur*. Marta ignoreer dit. Sy trek vir die teepot 'n mussie aan en lig die swaar mandjie. Maar die agterdeurslot sukkel en sy moet dit neersit om die deur oop te kry. Skielik voel sy weer so oud en opgebruik. Dit raak moeiliker om stil te bly en altyd byderhand te wees vir almal, veral vir haar ma. Niemand sien ooit raak dat sy wat Marta is, ook 'n mens is met behoeftes nie – soos om weg te kom en nie meer verantwoordelik te wees vir alles in hierdie huis nie! Eindelik is die deur oop.

Buite herwin sy haar kalmte. Die vars oggendlug is verfrissend teen die kombuis se bedompigheid. Sy ruik die skoon geure van grond en water en kry nuwe krag. Die mandjie nat wasgoed word ligter. Haar voete raak skaars grond. Sy vryf die drade met flinke bewegings skoon en skud die eerste handdoek goed uit. Tienuur kom Marinda Boshoff. Dit beteken 'n nuwe kliënt en meer geld – veral as sy highlights wil hê. Dalk bly sy nog 'n paar dae of weke, dan kom sy elke week vir 'n was en blaas. Dit kos tagtig rand. Vier maal tagtig is drie honderd en twintig wat Marta by haar maandgeld kan inreken. Dis min, maar alle bietjies help en die highlights teen drie honderd rand gee haar 'n goeie hupstoot.

Wie weet, die lewe hier rond kan nog ten goede verander.

Voëltjies fluit vrolik en vlieg heen en weer oor haar kop. Margriete, gousblomme en ander sonsoekers vou hul helder kroonblare oop. Marta lig haar gesig na die son en stuur een van haar skietgebede op.

Dankie, Here, dankie vir alles wat volmaak is. Ek smeek U, verander vir my alles wat nie volmaak is nie.

Deon is terug. Ongelukkig het hy 'n meisie aan sy sy en Ciska sê sy is pragtig. Maar Ciska wil so graag 'n skoondogter hê, enige vrou wat een van haar seuns huis toe bring, sal pragtig wees. Marta gee 'n laggie. Miskien is die meisie van Bahrein wat eintlik in Pretoria woon, glad nie so wonderlik nie. Miskien verander Deon van plan en los haar as hy háár weer sien. Baie kan in drie jaar verander. Sy het ouer geword, meer gesofistikeerd, nie so onseker soos laas nie. Dink net – as hy weer sy hare gesny wil hê, kan hulle so naby soos minnaars wees. Dié keer sal sy nie sukkel met sy kop vol kroontjies nie. Moeilik om te sny en tog so oulik, hy lyk jare jonger as vyf en veertig. Ja, hy is tien jaar ouer as sy, maar as mense eers ouer as twintig is, maak ouderdomsverskille nie meer saak nie. Haar pa was agt jaar ouer as haar ma.

Net jammer haar ma dink niks van die Swanepoels nie – te high and mighty na haar sin. Dit het begin die dag toe Gideon Swanepoel as skoolhoof aangestel is en Arend Koster as onderhoof. Haar pa was tevrede, want hy wou nie hoof wees nie. Haar ma het dit egter as 'n persoonlike belediging beskou dat 'n jonger man bo Arend bevorder is.

Sondagaand toe Ciska bel om te sê meneer Swanepoel se "verlang- se familie" is Deon en Gunther, het Marta se ma nie in die opwinding gedeel nie.

"Nou gaan jy weer heeldag en aldag daar boer agter die seuns aan," het sy verwyt.

"Hulle is nie seuns nie, Moeder, hulle is mans en Deon is verloof," het Marta gekeer.

"Sal dit jou terughou?"

Haar ma het haar so stip aangekyk, dit het gevoel asof sy diep in die geheimste hoekies van haar hart inkyk.

Dis waar, sy kan nie wag om Deon te sien nie en sy sal vandag nog haar kans waarneem. Gewoonlik doen sy Ciska se hare Maandae, Woensdae en Vrydae, maar Ciska het Sondagoggend ná kerk onver- wags gebel en haar gevra om asseblief 'n draai te kom maak en haar hare te kam. Swanie het 'n oproep van verlangse familie ontvang wat Sondagmiddag laat kom kuier en sy wil hom nie in die steek laat met haar deurmekaar kop nie. As Marta toe geweet het wie die gaste was, het sy by die Swanepoels gekuier tot Deon-hulle se aankoms. Nou moet sy wag tot Woensdag, want Ciska het haar dubbeld betaal omdat sy op Sondag moes werk en haar belowe dat sy dan nie Maandag hoef te kom nie.

Sy kan dus onmoontlik vandag soontoe gaan, tensy sy 'n ander verskoning as hare uitdink. Sy het dit klaar gedoen – laas nag toe sy nie kon slaap nie. Sy gaan 'n sjokoladekoek bak en dit oorvat, maar eers teen middagkoffie se koers. Vanoggend is buite die kwessie al het sy die koek voor dagbreek gebak en versier. Oom Ollie is netnou hier vir sy baard en Marinda Boshoff kom tienuur vir haar highlights, wat 'n uur of twee in beslag sal neem. Haar ma sal nuuskierig wees as sy op wasdag begin koek bak. Dis ook hoekom sy die bakkery uitstel tot haar ma haar middagslapie vang. Dan kan sy in vrede bak en later verduidelik. Teen halfvier sal sy voor die Swanepoels se deur staan. Hopelik sal haar ma nie omgee om 'n uurtjie alleen te bly nie, anders moet sy met tannie Dora reël om iemand op kort kennisgewing oor te stuur. Dit het juis Sondag 'n geskarrel veroorsaak. Toe word sy boonop aangepraat oor die sonde van Sondagwerk.

Soms voel sy so vasgekeer, dis asof 'n wurgende gewig om haar nek hang, 'n albatros in die vorm van haar eie ma! Maar sy het nie 'n keuse nie – sy moet haar ma oppas. Sy, Marta, met haar alles oorheersende pligsbesef en nimmereindigende arbeidsaamheid. Probleem is net, dit word nie raakgesien nie, ook nie waardeer nie.

Twee

"Jou lank geneem om die paar handdoekies op te hang," skimp Hetta toe Marta die agterdeur oopstoot.

"Dit was so lekker buite, ek het bietjie gedraai."

"Intussen staan my tee en koud word."

Dis op die punt van Marta se tong om vir haar ma te sê sy kon maar self geskink het, toe Hetta met haar verwronge handjie oor die bladsy voor haar vee. Dis moeilik vir haar om 'n teepot met kookwater te hanteer, selfs een so klein soos dié een. En Marta voel so skuldig, sy maak oordadig verskoning terwyl sy die tee skink. Dit is nog stomend warm.

"Hou op om ekskuus te sê, jy maak dit net erger!" keer Hetta.

"Jammer, Moeder."

"My pille!"

Hetta slaan haar vingertjies om die rand van die piering en trek die koppie tee aan die piering nader. Die koppie wikkel gevaarlik en Marta neem weer oor. Sy gooi melk en suiker in, kry raas omdat daar te min melk en te veel suiker is, en vlug kamer toe om haar ma se pille te gaan haal.

Hetta is gewas en aangetrek, maar haar bed is nog nie opgemaak nie en haar kamer is nie aan die kant nie. Marta kyk op die wekker op die bedtafeltjie en sien dat sy sal moet spring voor oom Ollie arriveer. Die pille was saam met haar ma se ontbyt wat sy vanoggend in die bed gekry het, en Hetta het vergeet om dit te drink. Dit staan nog net so op die bedtafeltjie.

Marta gryp dit so vinnig, een skiet uit en val op die vloer.

Waar om nou daarvoor te soek? Sy skakel die lig aan en kruip op haar knieë rond toe die telefoon lui. Haar ma sal nie antwoord nie en sy moet haar soektog staak en studeerkamer toe hardloop.

"Hallo!" sê sy voor sy die gehoorbuis behoorlik gelig het.

"Marta, dis Emma hier."

Nog 'n afspraak. Die Maandag gaan besig raak. Of dalk moet sy help bak vir een of ander funksie of toebroodjies maak vir 'n begrafnis, hoewel sy niks weet van 'n sterfgeval die afgelope week nie.

"Hallo, Emma."

"Jy klink uitasem. Hoe gaan dit?"

"Goed en met julle?"

"Uitstekend, maar Dora het my nou weer so 'n gewete gegee oor ons mense wat honger ly – en hulle is hier om ons, kindertjies wat van honger by die skool omkap en die voedingskema kom nie in werking nie. Pastoor Willemse-hulle gee wat hulle kan, maar ons?"

Marta het 'n vermoede wat aan die kom is. "Ek weet nie," sê sy vaag.

"Ons moet dringend plan maak om die sopkombuis weer aan die gang te kry. Is dit moontlik dat jy vanaand of môreaand kan oorstap pastorie toe vir 'n vergadering?"

Hulle het dit verlede jaar probeer en hulle was 'n paar maande aan die gang, maar van die ander helpers wat aan die begin so entoesiasties was, het hulle een na die ander in die steek gelaat. Ons gaan weer alleen werk, wil Marta beswaar maak, maar sy het nie die hart nie.

"Ek sal iemand vir Moeder moet kry."

"Ek sal Dora vra of Dania vry is. Kom versterk ons getalle, asseblief."

"Wie almal?" vra sy versigtig.

"Jy en Tienke en Ciska se Eva. Yvonne en Gerda en Sandra. Ek wil Ragel, ek bedoel Marinda, vra of sy kans sien. Dis die vroutjie wat mevrou Visser se huis huur."

"Sy kuier glo net."

"Sy het vir drie maande vooruit betaal."

Drie maande se haarafsprake! Marta tel die pen op en maak gou 'n som in haar afspraakboek. "Sy kom netnou hiernatoe vir haar hare."

"Goed dat jy sê, dan bel ek haar vanmiddag."

"Moet ek haar solank pols?"

"Laat dit liewer aan my oor. En Marta, sy is deur 'n moeilike tyd."

"Ek het gehoor van haar man."

"Sê maar niks."

"Emma, hoe ken jy my?"

"Ek is jammer – ek wou net seker maak. Watter dag dan, vir die vergadering?"

"Maak dit liewer Dinsdag vir my en Dania. Ek moes Moeder Sondag ook alleen los om Ciska se hare te kam. Het jy gehoor Deon-hulle is terug?"

"Ek was vanoggend daar vir haar voet. Toe sien ek hulle."

Dit voel vir Marta of haar hart by haar keel wil uitspring.

"Hoe lyk hulle?"

"Aantreklik en gaaf soos altyd. Deon is verloof, Gunther is nog los."

"Is sy mooi – die verloofde? Hoe lyk sy?"

"Sy's nie hier nie. Sy't van Bahrein af saamgevlieg Kaapstad toe, maar dadelik 'n aansluitingsvlug Johannesburg toe geneem. Dis terwille van haar ouers, eintlik haar pa, wat pas 'n hartomleiding gehad het. Deon sal haar later kom voorstel. Hy bly ook net 'n paar dae en dan vlieg hy om haar by te staan."

Marta kan skaars die woorde uitkry: "Wanneer … trou hulle?"

"Ek het nie gevra nie. Is dit nou reg vir Dinsdag?"

Sy sluk. "Hang af … van my ma."

"Ek sal met haar praat – as dit nodig is."

"Ek dink ek hoor haar. Totsiens solank."

Dit is so, haar ma roep. Maar Marta staan. Dis asof haar kop en skouers al swaarder word, haar hande slap, haar knieë lam. Die sopkombuis beteken ure in die kombuis, want sy kan net kook, terwyl die ander beurte maak om op te skep. Dit pla Marta dat sy altyd teruggedwing word kombuis toe, dat net sy nie kan uitkom en wegkom wanneer sy wil nie. Ja, Emma is ook hardwerkend. Dalk het hulle twee – wat geaardheid betref – baie gemeen, hoewel hul omstandighede hemelsbreed verskil. Emma is nie vier en twintig uur en sewe dae van die week in diens van 'n invalide nie. Rosie en Valery is in háár diens. Sy is getroud met 'n goeie, liefdevolle man – 'n predikant. Sy kan elke vraag wat in haar gemoed opkom, met hom bespreek. Sy antwoorde is betroubaar en waar. Saans kan sy in sy arms tot rus kom. Sy wat Marta is, slaap alleen. Soms huil sy in haar kussing, soms verlang sy, soms wonder sy en dan is daar niemand om na haar te luister nie. Sy kan nie die Vrouebybelstudies bywoon nie, sy kom selde in die kerk. As sy inkopies doen, moet sy hardloop. Sy het nie juis vriende van haar eie ouderdom nie. Sy smag na liefde. En nou het Deon iemand anders.

"Marta! Martaaa!"

Ja, sy het nog haar ma – elke oomblik van die dag.

"Ek kom, ek kom."

Marta het geleer om haar ma nie te ontstel nie en sy hét. Sy het haar nou te lank laat wag. Dus hou sy haar stem lig, gaan haal die houertjie met pille en stap flink kombuis toe.

Hetta gryp dit sonder om dankie te sê: "Wat lê jy vandag op die foon?"

"Dit was mevrou Van Velden."

Marta verwys nooit voor haar ma na die dominee se vrou op haar voornaam nie. Hetta glo nie daaraan om so eie met hul meerderes te wees nie, sy glo aan respek vir mense soos die dominee en sy vrou.

"Wil Mevrou jou weer in die werk steek?" Sy haal die pille een vir een uit en pak hulle in 'n rytjie voor haar op die tafel.

"Sy wil die sopkombuis laat herleef."

"Dis nie al my pille nie!"

Marta het gedink sy sal nie agterkom nie en sy hou haar dom:
"Moeder?"

"Die blou pilletjie, daai klein blou pilletjie."

"Miskien het ek vergeet."

"Miskien?"

"Ja, ek het vergeet."

"As ek ook nie wakker sit nie …"

Marta haal die botteltjie blou pilletjies uit die medisynekas in die hoek, skud een uit, bêre die botteltjie en maak besems en stoflappe bymekaar.

"Ek gaan Moeder se kamer aan die kant maak," sê sy en maak dat sy wegkom.

Hetta brom iets en sluk haar pille.

Drie tellings en Marta staan in die middel van die slaapkamer.

Asseblief! Waar is daardie blou pil! Wys my voor my ma dit kry.

Dis een van haar skietgebedjies wat sy nie so kras bedoel het nie. Maar sy is moeg en die dag het skaars begin. Toe sien sy die pil reg langs die spieëlkas se een poot.

Dankie, Here! Dankie, dankie!

Sy buk, tel dit op en sit dit op die spieëlkas onder een van haar ma se glaspotjies. Dan stoot sy die venster oop, maak die bed op, vee en stof af. Hetta se kamer moet elke dag skoongemaak word en Marta doen dit, soos sy alles doen wat van haar verwag word. Sy gaan binnekort weer potte vol sopkombuiskos kook. Die elektrisiteitsrekening sal gevaarlik styg. Sy sal oral afknyp om by te hou en stories vertel om haar ma gerus te stel – soos dat die kerk vir die elektrisiteit betaal – wat hulle nie doen nie.

"Jy kla, maar jy sal meer vrye tyd hê as jy minder vir die kerk werk," het haar ma eendag geskimp.

Vrye tyd? Om wat mee te doen? wou Marta vra. *Sit en luister hoe swaar Moeder ons vyf kinders in die wêreld gebring het, toe siek geword het en elke dag die lydensbeker drink. Moeder is die een wat kla.*

Sulke gedagtes kom by haar op, maar sy onderdruk dit met mening. Haar ma verkeer in pyn en het rede om te kla. Sy sorg vir haar, sy bly binne roepafstand, al gesels hulle nie, al dryf hulle verder en verder van mekaar af weg. Was daar 'n tyd toe hulle na aan mekaar was, toe haar ma vir haar omgegee het? Nee, sy was haar pa se kind. Hy het haar verstaan. Hy was 'n sagte man, die soort op wie sy maklik haar hart sou verloor – soos Deon Swanepoel. Hoekom het hy gaan staan en verloof raak?

Amper vergeet sy die blou pilletjie!

Sy sit dit in haar voorskootsak en stap kombuis toe.

"My rug is seer," kla haar ma. "Ek moet gaan lê."

Marta se hart vermurwe. Dit kan nie maklik wees om hulpeloos te wees nie.

"Die bed is opgemaak, ek vat Moeder kamer toe."

"Dink jy jou broers sal ooit weer van oorsee af hier aankom?" vra Hetta onverwags.

"Miskien, maar nie al drie tegelyk nie."

"Waarvoor het ek hulle grootgemaak – om koers te vat en my alleen te los?"

"Moeder is nie alleen nie."

"Ek verlang na my seuns en ek wil nie jaloers wees op Ciska Swanepoel nie."

"Moeder is mos nie?"

"Jy kan nie wag om hulle te sien nie."

"Ek sal vanmiddag oorstap," neem Marta haar kans waar.

"Dan moet jy gaan."

"Ek sal nie lank wegbly nie, ek sal net groet."

"Hulle kuier nou lekker."

Deon en Gunther sit saam met hul ouers om die ontbyttafel. Ciska is in haar rystoel, maar dit voel vir Gunther soos in die ou dae toe hulle voltallig was en sy ma gesond en lewenslustig.

Hy is stil, want hy het minder om mee te deel as sy broer. Deon is gelukkig en Gunther gun hom sy geluk. Hy was immers tot 'n paar maande gelede in dieselfde bootjie as Gunther – alleen en soekend na sy ander helfte. Aan mooi metgeselle het dit hulle nie ontbreek nie en dit was nie vir hulle ongewoon om soms 'n ruk lank in die arms van een of ander skoonheid tot rus te kom nie. Oor sulke los verhoudings word daar nie met jou ouers gepraat nie, jy noem dit hoogstens vir jou broer of vir 'n vriend. Julle skerts daaroor, julle oorweeg dit saam en kies dan daarteen. Uitlandse meisies is eksoties en interessant, maar as selfs die taal 'n probleem word, besluit jy met jou verstand, nie met jou hart nie. Jy maak jou bootjie los en dryf verder. Gunther dryf nou al maande so stoksielalleen.

Hy het ook 'n ander rede wat hy nie hier sal noem nie.

'n Stukkie van die gesprek dring tot hom deur toe sy pa die botter langs hom optel en vir Deon aangee.

"Ons is terug, Pa. Chanté se pa het haar nodig."

Ou dokter Naudé is 'n bekende internis. Hy staan aan die hoof van 'n groot praktyk. Maar hy is twee en sewentig en sy gesondheid het hom in die steek gelaat. Ná dese sal hy rustiger moet leef.

"Dis goed, nou het ons ook 'n dokter in die familie."

Deon grinnik. "Nog nie, Pa."

Gunther let op dat sy ma haar kop lig en haar oë skreef asof sy nie mooi kan hoor nie. Die hand waarmee sy haar broodjie vashou, bewe liggies.

"Wanneer trou julle? Het julle besluit?"

"Chanté het my nog nie eens aan haar ouers voorgestel nie."

"Jy sal moet ouers vra," terg sy pa.

"Julle moet tog nie te lank uitstel nie," vermaan sy ma.

Sy is vir Gunther so fyn en vroulik, selfs in haar ouderdom en met slegte gesondheid is sy mooi en afgerond. Vanoggend skyn die son van die groot vensters af op haar hare en verhelder die ligter strepe sodat dit lyk asof sy 'n ligkrans dra. Die blos op haar wange kan dalk van grimering wees, maar die lig in haar oë is van blydskap. Een van haar seuns het eindelik 'n maat gekry. Dit is, naas hul verrassende aankoms hier in die land, die grootste gebeurtenis in haar lewe.

Wat doen sy tog heeldag so vasgekluister aan die stoel? Luister musiek? Hy weet dat sy nie meer kan lees nie en selde televisie kyk. Sy hekel nog, maar dit doen sy so outomaties, sy hoef nie veel te kyk nie. Een van die dae sal sy glad nie meer kan sien nie.

Hy is lief vir sy ma. Sy was nog altyd sy heldin – bedrywig toe sy nog gesond was en aan die hardloop en woel en werk in en om die huis, by die skool en agter die klavier en orrel. Hoeveel kinders het sy geleer, hoeveel skoolkonserte en kore afgerig, hoeveel keer self opgetree? Hy wonder of iemand dit getel en neergeskryf het. Sy was elke dag by die skool en elke Sondag agter die orrel. Daar was Paasuitvoerings en Kerskonserte, optredes op buurdorpe tot selfs in Stellenbosch en die Nico Malan. Sy was bekend en bemind. Sy kon vandag wêreldberoemd gewees het. Maar sy het Gideon Swanepoel en die eenvoud van die Weskus gekies.

"Ek kan nie wag om haar te ontmoet nie."

"Mamma, dit hang alles af van haar pa se gesondheid. Hy moet eers herstel voor ons alles finaliseer en weer hiernatoe kom. Mamma verstaan mos."

"Ja, julle was landuit en as sy my dogter was – sy word nog my dogter – sou ek ook lang ure met haar wou beraadslaag oor alles wat met so 'n geleentheid gepaardgaan. Julle trou seker in Pretoria?"

"Dit is nog nie 'n uitgemaakte saak nie."

"Wil julle hier kom trou?"

Deon skep kweperkonfyt op sy brood. "Hoekom nie?" vra hy geheimsinnig.

Hulle het dit genoem, Gunther onthou die gesprek.

"Haar pa het pas 'n groot operasie ondergaan. Hy kan nie so ver reis nie."

Gunther het al vergeet hoe onselfsugtig hul ma kan wees. Sy is ook nie reisvaardig nie, maar sy dink al weer eerste aan iemand anders.

"Ons sal alles oorweeg," sê Deon verstandig. "Die konfyt is wraggies lekker."

"Julle het dit seker nie daar anderkant gekry nie?"

Hul pa het oud geword. Sy skouers hang, sy vingers is die ene artritis. Hy lyk vir Gunther verwaarloos. Hy kyk van sy pa na sy ma. Die koningin en die stalkneg, dis wat hulle is.

"Wat het julle daar oorkant geëet?"

"Alles wat ons wou hê en wat in potjies en blikkies van ander wêrelddele ingevoer kan word, maar nie sulke kweperkonfyt nie."

Iets sal vir sy pa gedoen moet word en hy kan nie. Hulle het nog nie swaarde gekruis vandat hy tuis is nie, maar in die verlede was hulle dikwels haaks en hy durf nie persoonlik raak nie. Maar sien sy ma dit nie raak nie? Pla dit haar nie dat hy so verslete is nie? Of kyk sy by hom verby – by die ou man – en sien hom soos hy veertig jaar gelede was. Hul liefdesverhaal het Gunther nog altyd verstom. Dis 'n wonderwerk dat twee mense so verskillend van opvoeding en agtergrond tot mekaar aangetrokke kon raak en mekaar kon aanvul en opbou en liefhê tot in hul gryse ouderdom. Maar dit het gebeur en dit kan weer gebeur. Hang af wat jy in 'n maat soek, of wie?

"En jy, Gunther?"

Amper skrik hy toe hy sy naam hoor.

"Mamma?"

"Wanneer kom wys jý jou aanstaande bruid?"

"Ek wil Deon eers kans gee."

"Is daar iemand?"

Sy ma se oë is so blou soos die see by Capri. En uit die bloute onthou hy die Italiaanse meisie wat hy soontoe geneem het. Haar naam was Lucinda. Hy het byna kop verloor daardie vakansie. Gunther bloos en kyk af. Vreeslik dat sy ma se oë hom aan Lucinda moet herinner.

"Jy bloos," terg Ciska en leun verder vorentoe.

Hy skud sy kop. "Nee, Mamma. Daar is niemand."

"Nie dat hy nie sy kans waargeneem het om hulle uit te toets nie," terg Deon.

"Wie praat?" brom Gunther.

Deon is nie onskuldig nie. Maar Gunther het hom voorgeneem om niks te vertel nie. Deon is werklik innig lief vir Chanté en Gunther gun hom dit.

"Jou tyd raak min," vermaan sy pa.

"Gun my 'n jaar of twee, dan verras ek julle ook."

"Toe ek julle ouderdom was, was ek en jou ma al gevestig en julle twee sulke kannetjies." Die ou man wys effens bo tafelhoogte.

"Julle was ook maar laat vir daardie dae," verweer Deon.

"Ja," sug hul pa.

Ciska tel die silwerklokkie op en lui vir Eva om af te dek.

Gunther sal wag tot Deon Pretoria toe is voor hy hulle van sy droom vertel. Laat sy broer eers behoorlik kuier. Dit duur dalk maande voor hy en Chanté hul toekoms bevestig. Maar syne is onsekerder as hulle s'n en hy moet nog te veel veg teen die twyfel. Geloof soos 'n mosterdsaadjie, het Jesus vir sy dissipels gesê, dis al wat jy nodig het om bome te ontwortel en berge te verskuif. Soms voel dit of sy geloof net te klein is, kleiner as selfs die kleinste spikkeltjie wat jy met jou blote oog kan sien.

Drie

"Marinda?" Dis die eerste keer dat Marta die vroutjie wat in mevrou Visser se huis woon van naby sien.

"Dis ek, maar ..."

Sy byt haar lip vas en kom nie verder met haar sin nie. Dit lyk of sy elke oomblik gaan omdraai en vlug.

"Jy is by die regte huis," stel Marta haar gerus en wys na haar beskeie uithangbordjie bokant die voordeur. "Ek het besigheidsregte, die stadsraad was baie tegemoetkomend. Almal weet van my. Die naambord is vir besoekers. Kom binne."

Sy sit die gieter waarmee sy haar stoepplante natgemaak het, langs die houtbankie neer. Daar staan twee potte met begonias waarby sy nie uitgekom het nie, en as sy die gieter hier sien, sal sy onthou. Sy loop vooruit en die vroutjie volg haar soos 'n trapsuutjies. Die deur na die kamer wat Marta as salon laat inrig het, is oop en sy staan terug sodat haar kliënt eerste kan instap.

In die ou dae was dit die stoepkamer waar haar broers geslaap het. Sy het pype van die buitekraan af laat aanlê, wasbakke en haardroërs laat installeer, die plankvloere uitgehaal en met teëls vervang, die

plafon wit en die mure nartjiegeel geverf – toe groot spieëls, geraam-
de sjampoe-advertensies en plakkate van beroemde skoonhede met
mooi hare opgehang.

Die tydskrifrakkies is netjies reggepak, die trollie met rollers en kam-
metjies blinkskoon, alles op hul plek, geen teken van oom Ollie se hare
op die skitterblink vloer nie. Die nuwe vroutjie het niks om oor te kla
nie, trouens, niemand het iets om oor te kla nie. Marta se eie klein salon
vertoon te eniger tyd net so professioneel soos Progress in die Kaap.
Sy wys na die stoel voor die middelste spieël. "Sit maar."

Marinda gaan sit onseker, voel-voel na die stoel agter haar asof sy
seer bene het. Haar skouertjies lyk soos die geraamte van een of ander
afvlerkvoëltjie. Haar beentjies is so maer, die stywe jean sit lossies.

Was die probleme tussen haar en haar man so erg dat sy siek ge-
word het daarvan?

Marta kry haar jammer, maar sy vra nie uit nie. Mense praat van-
self wanneer sy met hul hare werk en oom Ollie het haar vanoggend
klaar moeg gemaak met al die besonderhede oor sy geldsake. Het sy
maar 'n tiende van oom Ollie se rykdom – hy wat so klou aan die
kosterpos by die kerk asof hy geen heenkome het nie en kla met soveel
geld in die bank.

Sy steek haar vingers deur Marinda Boshoff se hare – fyn hare,
ligbruin, byna blond. Ligter strepies sal die bleek gesiggie verhelder.
Sy lyk so hartseer, so asof sy iewers in haar skraal liggaampie iets weg-
steek wat te swaar is vir haar.

"Wat doen ons vandag?" vra Marta maar die standaardvraag van
alle haarkappers.

Marinda raak aan haar kuif. "Ek was lanklaas by 'n haarkapper. Jy
sal moet sny."

"Kort?"

"Nee, hou dit langerig ... of miskien ..."

"Het jy dit al kort gedra?"

"Ja."

"So, sal ons weer sny?"

"Ek weet nie."

Marta wys na 'n plakkaat van Charlize Theron met kort blonde hare. "Daardie styl sal jou pas."

Toe glimlag Marinda. "Ek sal nooit soos Charlize kan lyk nie."

"Nie soos sy nie, soos jy. Ons haal die beste uit jou."

Marinda kyk verbaas op. Dit lyk asof sy nie kan glo wat sy hoor nie. Marta trek die kam deur die verwaarloosde hare. "Kom, ek was jou hare," sê sy en beduie na die wasbak se kant.

Hulle loop saam soontoe. Marinda gee doelgerigte treë en gaan sit met meer selfvertroue. *Goed so, sy is tevrede met my voorstel,* besluit Marta en hang die handdoek om Marinda se skouers. Sy doen moeite om die water te meng tot dit die regte temperatuur het. Sy gebruik haar beste sjampoe en masseer haar nuwe kliënt se kop sagkens, maar so bedrewe, sy kan voel hoe die spanning onder haar vingerpunte wyk, die stywe nekspiere meegee onder haar aanraking, die gesig sagter word, minder verskrik. Sy weet hoe om hulle tot rus te bring, sy sien en voel dit dikwels. Sy het 'n talent om selfs haar kwaai ou moeder tot bedaring te bring. Marinda hou haar oë toe. Sy is 'n mooi mens met 'n sterk profiel, lang wimpers, 'n sagte mond. Maar daar is donker kringe onder haar oë en plooitjies wat haar mondhoeke afrem.

Marta sal nie vrae vra, hulle praat self en dis deel van haar werk om te luister. Wat hulle nie besef nie, is dat hul hartseerstories haar uitput en seermaak en soms slapelose nagte besorg. Tog, haar hart gaan uit na die mens voor haar. Sy vou die handdoek versigtig om die nat hare, vryf dit effens droog en beduie weer na die stoel voor die spieël.

"Dankie," sê Marinda. "Ek voel minder gespanne."

"Ek is bly." Marta hang die haarsnymantel om die smal skouertjies. Dan haal sy haar kam uit en neem agter haar kliënt plaas, sy laat rus haar vingerpunte liggies teen die kante van haar kop en begin versigtig kam. Nie trek nie, dis belangrik om nie die gevoel van welbehae te versteur nie.

Marinda kyk in die spieël. Sy kyk met 'n uitdrukking van berusting na haarself.

"Goed, Marinda. Jy het nog een kans om van plan te verander. Sny of nie sny nie?"

Sy kry 'n vasberade uitdrukking om haar mond. "Sny," sê sy.

"Kort?"

"Kort. Ek het besluit, ek wil my man verras."

Is sy op pad terug? Is Marta haar kwyt voor hulle behoorlik kennis gemaak het? Dit sal haar verdiende loon wees om vooruit te bereken hoeveel geld sy gaan inkry. Maar dis belangriker dat die ongelukkige vrou op die stoel voor haar met haar man versoen raak.

Sy sal haar daarby berus. Marta trek die kam nog 'n slag deur.

"Hy weet nie dat jy jou hare gaan sny nie?" vra sy.

"Nee."

Sy steek die skêr in. 'n Flerts val op die teëlvloer en nog een.

"Ek wil reg wees vir hom, ek wil goed lyk."

"Wag hy vir jou by die huis?"

"Hy werk. Hy't gesê hy kom môre of so. Hy sal sy bes probeer."

"Buig asseblief jou nek."

Sy gehoorsaam en Marta sny. Sy sny tot sy die nekbeentjies wit sien deurskyn. Sy gaan sorg dat die vrou 'n metamorfose ondergaan, 'n verjongingskuur. Sy kan goed sny, haar vingers is geoefen en haar oog is reg ingestel. Sy werk vinnig.

Marinda glimlag tevrede. Marta begin uitdun en stileer, haar vingers dans.

"Ek het weggeloop van die huis af, ek kon dit nie meer verduur nie," sê Marinda.

Marta se hande raak stil. Wat kon sy nie meer verduur nie? Het hy haar geslaan?

"Toe moes ek wegkom. Dis 'n cliché, maar ek moes myself gaan soek en in die oë kyk en vind. My naam is nie Marinda nie. My naam is Ragel. Ek sal almal reghelp. Tienke en Bakker en Valery en Trevor en Ciska en oom Swanie, ek skuld hulle. Emma en Johan weet."

Marta sny die hare langs Marta se slape skuins. Dis nou so kort, haar ore is oop. Haar nek is slank, delikate trossies-oorbelle sal pragtig vertoon. Wat sal sy sê? Vir eers niks oor oorbelle nie.

"Ragel pas by jou, beter as Marinda."

"Dis my ma en my ouma se naam."

"Hou jy van jou hare?"

"Dit lyk so goed."

"Ek dink ook so. Strepies om jou nog mooier te maak?"

"Enigiets wat kan help. Ek het my man die afgelope tyd gruwelik verwaarloos – ek was so verkeerd. Ek was nie myself nie. Ek is nog steeds nie reg nie."

Sy sluk. Haar oë skiet vol trane. Marta gee haar skouer 'n bemoedigende drukkie voor sy omdraai om die nodige hulpmiddels vir die kleurproses in die kas te kry.

"Ek is seker hy sal jou nou waardeer."

"Ek was so onregverdig."

Marta hang nog 'n mantel om, van dik plastiek dié keer.

"Jy moenie jouself verwyt nie," troos sy. "Rusies kom altyd van twee kante."

"Hy het nie rusie gemaak nie, dit was ek."

"Jy?"

Sy knik, haar gesig trek skeef. "Hy moes ons seuntjie oppas, toe vergeet hy om die voordeur toe te maak en die hondjie hardloop uit en Frankie agterna onder 'n kar in."

Marta wag. Die ergste, weet sy, kom nog.

"Hy's dood, doodgery reg voor ons huis."

Vir 'n paar oomblikke is dit asof die spieël dof raak en Marinda – nee Ragel – Ragel is nie meer daar nie. Marta sien haar pa se verskrikte oë, sy mond wat geluide maak: *Sorg vir jou ma, kyk na haar.*

Dood is alomteenwoordig.

"Ek is jammer," sê sy sag. "Hoe oud was hy?"

"Twee jaar en vier maande. Hy kon so vinnig hardloop."

"So klein nog? Ek is jammer."

"Ek het Stephan beskuldig. Amper het ek hom ook verloor."

"Maar jy is nou reg om vrede te maak."

"Ek weet nie hoe nie. Ek het tyd nodig, maar ek moes hom laat weet dat ek beter is. Dis hoekom ek hier is – om beter te lyk."

"Ek belowe jou, ná dese sal hy baie van jou hou."

"Ek moet na Ciska-hulle ook, sê van my naam en … alles."

"Was jy nog nie daar nie?"

"Ek moes eers by jou uitkom. Jy doen Ciska se hare so mooi."

"Sy is baie spesiaal."

"Sy is."

Haar seun Deon ook. Maar Marta sê dit nie. Dis nie haar gewoonte om háár geheime met haar kliënte te deel nie. Sy luister na hul stories. Soms gee sy raad, soms troos sy, soms maak sy vrede. Sy is nie net die dorp se haarkapper nie, sy is ook hul biegmoeder en sielkundige. Sy praat nie uit nie, selfs nie voor haar ma nie. Sy hou alles vir haarself, al hul gevegte en uitgerekte sages. Dit kom van haar opleiding. Hulle het geleer om te luister. Maar as buitestander mag hulle nie betrokke raak nie.

Dis nie die maklikste ding op aarde nie. Dis so erg dat sy nagmerries kry. Een keer 'n maand wanneer sy Lambertsbaai toe ry, gaan sit sy op die strand en kyk hoe die golwe aanrol en die voëls ingesweef kom. Sy smeek God om hom vir haar terug te gee, vir Deon, sodat sy alles wat sy hoor met hom kan deel – nie in haar drome nie, werklik.

Maar nou het hy iemand anders …

"Ek gaan tee maak," sê sy vir Ragel toe sy klaar is met die kleursel. "Jy sal so tien minute moet sit."

"Dis reg, dankie."

"Hoe drink jy jou tee? Swart of met melk?"

"Melk en suiker."

"Kan ek vir jou 'n tydskrif aangee?"

"Nee, ek sit toe-oog."

Marta druk Ragel se hand. "Dit sal regkom," sê sy. "Ek bedoel, met jou en jou man."

Ragel knik. "Ek het te veel gepraat."

"Dit bly tussen ons. Wees gerus."

Gunther kry Eva in die kombuis aan die tee maak. "Eva, ek is bly jy is nog hier," sê hy.

"Ek het julle grootgemaak. Hoekom sal ek weggaan?"

"Omdat ons weg is." Gunther vat vir hom 'n gemmerkoekie. Dit knars onder sy tande.

"Ek sal hier bly tot die oumense afgesterf het, dan gaan ek na my dogter in Worcester en pas die kleinkinders se kinders op."

"Nog kinders om groot te maak?"

"Daar sal altyd kinders wees, al is hulle nog nie gebore nie."

Gunther gooi sy arm om sy ou oppasser en gee haar 'n drukkie.

"Jy's 'n goeie mens, Eva, jy't ons mooi geleer."

"Regte seunskinders, altyd weg as ek julle soek. Nou is julle groot mans en julle loop nog die wêreld vol. Maar ek sien, julle het geleer." Sy gooi kookwater oor die teesakkie in die ketel. "Waar is jou broer?"

"Hy help my pa in die tuin."

"Is reg so, hulle moet praat. Jou pa kan hom sê hoe om by sy vrou te staan. Wat van jou?"

"Ek het ander planne."

"Daar is nie 'n vrou nie?" Eva gooi ook 'n bekertjie vol kookwater. Sy sit dit neer en kyk vraend na hom.

"Ek sal die trollie invat."

"Ek dek vir jou ook 'n koppie." Sy pak nog 'n paar koekies op die bord. "Netnou maak ek vir jou pa en jou broer. Gaan praat met jou ma. Sy sit alleen."

Gunther vat die trollie vas en stoot dit versigtig in die gang af. Sy ma se kamerdeur staan oop. Toe hy in die deur stop, sien hy haar weemoedig sit en staar na die venster, hande gevou, haar hekelwerk op die tafeltjie langs haar.

"Mamma?"

Sy glimlag verras toe sy hom sien.

"Waar is Eva dan?"

"Ek het haar voorgekeer."

"En jou pa en Deon?"

"In die tuin. Pa spog met sy groente."

"Dis goed. Ek wil graag met jou praat." Sy wys hom waar om die trollie te laat staan.

"Ek ook. Mamma moenie heeldag so alleen sit nie."

Sy gee 'n laggie. "My verdiende loon. In die ou dae, toe ek so besig was, het ek dikwels gewens ek kan sit en alleen wees."

Hy stut sy ken op sy vuis en kyk reguit na haar.

"Raak Mamma nie eensaam nie?"

"Ek kry geselskap. Emma doen my voet elke tweede dag. Johan besoek my gereeld. Marta kom drie keer 'n week vir my hare. Van die skoolkinders verras my. Tienke loer in, die Bybelstudievroue kom gesels. Jou pa het een van die vakansiegangers aangekeer, 'n gawe vroutjie. Sy lees vir my. Die nuwe sangjuffrou vra raad. Hulle nooi my en jou pa uit na skoolbyeenkomste."

"Gaan julle?"

"Ons het voorverlede jaar nog, maar ons het verlede jaar opgehou. Dit raak moeilik. Ek voel in die pad met die rystoel en my oë wil nie meer nie."

"Wat van musiek?"

"Ek luister CD's en radio. Ek dink baie." Haar oë word wasig. "Ek het na julle verlang. En nou is julle al weer op pad."

"Deon – nie ek nie."

"Ek dag jy gaan ook."

Hy grinnik. "Julle is so bly oor Deon se verlowing, dis al waaroor julle praat."

Sy ma lyk of sy in trane gaan uitbars. Hy het haar seergemaak en hy wou nie, maar hy het.

"Ag, my kind. Dis die eerste keer dat een van julle verloof raak. Dis ongewoon." Sy haal 'n snesie uit die boksie op haar ronde tafeltjie en vee haar oë af. "Dis gebedsverhoring. In die eerste plek het ek gebid dat julle terugkom, en hier is julle."

"Eindelik."

"Skink vir ons, dan vertel jy my wat jy beplan. Ek hoop tog nie jy kuier net 'n paar dae nie."

Hy skink twee koppies, vir haar 'n halwe sodat sy dit met kookwater kan aanvul.

"Ek is hier om te bly," sê hy, "in die dorp, by julle."

"Gunther?" Sy hou asem op.

"Ek sal later met Pa praat. Mag ek 'n rukkie van julle gasvryheid gebruik maak? Ek het planne, maar ek moet eers seker maak voor ek oop kaarte speel. Is dit reg, kan ek my ou kamer terugkry? Ek sal huur betaal."

Sy glimlag so pragtig, sy lyk jare jonger.

"Nonsens, jy bly en jy betaal nie."

"Daaroor sal ons weer praat. Ek moet my deel bydra. Maar dankie vir die kamer."

Vier

Marta haal die bestanddele vir die sjokoladekoek uit en gooi dit onder 'n doek toe sodat haar ma dit nie moet sien nie. Sy maak smiddae kookkos en het frikkadelle, pampoen en koolbredie op die stoof.

In haar kop het sy 'n voor- en ná-foto van Ragel. Toe sy hier uitstap, het sy kompleet nes Charlize Theron gelyk. Arme vrou, sy en haar man het rede om te treur. Om 'n kind wat nog so jonk en onskuldig is, aan die dood af te staan, is onregverdig. Dit gebeur hier rond ook – dikwels onder die armes. En as daar een ding is waarvan jy hulle nie kan beskuldig nie, is dat hulle nie lief is vir hul kinders nie. Die goedjies word meesal wild groot, hardloop die dorp rond en speel in die strate. Maar laat een van hulle siek word of iets oorkom … Ten minste weet die dorpsmense om op die uitkyk te wees na kinders. Hulle word nie raakgery nie en die ouer seuns wat 'n paar jaar gelede 'n skrikbewind gevoer het, is weg. Ragel se seuntjie is in 'n stil woonbuurt doodgery. Dis so vreemd dat die kar en die kind juis op daardie oomblik ontmoet het. Hoe werk dit? Marta se kop is vol vrae. Haar ma sal sê sy verknies haar oor sake wat niks met haar te doen het nie.

God is Heer van lewe en dood en jy bevraagteken nie sy besluite nie. Maar is dit God wat sulke besluite neem? Hoe kan 'n God van liefde 'n kind met die dood tref en 'n moeder soos Ragel so bitter seermaak? Waarom moes haar pa in haar arms sterf toe sy nog maar sewentien was? Waarom het Deon verloof geraak? Waarom het hy weggegaan?

Marta tel die mandjie met strykgoed van die kombuistafel af en gooi 'n skoon tafeldoek oor. Sy is besig om te dek, toe Hetta haar klokkie lui. Voor sy kamer toe gaan, skakel sy die stoof af. Die kos is gaar en dit sal warm bly.

"Ek lui en lui en al wat kom, is jy?"

Dieselfde ou deuntjie. Kan Hetta nie geduld aanleer nie?

"Ek het gou die stoof afgeskakel. Die kos is reg."

"Weer kool?" vra haar ma. "Ek ruik dit."

"Ons moet dit opeet."

"Hoekom koop jy kool?"

"Ons koop nie kool nie, dis van dié wat ek self plant."

"Kool en blomkool, elke dag. Jy skep nie vir my kool nie."

"Goed, Moeder, ek sal nie."

Marta stop die rystoel by haar ma se plek aan tafel. Hetta pluk haar servet uit die ring en vou dit op haar skoot oop. Sy glo aan lapservette en hulle moet skoon wees. Daarmee het Marta geen probleem nie, sy was en stryk hulle elke tweede dag. Om tyd en moeite te spaar, skep sy die kos direk uit die potte op die borde. Dis net Sondae dat sy opskepskottels op tafel sit. Sy sit die bord voor haar ma neer.

Hetta kyk daarna met 'n frons. "Ek wens ek kan in die week ook vir myself skep."

"Ons het ooreengekom, Moeder. Die skottelgoed raak my oor."

"Ja, toe maar."

Hetta hou haar hand uit sodat hulle die tafelgebed kan doen. Marta gaan sit en Hetta rammel haar rympie af.

"Here, seën die voedsel aan ons liggame, seën ook die hande wat dit voorberei het. Amen."

Marta wonder of sy regtig begaan is oor die hande wat die kos maak. Haar oë gaan skaars oop, dan kritiseer sy. En vandag is sy weer in een van haar onmoontlike buie.

"Die pampoen het te veel gebraai, die rys het te min sout," kerm sy, maar eet lustig. "Jy kan vir my ook 'n klein skeppie van die kool gee."

"Moeder wou dan nie kool hê nie."

"Ek sal dit afwurg saam met die vleis, anders is die kos te min."

Marta sukkel om haar gesigsuitdrukking neutraal te hou; sy vat Hetta se bord en gaan skep. Ná ete kry elkeen 'n bolletjie roomys. Haar ma drink haar pille saam met 'n halwe koppie swart koffie.

"Dankie, Marta, dit was lekker," sê sy onverwags. "Ek gaan rus, sal jy my kamer toe help?"

Marta doen dit met plesier. Sy help haar op die bed, trek die gordyne en die deur toe. "Lekker rus."

In die kombuis spring sy dadelik aan die werk en binne vyftien minute is die koek in die oond en maak sy solank die versiersuiker aan. Sy was skottelgoed, haal die koek uit en skud die panne op die afkoelrakkie uit. Perfek. Vinnig stort, haar nuwe somerrok aantrek en die koek versier.

Dis twintig oor drie toe sy dit in 'n blik sit en by die sydeur uitglip. Al sien sy hom net 'n minuut, sal dit die moeite werd wees.

Nog vyf minute en sy staan op die Swanepoels se voorstoep en klop. Eenkant onder die houtbank sien sy meneer Swanepoel se tuinskoene. Haar hart klop so hard sy kan sweer sy hoor die hamerslae. Dis so stil daar binne, sy hoop nie hulle slaap nie.

Maar dan hoor sy voetstappe. Dit klink te lig. Of is hy dalk kaalvoet?

Die deur gaan oop en Eva staan voor haar op haar kouse. Dis skemerdonker in die huis agter haar.

Marta gee die blik aan en fluister. "Ek het vandag gebak." Sy voel belaglik.

"Mevrou slaap en Meneer en Deon en Gunther het ná ete Lambertsbaai toe uitgery."

Eva praat gedemp.

Marta dink vinnig. "Ek het die koek gebring, nie kom kuier nie. Moeder is alleen, ek moet gou maak."

"Dis 'n mooi nuwe rokkie wat jy aanhet."

Eva is moedswillig, sy terg. Marta maak of sy haar nie daaraan steur nie. "Dankie," sê sy en draai om en loop.

Eva kyk haar agterna, sy kan voel hoe sy vir haar kyk, die ou heks. Ten minste slaap haar ma nog vas toe sy by die huis aankom. Sy trek haar nuwe rok uit en hang dit op, sy vat 'n snesie en vee die grimering van haar gesig af. Toe gaan sit sy op die bed.

Sy wens sy is nooit gebore nie, sy wens sy is nie sy nie. Sy wens sy is haar suster wat soos Emma getroud is met 'n predikant, en wat kinders het en gelukkig is. Sy haat haar lewe, sy haat Deon Swanepoel en die res van hulle. Haar ma is reg, hulle dink hulle is beter as ander mense en Ciska verdra haar net omdat sy die enigste mens in die dorp is wat kan hare doen.

Marta is moeg. Sy wil op die bed omkeer en rus, maar sy is so moeg sy is bang sy raak aan die slaap en hoor nie haar ma se klokkie nie. Daarom trek sy haar huisrok aan, loop kombuis toe, slaan die strykplank op en stryk. Dit was simpel van haar om die koek te bak. Selfs Eva kon agterkom dis 'n verskoning om hom te sien, vir Deon. Almal, die hele dorp weet sy is verlief op hom.

Dit het lank terug begin toe sy tien was en hy reeds op universiteit. Haar suster het hier op die dorp kom trou en sy was die blomme-meisie in 'n wye geel nylonrokkie, net reg om later as volkspelerok te dien. Eintlik was sy te jonk om by die laer aan te sluit, maar almal het gedink sy is oulik – die parmantige Koster-dogtertjie in haar blom-memeisierok ewe met 'n wit nekdoek en kantmoffies wat Ciska vir haar gemaak het. Ciska het sulke dinge gedoen, dinge wat haar eie ma nie voor kans gesien het nie.

Sy en meneer Swanepoel het ook volkspele gedoen. Hulle was die leiers van die dorp se laer. Dis Ciska wat Deon sover gekry het om Marta volkspele toe te vergesel. Hy het dit die hele seisoen getrou volgehou. Haar ma wou die stuipe kry, maar haar pa het gedink dis gaaf. Hy het elke aand kom kyk hoe hulle dans en foto's geneem wat sy later vergeefs gesoek het.

Dit was Deon se universiteitsvakansie en hy het nie 'n meisie saamgebring nie. Gunther het ook gedans, met sy wilde skoolvriendin, Pikkie Meyer. Deon het baie gelag en grappe gemaak. Deon het haar alles van die universiteit vertel en haar lus gemaak om ook verder te gaan leer.

Op die ou end het sy net matriek gemaak. Want in graad elf is haar lewe omgekeer. 'n Groot golf ellende het haar voete onder haar uitgeslaan en sy wou nie weer opstaan nie. Ander mense – haar suster en haar man – het haar kom haal en besluit sy moet kollege toe, haarkappery is die ding vir haar. Vreemd, sy het dit geniet. Sy het vriende gehad en sy het uitgegaan, naweke saam met Alison-hulle Warmbad toe en een keer selfs Durban toe. Twee jaar het omgevlieg. Sy het beplan om saam met Alison oorsee te gaan ryloop, niks vir Maria-hulle gesê nie. Toe steek Alison se pa 'n stokkie daarvoor en Maria sê ook negentien is te jonk vir oorsee en haar ma het haar nodig. Hetta se gesondheid gee in. Sy loop met kieries, maar sy wil in haar huis op die dorp bly. Marta moet teruggaan, hul ma gaan help, dan hoef sy nie haar studieskuld vir hulle terug te betaal nie. Dis toe die eerste keer dat sy hoor hulle het dit betaal sodat sy 'n haarkapper kan word.

Dit het gevoel asof sy half verdrink op die strand uitgespoel het en die water trek haar terug. Haar pa se laaste woorde het by haar gespook. Sy het weer elke nag van hom gedroom en van haar plig en die opdrag wat hy met sy laaste asem vir haar gegee het. Toe het sy Deon onthou en moed geskep. Die Swanepoels, het sy verneem, woon nog op die dorp. Sy het hom toe weer gesien en hy het haar nie vergeet nie. Hy het grappies gemaak oor die volkspele en hoe oulik sy was, gesê sy het mooi grootgeword.

Asof dit haar gehelp het om Deon hier te hou. Hy het te graag oorsee gewerk en Gunther het hom soos 'n skoothondjie gevolg. Arme Ciska, Marta het gesien en gehoor hoe sy verlang. Hierdie terugkeer is 'n hoogtepunt in haar lewe. Ongelukkig is die verlowing ook.

Marta sit die strykyster hard neer. Sy wens Chanté is vet en dra bril, maar dokter Chanté Faure kan onmoontlik vet en lelik wees.

Here, ek sal moet vrede maak en aangaan met my lewe soos dit is.
So stuur sy haar skietgebedjie op en staar deur die venster. Die
wind buig die takke van die bome in die agterplaas eenkant toe. Waar
kom die wind so skielik vandaan? Maar dis Augustus en Augustus
dwarrel dit graag hier rond. Dit skud die blomme en maak golwe op
golwe. Haar pa het altyd gesê sy moet kyk hoe dans die blomme al op
een plek, nes klein meisietjies.

*Pappa, ek het nuus vir jou. Ek dans al langer as vyftien jaar op een
plek, ek dans al op die een plek en ek kom nie 'n tree verder nie.*
Die strykgoed is klaar. Sy los die yster op die tafel om af te koel en
slaan die strykplank op. Haar arms voel lam. Dit is vieruur, tyd vir
haar ma se middagkoffie.

'n Ligte wind maak golfies om die bont versameling bote en versteur die
blou kalmte van die hawe. Die reuk in die lug is nie onaangenaam nie.

"Ek kan nie wag om dit vir Chanté te kom wys nie," sê Deon.

'n Swerm seevoëls skeer laag oor hulle verby – Voëleiland toe.

"Dis is mooi," beaam Gunther.

Deon draai na sy pa. "Ek moet haar bel en ek het my selfoon by die
huis gelos. Hoe laat is dit?"

"Vieruur," sê Gideon. "Tyd om terug te gaan. Ons kan nie julle ma
so lank alleen los nie."

"Eva is daar."

"Eva wil ook rus."

"Sy word oud."

"Werk al stadiger, maar sy's goed vir ons."

Hulle stap terug kar toe.

"Wat maak Pa as Pa kom visvang?"

"Ek sorg dat daar iemand is wat vir haar lees. Ek kom Vrydae as
Marta haar hare was en krul."

"Is Marta nog die dorp se haarkapper?"

"Enigste."

"Getroud?" Gunther druk sy hande diep in sy sakke.

"Nee, maar die man wat haar kry, kry 'n juweel. Haar hande staan vir niks verkeerd nie en sy's mooi."

"Jou kans, Kleinboet." Deon pomp Gunther in die sy.

Gunther voel hoe hy bloos, maar hy steek dit weg deur af te kyk grond toe. Sy voetsole het sag geword in Doebai en hy soek sanderige plekkies tussen die klipperigheid. Daar anderkant loop jy nie kaalvoet op die strand nie – al word die stad deur die see omarm. Veilige baaiplekke is afgebaken vir hotelgaste wat baie dollars vir die voorreg betaal. En skoon wit strande is nie vir gewone mense toeganklik nie. Maar dit raak ook te warm, maklik agt en veertig grade.

"Hoor jy wat ek sê?" dring sy ouer broer se stem tot hom deur. "Wat dink jy?"

"Ek dink aan hoe warm dit in Doebai is."

"Jy moet jou kans waarneem by Marta, wat is haar van nou weer?"

"Koster," sê Gideon.

"Haar pa was mos Pa se onderhoof."

"Toe sterf hy skielik in haar arms – 'n groot skok vir ons almal, veral vir die kind. Haar ouer suster het haar kom haal om in Johannesburg skool te gaan. Haar ma se gesondheid het ingegee en dis hoekom sy teruggekom het."

Deon het geen end nie. "Jammer! Jy kry die ma saam met die dogter."

"Jou skoonma wag vir jou in Pretoria," troef Gunther hom. "Buitendien, jy's die een wat agter Marta aan was toe sy skaars uit die doeke was."

Deon gaan staan. "Wat praat jy?"

"Onthou jy nie hoe jy haar volkspele toe gevat het nie. Almal het gesê jy speel pop."

"O, ja! Ma het my gedwing, want die kind wou so graag deelneem en daar was nie genoeg maats vir almal nie. Die skoolseuns het mos nie meer belang gestel in volkspele nie."

"In die ou dae moes ons almal deelneem."

"Ma het ons sover gekry."

"Vandag dans hulle die riel. Dis 'n hele gedoente en kompetisies elke jaar tot by die Taalmonument in die Paarl," grinnik Gideon.

"Dit sal ook uit die mode gaan. Het Pa die kar se sleutels?" Gideon wys vir sy oudste seun hy het dit. "Jy kan bestuur."

"Ry Pa liewer. Pa ken die bakkie se nukke."

Gunther tel sy skoene uit die bak op en gaan sit op die sand om dit aan te trek. Gideon skud sy sandale uit en Deon volg Gunther se voorbeeld.

"Snaaks dat 'n meisie soos Marta nog nie getroud is nie," sê hy.

"Dis nie snaaks nie, dis 'n ramp."

"Sê jou, dis jou kans. Jy wil mos nou hier agterbly."

Gunther sal nie stry nie. Hoe meer hy stry, hoe meer gaan hy hom vasdraai. Vir trou het hy in elk geval nie nou tyd of geld nie. Hy gaan ook nie vir sy broer van sy planne vertel nie, eers uitvind of die universiteit hom tegemoet sal kom en sy BMus aanvaar. Hy is drie en veertig en dit raak tyd om soos Deon tot rus te kom. Maar Deon het ook nie al die waarborge nie.

Al kan hy miskien reken op 'n huwelik met 'n pragtige vrou, is hy nog nie verseker van sy werktoekoms nie. Hy het aansoek gedoen om 'n pos by die Departement Engels van die Universiteit van Pretoria en hulle hou hom maande al aan 'n lyntjie. Kry hy nie die pos nie, sal hy by UNISA moet aanklop en daarna by tegniese kolleges of verder uitwyk Johannesburg toe en elke oggend op die snelweg klim werk toe, les bes tuis begin vioollesse gee. Chanté het voorgestel dat sy Deon onderhou tot hy gevestig is, maar Gunther glo nie Deon sal daarvan hou nie. Dis die laaste ding wat hy ook sal toelaat – dat sy vrou vir hom sorg. Daar lê minstens vier of vyf jaar se studie vir hom voor en geen vrou sal bereid wees om so lank te wag nie. Nee, hy sal geduldig moet wees en opofferings maak. Hy het 'n heilige roeping en dis belangriker as enigiets anders.

Vyf

Dis Dinsdagaand. Marta maak haar netjies vir die sopkombuisvergadering. Meneer Stals bring oor tien minute vir Dania en dan ry sy saam met hom en tannie Dora pastorie toe. Dis nie ver nie en sy stap graag, maar sy moet vanaand vir die Stalse wag. Sy het Deon en Gunther nog nie met 'n oog gesien nie en het vandag gesorg dat sy nie eens in die rigting van hul huis kyk nie. Môreoggend moet sy Ciska se hare gaan kam, dan sal sy wettig daar opdaag. Ciska het wel gebel om dankie te sê vir die tuisgebakte koek. Dis presies wat die seuns bestel het, het sy gesê. En Eva waardeer dit, want sy swoeg ure in die kombuis om hul gunstelingdisse te berei. Sjokoladekoek was op hul lysie en sy kon dit toe aftik.

Eva het gistermiddag niks daarvan gesê nie. Maar Ciska sal altyd 'n ophef maak, al moet sy 'n storie uitdink.

Marta het heeldag vensters gewas. Sy het die gordyne afgehaal, gewas, gestryk en weer opgehang. Teen vieruur het sy 'n melktert in die oond gesteek sodat Dania, wat Hetta kom oppas, iets lekkers het om huis toe te neem. Terwyl die tert bak, het Marta al die koper- en silwergoed in die huis bymekaar gemaak, dit na die sementtafeltjie in die agtertuin aangedra en dit skoongemaak en blinkgevryf.

Dis gewoonlik 'n kalmerende takie, maar haar gedagtes het haar nie met rus gelaat nie.

Wat het sy verkeerd gedoen dat sy so eensaam moet wees, het sy gedink, en altyd so hard moet werk? Haar skouers pyn en dit voel of haar vingerpunte deurgeskaaf is. Haar naels hou sy kort. Maar wat van hulle oor is, versplinter en breek. Sy het brandmerke aan haar arms van te vinnig oondbakke uit die oond haal en 'n pleister om haar linkerwysvinger waar sy haar raakgesny het toe sy pampoen geskil het.

Marta het die tert in die oond onthou en dit net betyds uitgehaal. Haar ma se klokkie het gelui en sy het 'n glas koue water gevra.

"Waar bly jy, ek lui en lui," was die dankie wat Marta gekry het.

"Ek het Moeder gesê ek gaan agterplaas toe met die koper en silwer."

Hetta het die glas vir haar teruggee. "Jy maak vir jouself onnodige werk," het sy gesê.

"Ek moet dit nog gaan inhaal," het Marta floutjies verweer en gemaak dat sy wegkom.

Buite het sy die eetgerei bekyk en besluit om dit nog 'n keer op te vryf. Die son het oor die Swanepoels se huis se dak gesak. Sy het vinnig weggekyk, die skitterblink koper- en silwergoed op die skinkbord gesit en huis toe gedra.

Maar terwyl sy haar ma se aandkos berei het, het 'n bekende bekommernis haar bekruip. Wie gaan eendag na háár omsien? Wie sal seker maak dat sy versorg word? Is dit een van die redes hoekom mense trou en kinders kry? Want waar sou haar ma gewees het as sy nie vandag hier was nie?

Selfbejammering het haar beetgepak en sy het skuldig gebid dat sy nooit so siek soos haar ma moet word nie, nooit ooit plat op haar rug beland nie.

Dis aand. Sy kam haar hare en bind dit vas. Sy verf lipstiffie aan en borsel haar wimpers met maskara.

"Vader, vergewe my," prewel sy voor haar spieëlbeeld. "Ek is on-dankbaar en ontevrede en ek begeer allerhande goed wat ek nie het nie. Maar miskien sal U dit nog vir my gee, want U belowe tog goeie dinge vir u kinders en ek is een van hulle, Here, ek weet dit verseker." Gedagtes wat deur haar kop flits, verander die strekking van haar gebed. Sy kan maar nie ophou om haarself in 'n trourok te sien nie, Deon aan haar sy, 'n huis met 'n rooi dak en wit rose in die voortuin, kinders op die grasperk.

Die geklop van die koperklopper aan die voordeur ruk haar terug tot die werklikheid. Sy steek haar voete in haar plat balletskoentjies en hardloop om oop te maak. Dit is Dania met haar skoolsak oor haar skouer.

"Dankie dat jy bereid is om in die middel van die week te kom."

"Ek ken mos vir ouma Hetta. Sy gaan slaap vroeg en dan doen ek my skoolwerk. Beter as om kleintjies op te pas wat nie wil hoor nie."

Dania is Dora se susterskind, 'n oulike kind en 'n topstudent wat in matriek na minstens ses onderskeidings mik. Sy pas Hetta al op vandag sy in graad nege is. Voor haar was dit Fiona, maar Fiona is nou getroud en het haar eie huishouding.

Marta loop saam met Dania televisiekamer toe waar Hetta na *Sewende Laan* sit en kyk.

Haar blik bly vasgenael op die skerm. Marta moet haar soengroet sonder om 'n praatjie aan te knoop en op haar tone uitsluip, anders is daar perde. Dania gaan sit ook ewe bedees.

Marta is moeg, maar toe sy die voordeur agter haar toegetrek het, ervaar sy een van daardie rare oomblikke van vryheid. 'n Uur of twee weg van die huis waar sy kort-kort iets ontdek om reg te pak of skoon te skrop, sal haar goed doen.

Sy sluit die deur en stap in die paadjie af na meneer Stals se Toyota. Hy wil altyd uitspring om die kardeur vir haar oop te hou, maar sy het dit lankal stopgesit. Sy klim agter in en groet hulle met: "Dankie dat julle my kom oplaai."

"Ons moet vir Dania aflaai."

Marta glimlag. Hulle het dit seker al honderd keer vir mekaar gesê. Volgende aan die beurt is: Hoe gaan dit?

"Dis koud vanaand," sê tannie Dora onverwags.

"Koelerig, maar nie koud nie."

"Ek is die laaste tyd koulik."

"Lente is hier."

"Die blomme is amper af."

Meneer Stals ry om die blok, nie by die Swanepoels verby nie. Ook maar goed, anders het hulle dalk op die stoep gesit en dan was Marta spyt hy ry nie stadiger sodat sy kan sien nie. Daar is net twee vreemde viertrekke voor die pastorie geparkeer. Seker blomkykers wat oorslaap.

"Vreemde karre," sê meneer Stals.

"Die Bakkers sal loop," sê tannie Dora.

"Dankie, meneer Stals," sê Marta.

"Bel my as julle klaar is, dan kom ek dadelik."

Tannie Dora wag tot hy wegtrek en ry, dan slaan sy haar truipante oormekaar en begin aanstap voordeur toe. Die buiteligte is aan en die stoep is helder verlig. Marta lui die deurklokkie.

"Hoe gaan dit met jou ma?" vra tannie Dora.

"Baie goed, geen klagtes nie."

"Darem nie lekker om so afgetakel te word nie."

"Ja, tannie Dora."

"Gesondheid is baie belangrik en 'n gawe van God."

"Ja, tannie Dora."

Rosie maak die deur op.

"Dag, juffrou Marta. Dag antie Dora. Is Antie-hulle hier vir die vergadering?"

"Is ons vroeg?"

"Nee, Mevrou wag in die ateljee."

Hulle ken dit pad. Hulle loop verby 'n groep vreemdelinge wat televisie kyk, groet vlugtig en draai links in die gang na Emma se ateljee. Daar sit Emma en Tienke vir mekaar en kyk. Hulle kry lewe toe Marta en tannie Dora instap.

"Was julle bang ons kom nie?"

"Nee, julle is mos my staatmakers," paai Emma.

"Dis weer net ons Gideonsbende," sê Tienke. Sy lyk moeg.

"Kom Gerda?"

"Nie vanaand nie, maar sy sal kook. Ragel het laat weet haar niggie is hier, maar sy is bereid om te help."

Marta bly stil, sy sal nie sê dat Ragel vir haar te pieperig lyk om kombuiswerk te doen nie.

Emma skryf iets in die lêer voor haar. "Sandra en Yvonne het belowe om te kom. Tannie Ansie se bene keil haar op, sy het verskoning gemaak. Van die onderwyseresse by die skool help klaar met die kospakkies. Kan julle aan iemand dink wat ons nog kan nader?"

Marta kan aan niemand dink nie.

"Bakker is nou wel nie vanaand hier nie," sê Tienke. "Vroumensvergaderings maak hom mos senuweeagtig. Maar ek kan nie sonder hom nie. Hy help."

"Jonnie sit ook voor die TV en aartappels skil. Maar ek wil met mevrou Willemse praat, ons moet van die jong vroue intrek en sy ken hulle. Hulle hou hul kinders en hul huise en die werk by Bezuidenhout voor. As ek kan byhou, wie is hulle om lyf weg te steek?"

Daar volg 'n gemurmel wat daarop dui dat almal saamstem. Mevrou Willemse kan bel, sy kan mense opkommandeer en almal wat deel is van die huishouding moet help.

Dis net ek wat op my eie is, dink Marta. Ek het nie 'n huishulp of 'n man nie, en my ma se hande is so inmekaargetrek sy is nie in staat om haar eie vleis te sny nie, wat nog te sê groente skil en swaar mengsels in groot potte omroer. *Ek werk alleen, besef julle dit nie?* Sy wil uitskree, maar sy bly stil en hou haar aangeplakte glimlaggie op haar gesig.

Emma kyk op haar horlosie. "Ons het nog vyf minute."

"Sandra kom saam met Yvonne. Sy't vanoggend brood gekoop en toe herinner sy my."

Dis die eerste keer dat Sandra inwillig om by die sopkombuis te help en sy kan koue voete kry – om nie van maltrap Yvonne te praat nie.

Marta hou haar gedagtes vir haarself. Sy kyk na haar hande op haar skoot. Gelukkig het sy tyd oorgehad om haar naels te versorg.

"Wel ..." begin Emma.

Net toe hoor hulle 'n geselsery in die gang. Klink of daar mans by is. Sandra en Yvonne kom eerste ingestap en op hul hakke Johan van Velden en 'n vreemde man. Hy is selfbewus, selfs skaam en nogal aantreklik. Waar kom hy vandaan? Hy lyk bekend.

Gunther Swanepoel!

Hy kyk reguit na Marta en glimlag asof hy dankbaar is om haar daar te sien. Sy voel sy bloos en kry dit darem reg om terug te glimlag. Dankie tog, dis nie Deon nie.

Emma spring op. "My aarde, Gunther! Ek't gedag jy maak 'n grap." Sy trek hom aan sy mou nader. "Hy't gesê hy kan kook en hy sal help om Eva se dagtaak ligter te maak. Julle onthou vir Gunther Swanepoel, Ciska se een verlore seun?"

"Ek en Sandra het hom in die sitkamer gevang." Yvonne giggel. "Hom gesê ons kan doen met 'n paar sterk arms soos syne."

Yvonne voel skaamteloos aan Gunther se boarmspiere.

Gunther is so rooi soos 'n beet.

"Yvonne, kalmeer, en sit." Johan trek vir haar 'n stoel nader. "Pastoor Willemse het ongelukkig vanaand 'n kerkraadsvergadering. Tannie Ansie is ook nie wel nie."

Yvonne wys na 'n stoel agter haar, maar Gunther sorg dat hy ver van haar af gaan sit.

"Pastoor Willemse het sy waardering uitgespreek, hulle bid vir ons. Emma, is daar nog iets?"

"Julle ken almal vir almal?" begin Emma die vergadering.

Almal knik instemmend, hulle is die gemeente se werkesels. Van een ding is hulle seker – elkeen wat hier kom aanmeld, weet wat wag. En Gunther, wonder Marta, weet hy?

"Johan, sal jy asseblief vir ons met gebed open?"

Ná afloop van die vergadering bied Yvonne aan om Marta en Gunther huis toe te neem.

"Dankie, maar ek stap vir die oefening," sê Gunther.

Marta wag vir meneer Stals om tannie Dora te kom oplaai. Dan ry hulle by haar huis aan en kry sommer vir Dania. Maar tannie Dora en Emma wil die kliniek se voorraadlyste deurgaan voor sy haar man bel.

"Ek is op pad," sê Gunther en kyk na Marta. "Is jy lus om saam te stap? Julle woon mos net agter ons?"

"Ek het 'n nuwe Volvo," koer Yvonne in die oop voordeur.

"Dankie, Yvonne, ons stap sommer," sê Marta.

"Jy't my lewe gered," sê Gunther toe hulle die pastorie se tuinhekkie agter hulle toetrek.

Marta lag in haar mou. Yvonne is 'n grapmaker met 'n hart van goud. Dit sal hy wel mettertyd uitvind. Maar sý sal graag vir hom 'n paar vrae wil vra, want teetyd is sy in 'n stadium kombuis toe met die vuil koppies en het toe heelwat gemis.

Hulle loop 'n ent in stilte – as sy die gekriek van krieke en die gekwaak van paddas kan ignoreer.

"Was dit lekker om so lank oorsee te werk?" vra sy.

"Ja, maar ek is bly om terug te wees – betyds vir die konsert. Hoor jy?"

"Ek hoor. Is daar paddas en krieke in Bahrein?"

"Ek was in Doebai."

"O."

"Deon was in Bahrein."

"Ek dag julle was saam."

"Ons het oor en weer gekuier en ek het saam met hulle teruggevlieg. Gelukkig het ons kontrakte dieselfde tyd verstryk. Doebai is een van die sewe Emirate, Bahrein nie."

"Ek kan my nie voorstel hoe dit daar lyk nie."

"Anders as hier. Ek sal vir jou foto's wys."

"Gaan julle weer terug?"

"Nee, ons is klaar met die Arabiere."

Ek wens ek kan so maklik sê, ek is klaar met iets – met my werk, met die dorp, my vervelige lewe hier, dink Marta.

"Klink of jy 'n lang vakansie beplan," sê sy hardop. "Hier is nie werk nie."

"Vergeet jy van die sopkombuis?"

"Ek meen as jy wil geld verdien met Engels of so. Jy sal sukkel om leerlinge te kry, tensy jy aansoek doen om 'n skoolpos en Engels is meneer Stals se vak."

Hy grinnik. "Ek wil hom nie beledig nie, maar met die Engels wat ons hier geleer het, kom jy nie ver nie."

"Die Weskus is trots-Afrikaans, jy weet mos."

"Ja, en dis wonderlik om weer my eie taal te hoor."

Hulle loop stadiger, maar kom gou by die Swanepoels se hekkie. Daar brand 'n lig in die voorkamer.

"Hulle wag vir jou," sê sy en wys soontoe.

"Ek het 'n sleutel. Ek kan nie glo dat my pa-hulle deesdae ook die deure sluit nie."

"Dis oor al die grusame moorde, daar is elke dag berigte in die koerante en op TV. Hulle sê rowerbendes van Kaapstad en Johannesburg ry van dorp tot dorp om niksvermoedende plattelanders te beroof en uit te moor, plaasmoorde neem ook toe."

"Verskriklik, die boosheid."

"Dankie dat jy saamgestap het."

Marta voel tuis by Gunther, maar sy kry die aaklige gevoel dat sy sal omkap as Deon nou op die stoep uitstap. Sy is nie reg vir hom nie, sy wil wegkom. Gunther sit sy hand op haar arm.

"Ek loop saam met jou tot by jou huis."

"Dis net om die hoek."

"Hy kan net om die hoek vir jou sit en wag."

Sy haal haar skouers op. "Goed, as jy moet."

Die volgende oomblik vat hy haar hand, en stap aan. Die sypaadjie hierlangs is nie breed genoeg vir twee nie en hulle moet versigtig wees om nie die madeliefies wat toegevou is vir die nag, raak te trap nie. Gunther besef dit en trek haar saam met hom in die straat in. Sy wil haar hand uit syne losmaak, maar hy hou dit stywer vas tot by haar huis twee oop erwe verder. Daar los hy haar en maak die hekkie oop. Hy hou dit vir haar vas sodat sy kan instap.

"Dankie, nog 'n keer," groet sy.

Sy wil maak dat sy wegkom, maar hy stap ongenooid agter haar aan. Op die stoeptrappie huiwer sy. Moet sy hom innooi?

Hy lig sy ken en kyk na haar uithangbord onder die stoeplig.

"Ek hoor jy is die dorp se enigste haarkapper. Is ek reg?"

Sy knik. Dit voel vir haar asof sy nooit van hom ontslae gaan raak nie.

"Kan ek 'n afspraak maak?" vra hy.

Sy het gehoop dis wat Deon sou doen. Nou is dit hy, Gunther.

"Ek kom môre na julle toe om jou ma se hare te kam. Maar as jy wil hê ek moet sny, werk dit beter in die salon."

"Jy het 'n salon?"

"Jip." Sy wys na die stoepkamer. "Dis klein, maar gerieflik."

Hy loer, maar sy glo nie hy kan veel in die donker sien nie. "Hoe laat moet ek hier wees?"

"Ek is tienuur by jou ma."

"Negeuur?"

"Dit sal nouliks 'n uur neem."

"Miskien wil Deon ook sny, dan slaan jy sommer twee vlieë met een klap."

Hy sê dit so doodgewoon, dis maklik om doodgewoon te antwoord, al versnel haar hartklop en al voel sy benoud.

"Hy's welkom."

"My pa sê jy sny sy hare ook?"

"Een keer 'n maand," sê sy. "Sy hare groei stadig, en hy was laas week hier."

Hy kyk om hom rond na die witgeverfde bankie, die potte met plante. "So, jy maak 'n goeie lewe hier?"

Wil hy hê sy moet hom innooi? Maar hulle het pas koffie en koek-sisters by die pastorie gekry. En haar ma gaan weer vrae vra.

"Ek oorleef," sê sy. "Werk hard, staan vroeg op, vyfuur."

Hy fluit saggies: "Dan moet ek weg wees sodat jy in die bed kan kom." Hy gee 'n tree nader. En skielik is sy bang hy soen haar, dit lyk of hy lus het. Die dreuning in die straat af en die ligte wat om die hoek skyn, is net betyds. Hulle kyk saam hoe meneer Stals se Toyota voor die hekkie stilhou.

"Dis meneer Stals en Dora om Dania te kom haal," sê Marta. "Ek gaan roep haar gou."

Sy los hom hoog en droog en pluk die voordeur oop. Daar staan Dania in die portaal. Sy hou die koekblik met die melktert eenkant toe en skud haar skouersak reg.

"Ek't geluister vir die kar," sê sy asof sy verskoning moet maak. "Ouma Hetta het vroeg gaan slaap. Net *Sewende Laan* gekyk, toe wil sy nie die nuus ook sien nie."

"Dankie, Dania."

"Naand, Meneer," groet Dania toe sy Gunther sien.

Marta kan sien sy bars van nuuskierigheid.

"Kan ek help?" vra Gunther en hy kyk na die blik.

"Dankie, Meneer, maar ek's orraait."

Dania loop so vinnig met die trap af, sy struikel amper. Meneer Stals-hulle klim nie uit nie, hulle wag. Sy gee die blik vir Dora deur die venster aan, draai om en waai voor sy inklim. Meneer Stals toeter drie kortetjies en die kar trek weg.

"Is jy seker jy is veilig?" vra Gunther.

"Dis alles rustig."

"Goed, dan sien ek jou môreoggend negeuur. Nag, Marta."

Hy lig sy hand en laat sak dit weer, stap flink in die paadjie af. By die tuinhekkie draai hy 'n slag om en lig weer sy hand. Sy waai vir hom en wag tot hy in die donker verdwyn voor sy ingaan en die deur agter haar sluit.

Ses

Gunther gaan nie reguit huis toe nie. Hy loop lang draaie deur die dorp waar hy grootgeword het en lank gelede skoolgegaan het. Die plekkie het agteruitgegaan en vertoon beter in die nag as in die daglig. Maar miskien is dit net hy wat dit soos 'n sprokieswêreld onthou het. In sekere sin het dit nie veel verander nie. Min nuwe huise is gebou en geen strate is geteer nie.

Hier en daar sien hy huise wat opgeknap of gerestoureer is. DIE OU PASTORIE is netjies, die ander gastehuis – GERDA SE GASTE-HUIS – lyk ook vooruitstrewend. Die kerk het 'n nuwe laag verf gekry. Te veel huise lyk asof hulle leeg staan. Maar miskien gaan slaap die huismense saam met die hoenders. Hier en daar hoor hy 'n televisie te hard of hardloop 'n hond langs 'n heining af en blaf vir hom. By een huis gaan 'n voordeur oop. 'n Man verskyn, lig sy kop asof hy reën ruik, staan 'n rukkie, draai dan om en gaan in.

Die hoofstraat is verlate. Hier en daar brand 'n straatlamp, ook enkele ligte in die algemene handelaar en in Bakker se bakkery. Die poskantoor staan gehul in stikdonkerte. Daar is nie 'n mens te sien nie, net 'n rondloperhond wat stert tussen die bene padgee. Gunther loop deur die hoofstraat tot by die kliniek. Die enkelstraatlig gee genoeg lig om die diefwering voor die deure en vensters duidelik te sien. Hy skud sy kop. Diefwering was nog nooit nodig om die kliniek te beskerm nie. 'n Kilometer of wat verder, in die arm deel van die dorp, huil 'n baba. Die skeidslyn tussen die bodorp en die onderdorp is opvallend – selfs in die nag.

Toe hulle kinders was, het hulle nie onderskeid getref nie. Hy en Herman en hul maats van die onderdorp het dikwels snags die strate ingevaar, gaan vrugte steel by die Vissers en die Frankes, tot buite die dorp fietsgery om in vrede te rook, natgedou by die huis aangekom, een keer 'n loesing gekry omdat hulle die Bezuidenhouts se honde losgemaak het en die spanjoele in die Stalse se hoenderhok beland het.

In die verte sien hy ligte teen die wit ringmure van die plaasopstal. Dis te ver en te laat om vanaand te gaan aanklop. Tyd om om te draai en terug te stap voor hy nog slapende honde wakker maak.

Hy hoor by sy pa dat Herman met Andrea van Jaarsveld getroud is en groot kinders het. Tant Alida is oorlede en oom Maans is in die ouetehuis op Lambertsbaai. Herman en Andrea boer vooruit, hulle is skatryk.

Hy sal môre gaan groet en verneem hoe dit met die ander maats gesteld is. Miskien weet Herman. Gunther het in die tyd dat hy oorsee gewerk het, alle kontak verloor. En sy pa ken ook nie meer elkeen se stories nie. Soms wonder hy of dit goed was van hom en Deon om oorsee te gaan bly. Maar hier sou hulle dit nie kon uithou nie. En Deon het sy Chanté in Bahrein ontmoet. So 'n lang draai het die liefde met sy broer geloop, dis vreemd. Vreemd ook van die mooie Marta Koster, wat ongetroud is en haar ma oppas soos 'n tipiese oujongmeisie uit die vorige eeu.

Dit lyk nie of die ander mense wat vanaand by die pastorie vergader het, dit raaksien nie, maar sy is sielsongelukkig. Terwyl hulle lag en gesels, het sy lang rukke stil gesit en kyk na haar hande, dan skielik rusteloos geraak soos toe sy opgespring het om die teekoppies bymekaar te maak. Sy het daarmee uitgestap kombuis toe voor hy die skinkbord uit haar hande kon neem.

Gunther loop. Hy loop by sy ouerhuis verby sonder om in te gaan. Die kerktoring, wat die naghemel deurboor, trek sy aandag. Hy stap al vinniger soontoe, kerk toe. Die groot erf is afgebaken met 'n lae muurtjie. Hy volg dit tot by die houthekkie wat maklik oopgaan. Hy stap deur en loop net 'n paar treë voor hy gaan staan en opkyk. Hy het lanklaas in die Suidelike Halfrond na die naghemel gekyk. Die sterformasies lê andersom, dit disoriënteer hom. Hy voel of hy op 'n ander planeet beland het en moet afkyk om sy ewewig te herwin.

Oral in die tuin is daar ligte op pale, dit gooi ligkolle uit, maar veroorsaak ook lang skaduwees.

Hy loop met die paadjie af. Die tuin is goed versorg, geurende rose groei links en regs van die paadjie. Die stoeptrap is nie so hoog soos hy dit onthou het nie. Gou staan hy voor die toe deur. Dis stewige, swaar dubbeldeure. Hy vryf oor die hout, voel die growwe grein onder sy hand-palms, die kilte van die grendels. 'n Ruk lank staan hy dit en vashou, sy voorkop teen die deur. Hy is leeg en onvervuld, onseker oor sy toekoms.

"U, Here, U is tog hier," bid hy. "U ken my beter as wat ek myself ken. Gryp my en keer my, hier waar dit voel asof ek ankerloos dryf op die plek waar ek my lewe begin het. U het my tussen heidene laat woon sodat ek u kinders kon leer uitken. U het my laat sien dat my eie mense my nodig het, én dat ek van nou af 'n ander taal sal praat, nie Frans of Koreaans of Arabies of Engels nie – die taal van u hart, van liefde, geloof en vergifnis. Ek wil dit leer, ek wil dit my eie maak. Help my, stel my gerus! Gee my 'n teken."

Die Here kom nie altyd met donderslae en stormwinde nie, en Hy kom na Gunther in die koel nagwind wat teen sy rug vaswaai. Hy kom onder begeleiding van die gesang van sterre, met woorde wat net deur dromers en bidders gehoor kan word. Gunther voel hoe God sy asem oor hom blaas. Hy herken God se Gees wat vertroos en versterk en hy weet dat hy die regte besluit geneem het.

Toe hy omdraai en terugstap, is sy treë vas en seker.

Marta sluip op haar tone kombuis toe. Maar meneer Stals het haar ma wakker gemaak met sy getoeter. Sy haal nie die kombuis voor Hetta haar klokkie lui nie. Sy is ook nes 'n baba, wakker en klaerig by die geringste aanleiding.

"Ja, Moeder?" Marta skakel die spesiale flou bedliggie aan.

Hetta het opgeskuif teen die bed se koprus. Sy klou 'n kussing teen haar bors vas. "Wat gaan aan?" vra sy verskrik.

Marta gee 'n tree nader. "Niks," sê sy.

"Ek het die mishoring gehoor."

"Moeder het gedroom." Marta skink 'n halfkoppie water in die glas. "Wil Moeder bietjie water hê?"

"Daar was 'n mishoring."

"Dis seker maar 'n droom." Marta gee die water aan.

Hetta vat dit nie, sy frons. "Ek hoor die see."

"Dis die wind."

"Jy jok al weer vir my."

"Drink Moeder se water."

Sy neem die water, maar drink dit nie dadelik nie. Sy kyk stip na Marta, bekyk haar op en af. "Waarheen gaan jy?"

"Ek gaan nêrens nie. Ek is terug. Ek was by die sopkombuisvergadering by die pastorie. Dania het hier kom bly."

"Sy het my in die bed gestop voor ek Sewende Laan kon kyk."

"Moeder het gekyk, ek het Moeder sien kyk voor ek weg is. Onthou Moeder nie?"

"Kan jy die see hoor?"

"Nee."

"Hoe laat is dit?"

Marta loer na die wekker. Dis halftien. Haar ma sal weer dink halftien is naby middernag en sy het gaan draaie loop ná die vergadering. Sy het net stadiger geloop en gesels, nogal met Gunther Swanepoel. Sy vertel 'n witleuentjie vir Hetta.

"Negeuur," sê sy.

Hetta gee die leë glas vir haar aan.

"Vat my toilet toe," sê sy.

Marta gehoorsaam, al voel sy by voorbaat die lamheid tussen haar blaaie opkruip, die pyne in haar arms. Sy help Hetta om haar kamerjas en pantoffels aan te trek. Sy sleep die rystoel nader. Dis 'n erge gesukkel dié tyd van die nag, 'n marteling vir haar ook. Na dese sal sy tot rus kan kom, dink sy terwyl sy haar ma op die toilet help. Eienaardig hoe sy heeldag werk en haar spiere nooit daarby aanpas nie. Dis van die vensters was en met haar arms bokant haar kop staan en gordyne afhaal en ophang dat sy so vol pyne is. Sy werk, maar sy word nie fiks nie. Snags as Hetta eindelik tot rus gekom het, lê sy en storieboeke lees, liefdesverhale wat sy deur haar boekklub bestel, elke kwartaal drie boeke. Dis haar enigste ware spandabelrigheid, haar geheime sonde. Eendag gaan dit haar inhaal, want die boeke word meer en meer en sy kan hulle nie uitstal nie. Sy sluit hulle in haar trousseaukis toe. Laas Kersfees het sy 'n sak vol vir Dania gegee met die uitdruklike opdrag om nie te vertel waar sy hulle kry nie. Nou is Dania haar medepligtige en die boekies lê seker die hele onderdorp vol. Sy het Dania belowe sy kry nog as sy nie vertel waar hulle vandaan kom nie. Dis hoekom Dania tevrede is met net veertig rand 'n keer om Hetta op te pas.

Haar ma is klaar. Hulle maak 'n draai in die badkamer om hande te was. Sy gaan sit haar in die bed.

"Dankie," sê Hetta.

Marta buk oor en soen Hetta op haar voorkop. "Nag, Moeder."

Sy bad nie, sy sal dit môreoggend doen. As sy nou badwater intap of stort, steur sy haar ma. Sy tap water in die wasbak, was en borsel haar tande. Sy laat haar kamerdeur op 'n skrefie oopstaan sodat sy die klokkie kan hoor, en die lig nie haar ma sal pla nie.

Saans slaan sy haar Bybel oop en lees net een versie. Dis in die oggend vroeg dat sy langer lees en haar dagstukkieboek byderhand hou vir die dag se les. Soms kom sy nie daarby uit nie, soms slaap sy te laat of roep haar ma te vroeg.

Toe sy eindelik in die bed klim, is dit byna elfuur. Dis nie so erg nie, sy lees dikwels tot eenuur, halftwee. Sy het 'n lekker storie waarmee sy eergisteraand begin het, maar vanaand moet sy die versoeking weerstaan en behoorlik uitrus sodat sy nie môre so vaal voel en lyk nie. Slaap is 'n goeie opkikker en sy wil hê haar vel moet gloei en haar oë blink as Deon haar sien. Hulle sal mekaar sien. Miskien wil hy ook sy hare laat sny. Sal dit nie wonderlik wees nie! Marta rek oor en tel haar Bybel van die bedkassie af op. Dit staan in die Bybel: Die man sal sy ouers verlaat en sy vrou aankleef en hulle sal een wees. Marta blaai en blaai, maar sy kry dit nie. Alles sal uitwerk soos dit moet en dit moet so werk dat sy en Deon by mekaar uitkom. Marta maak die Bybel toe en hou dit op haar skoot vas.

Dis goed dat sy met Gunther gesels het. Hy is 'n gawe mens en nie onaantreklik nie, mooi blou oë soos sy ma en ligte hare. Maar sy hou meer van donker mans. Deon is donker soos sy pa en stiller, nie soos Gunther nie. Gunther praat baie, hoewel hy vanaand soms diep ingedagte was.

Ook goed dat ander mense nie jou gedagtes kan lees nie. Sy kan soms die vreeslikste goed dink, soos vanaand by die vergadering toe sy gewens het Deon was daar, en nie Gunther nie. Gunther het hulle verseker dat hy hier is om te bly en dat hy sy gewig by Eva sal ingooi en voluit vir die sopkombuis werk. Wat hy as geld wil gebruik om van te lewe, weet nugter. Hy was ontwykend, elke keer as iemand hom vra – selfs later toe hy saam met haar huis toe geloop het. Dalk het hy genoeg geld gemaak om 'n jaar lank goeie werke te doen of miskien het hy 'n plan? Sy sal hom môre weer vra. Terwyl sy sy hare sny. Dit sit hulle altyd aan die praat en sy is tog nie bang vir hom nie. Alhoewel, toe hy vanaand haar hand vat, was sy ongemaklik. Dit het goed gevoel om 'n slag hand aan hand met 'n man te loop – al was dit net Gunther.

Nogal 'n tema wat dikwels in haar liefdesverhale opduik. *Sarette se keuse. Tweelinge. Verdeelde harte. Die regte man vir Marta.* Almal is stories oor 'n meisie wat tussen twee broers moet kies en dan die een vat wat sy in die eerste plek nie sou gekies het nie. Dit sal sy nie doen nie. Sy het Deon lief en niemand anders nie, net vir Deon. Maar hy is verloof aan 'n ander vrou. Hoe kon hy haar vergeet het? Hy het dan gereeld groete laat weet deur sy ma.

Liewe, Here, ek is alleen en ek verlang. Praat met my.

Die Bybel op haar skoot val by een van haar boekmerke oop. Jeremia 17. Sy het twee versies daar onderstreep – Jeremia 17:9–10.

Die hart is bedriegliker as enigiets anders,
hy is ongeneeslik; wie kan hom verstaan?
Ek, die Here, deurgrond en toets hart en verstand,
Ek laat die mens kry wat hy verdien,
wat hom toekom vir wat hy doen.

Marta lees dit drie keer deur. Elke keer as sy dit lees, verander die betekenis. Wat wil die Here vanaand vir haar sê? Is haar hart besoedel met een of ander ongeneeslike siekte, die kiem van sonde dalk – sondige begeertes, ontevredenheid met haar omstandighede? Want sy kry nooit wat sy wil hê nie en sy werk haar vingers stomp vir niks. Is dit wat haar toekoms inhou – net mooi niks?

Sewe

Woensdagoggend is die Swanepoel-huishouding in rep en roer. Chanté het Deon vyfuur die oggend in trane gebel. Haar pa, wat so goed op die omleiding gereageer het en gereed was om oor 'n dag of twee huis toe te gaan, is in die nag onverwags oorlede.

"Sy sê ek hoef nie so gou al te kom nie, maar sy kon nie haar ontsteltenis wegsteek nie. Gister, toe ons laas met mekaar gepraat het, het hy regop gesit en grappe maak. Sy verwyt haarself, omdat sy nie die tekens raakgesien het nie."

"Dis tog in die laaste instansie sy dokter se verantwoordelikheid," sê Gunther, "om tekens dop te hou?"

"Sy is ook 'n hartspesialis."

"Hulle het nie mag oor lewe en dood nie."

"Dis haar pa," sê Deon.

"Ja," is al wat Gunther kan uitkry.

Sy het hom ook jare lank verlaat, nes ons vir ons pa, dink hy. Maar hy sê dit nie. Deon was in elk geval nog altyd nader aan die ou man as hy – Gideon, die oudste, die naamdraer.

"Pa-hulle sal teleurgesteld wees as ek nou al gaan. Ek sal moet bly vir die begrafnis en om alles eers daar in orde te kry. Chanté se suster is in Kanada, haar broer in Nieu-Seeland. Hulle sal nie gou vir 'n roudiens kan kom nie. Chanté moet alles reël. Haar ma steun op haar."

"Dis goed sy het jou," probeer Gunther Deon kalmeer.

Hulle sit by die kombuistafel en drink die koffie wat Gunther gemaak het, met Deon se rekenaar oop tussen hulle. Die eerste oggendvlug wat hy kon kry, vertrek vyf voor nege vanaf die Kaapse lughawe. Hul ouers het netnou nog geslaap, maar hul pa sal elke oomblik die kombuis binnestrompel. Hy staan sy hele lewe op die kop sesuur op, nie vyf minute vroeër of later nie.

Deon en Gunther deel die stoepkamer soos jare gelede toe hulle nog seuns was. Toe Deon se selfoon lui, was Gunther eerste wakker. Hy het gesien dis Chanté en vir Deon wakker geskud sodat hy kon antwoord. Dit het deur Gunther se kop geflits dat mense simpel raak as hulle verlief is. Hy ken sulke oproepe wat veronderstel is om verrassings te wees en gewoonlik ontydig is.

Hy het die selfoon vir Deon aangegee, die komberse oor sy kop getrek en hom probeer afsluit van die gesprek. Maar hy kon duidelik hoor een of ander ramp het Chanté getref. Sy is nie gewoonlik so histeries nie. Sy is soos Marta Koster – 'n mens wat na haarself kan omsien. Vanoggend was sy reddeloos.

"Ek moet gaan inpak," sê Deon en wil net opstaan, toe die deur opgaan.

Hul pa kom met toegeswelde oë en deurmekaar hare ingestrompel. Hy gaan staan stokstil. "Nou, as julle sit asof daar dood in die familie is? Is dit die rekenaar? Wil julle speelding nie werk nie?"

Hulle ken hom so. Hy sal van vroeg tot laat grappies maak, lighartig en opgewek wees – al is sy lewe nie maklik nie. Maar laat iemand hom dwarsboom, dan word hy onredelik kwaad.

"Dag, Pa," sug Deon.

"Koffie vir Pa?" vra Gunther.

Die ou man gaan sit sugtend. "Slegte nuus?" vra hy.

"Ja, Pa."

Deon verduidelik en hy luister simpatiek.

"Sulke tye is jou plig by haar. Jou ma sal ook verstaan. Maar dis jammer. Ons is nou net daai wortelbedding aan die oopspit."

"Gunther kan help."

Sy pa kyk met ongeloof op sy gesig na Gunther. "Sal jy?"

"Ek sal, ek belowe."

"Ons wil Pa 'n guns vra."

"Vra."

"Kan Gunther my met die Cadillac wegbring Kaap toe?"

"Jong, vat liewer die bakkie, die Cadillac staan met koppelaar-probleme. Sy gaan julle in die steek laat."

Deon frons. "Die bakkie val uitmekaar."

"Nee wat, hy bring my waar ek wil wees."

"Dan kan Pa bestuur." Deon raak ongeduldig. "Ek gaan stort en pak," sê hy en kies koers.

Sy pa kyk hom agterna: "Julle kom nou te vinnig op my af. Wat van julle ma?"

"Eva is hier," sê Deon, sy rug na sy pa.

"Moet Eva my plek neem!" roep die ou man uit. "Ons ken nog nie eens die mense nie," brom hy en trek die suikerpot nader. Sy hande bewe, hy mors suiker op die tafel toe hy skep.

Gunther kan verstaan dat hy omgekrap is. Sy pa het 'n vaste roeti-ne en as dit omvergewerp word, raak hy verward.

"Los hom, Pa," sê hy. "Deon is ontsteld. Chanté het hom ontstel."

"Ons het ook nie 'n goeie nag gehad nie – ek en jou ma." Die ou man vee die suikerkorrels met sy plathand op 'n hopie.

"Ek sal die bakkie bestuur. Wys my die truuks, ek sal regkom."

Miskien praat hy teen sy beterwete, maar dis die enigste uitweg, besluit Gunther.

"Is jy seker?"

"Pa, ek het met viertrekke op die woestynduine gejaag. Dit was ons sport."

"Jy sou dit nie kon regkry in my bakkie nie. Jy sou jou storie moes ken in my bakkie. Hoe lank bestuur jy al?"

"Seker twintig jaar."

"Deon het jou mos geleer."

"Ja, Pa, dis hoekom ek so goed is."

Die ou man grinnik. "Jy sal so dink."

Gunther antwoord nie. Hy voel afgehaal, selfs seergemaak. Hy is twee jaar ná Deon gebore en hy moes alewig vaardighede aanleer wat sy broer reeds bemeester het. Sy pa is 'n onderwyser en 'n opvoeder. Hy behoort te weet hoe jy kinders moet hanteer. Maar hy was al die jare net te partydig vir sy oudste. Hy het Deon voorgetrek. *Here, ek het hom vergewe. Hoekom ontstel dit my nou?* Maar sy pa dink blykbaar alles is in orde. Hy sluk sy koffie weg asof dit water is en staan van die tafel af op.

"Ek gaan jou ma inlig," sê hy.

Marta vlieg uit die bed toe die telefoon lui. Dis nog nie halfsewe nie en vroeg vir 'n oproep, maar ook nie so vroeg nie. Sy het sesuur wakker geword en toe weer ingesluimer. Nou is sy laat.

Hetta hoor ook die telefoon, want sy lui haar klokkie asof daar 'n brand in die huis is. Marta keer in die verbygaan: "Moeder, hou vas, ek gaan gou antwoord!"

Die klokkie lui stadiger, raak stil en lui weer, asof Hetta 'n speletjie speel. *Ons is vanoggend 'n uur laat, want jy klim nie uit die bed as die wekker afgaan nie*, verwyt Marta haarself.

"Marta hier! Hallo!"

Sy klink lewendiger as wat sy is.

"Marta, dis Gunther."

Bel hy so vroeg om te vra of Deon ook kan kom of is daar ander probleme? Oom Swanie sal nie self bel as Ciska iets oorgekom het nie, nie noudat sy seuns daar is om te help nie.

"Gunther, is iets verkeerd?"

"Ja."

"Is dit jou ma of jou pa?"

"Nee, dis Deon, ek bedoel Deon se aanstaande skoonpa."

Amper skrik sy haar yskoud. Maar wat is verkeerd?

"Dokter Faure is vanoggend vroeg oorlede."

"Ek is jammer om dit te hoor, sê vir Deon." Marta hoor haar stem asof sy die woorde geoefen het. Jammer vir wie? Vir Chanté en Deon of vir haarself?

"Deon moet dringend Pretoria toe vlieg."

Sy sal hom nie sien nie, nie vandag nie, of miskien wel.

"Wil julle vroeër kom vir julle hare?"

"Ons wil kanselleer, anders is ons nie betyds op die lughawe nie. Ek is jammer, Marta, ek bel jou later vandag as ek terug is, dan maak ons 'n ander afspraak vir my. Deon sal onbepaald in Pretoria moet bly, minstens tot alles afgehandel is en Chanté kans sien om hiernatoe te vlieg en ons ma en pa te ontmoet. Is dit goed so?"

Marta kry skaars 'n geluidjie uit.

"Ek krap nie nou jou program deurmekaar nie?"

Nie my program nie, my dag, my lewe, my liefde. Besef jy hoe ek na hierdie dag uitgesien het?

"Ry versigtig," sê sy sag.

"Dink aan my. Ons ry met my pa se bakkie en ek bestuur. Deon weier om aan daardie stuurwiel te vat."

Toe skrik sy. Meneer Swanepoel se bakkie het 'n reputasie om te bly staan of eenvoudig vas te slaan. Sy weet, sy het hom al 'n paar keer van Lambertsbaai af huis toe gevat, sy koelboks vol vis op haar Mazda se agtersitplek en sy stokke wat by haar venster uithang.

"Julle gaan dit nie maak nie."

"Ons het nie 'n keuse nie."

"Ek bel dadelik vir Emma. Sy sal nie omgee om Johan te vra om hul kar vir julle te leen nie. Sê nou julle gaan staan, dan mis Deon sy vlug."

"Marta, wag!"

Maar Marta het die foon neergesit en sy skakel klaar die pastorie. Johan antwoord self en hy is helder wakker. Sy verduidelik so goed moontlik en Johan bied aan om te ry. Haar pa glimlag goedkeurend uit sy portretraam.

"Ek moet toevallig vandag in Stellenbosch wees vir 'n lesing by die kweekskool. Dis eers vanmiddag, maar wat, ek sal by vriende gaan kuier. Bel ek die Swanepoels of jy?"

"Miskien moet jy bel, dan kan julle sommer die nodige reëlings tref."

"Maak so, mooi dag vir jou, Marta."

Sy sit die telefoon neer en skuif haar pa se portret effens meer na regs. Tyd dat sy weer 'n blommetjie hier rangskik.

Want elke keer as iemand se pa sterf, mis sy hom.

Mooi dag. Wat weet Johan van haar hart en haar lewe? Wat weet enigiemand? Haar ma lui ook asof sy 'n groot nood het. Siestog, sy het seker.

Marta draf in die gang af om te help.

"Ek het probeer knyp," kla Hetta. "Seker die water wat ek laasnag gedrink het."

"Dis niks nie, Moeder, ons maak dit gou-gou reg."

Marta sit 'n handdoek in die rystoel, lig die ouer vrou uit die nat bed op en stoot haar badkamer toe. Die skoonmaakproses en om haar ma aan te trek, hou haar 'n volle uur besig. Eers teen agtuur is die lakens in die wasmasjien en die ontbyttafel gedek.

"Waarvoor moet die Swanepoels jou so vroeg bel? Deon se aanstaande skoonpa is mos nie jou besigheid nie?" vra Hetta, die tafelgebed skaars afgesluit.

"Hulle sou vanoggend laat hare sny het."

"Honderd en twintig rand in die water," sug Hetta en trek haar hawermoutpap nader.

"Gunther sal later terugkom vir sy hare."

"Tweede prys," grinnik Hetta. "Beter as niks."

"Daar is niks tussen my en Gunther nie."

Hetta sit haar lepel neer. "Kind, hoe min respek ek ook al vir 'n Swanepoel het – hy is jou laaste kans. Moenie hom deur jou vingers laat glip nie."

"Moeder sing nou 'n ander deuntjie. Moeder het gesê ek hardloop agter hulle aan."

"Ek was verkeerd. Kan ek tee kry, en my pille, asseblief?"

Marta doen wat sy gevra is om te doen.

Ná ete stoot sy haar ma na haar sithoekie in die televisiekamer. Sy gee die afstandbeheerder vir haar.

"Dankie," sê Hetta, maar skakel nie dadelik aan nie. "Ek sal bly wees as jy nie vanaand gaan rondloop nie."

"Ek was by die kerk se sopkombuisvergadering."

"Jy het laat ingekom."

Is haar ma van plan om met haar oor tyd te stry? Sy het nie tyd nie, allermins vir haarself!

"Ek maak die kombuis skoon. Lui as Moeder my nodig kry," sê Marta en loop voor hulle rusie maak.

Sy was die skottelgoed, ook die vloer wat sy elke dag skrop, omdat kombuisvloere vuil word en omdat dit haar gewoonte is. Alles moet altyd perfek wees – van haar ma tot die kombuisvloer – alles skoon en netjies. Marta self kom laaste aan die beurt en stort eers teen negeuur. Dis Woensdag. Sy gaan Ciska se hare doen. Sy het heel week daarna uitgesien. Maar dis te laat. Deon is weg.

Hetta sit en kyk na 'n program oor die Nylrivier, haar klokkie en selfoon byderhand.

Marta soen haar op haar wang. "Nou-nou terug."

"Gaan jy langsaan wees?"

"Gou Ciska se hare doen."

Hetta knik stug, haar oë vasgenael op die skerm.

Toe Marta by haar hekkie uitstap, kom Ragel Naudé saam met 'n ouer vrou in die pad af. Die twee vroue loop en gesels, maar raak stil toe hulle Marta gewaar en sy haar hand lig en groet. Hulle stap mekaar tegemoet op die hoek net langs die Swanepoels se huis. Dit moet Ragel se niggie wees, dis wat Emma gesê het.

"My niggie, Tienie," stel Ragel haar voor. "Dis Marta."

"Aangename kennis, Marta."

Tienie het 'n hartlike manier, 'n gawe glimlag, vriendelike oë.

"Ek't haar gesê jy's my nuwe haarkapper." Ragel vat selfbewus aan haar nek.

"Jy het geseënde hande, Marta," sê Tienie. "Kan ek 'n afspraak by jou maak voor ek teruggaan? Ek wil my haarkapper in Somerset-Wes gaan wys wat kan gedoen word."

Marta huiwer. Bedoel die vrou wat sy sê of terg sy?

"Of is jy besig?" vra sy.

"Nie vandag nie. Ek's op pad na Ciska Swanepoel, maar ek sal teen elfuur daar klaar wees."

Tienie se hare is te lank en reguit vir 'n vrou van haar ouderdom. Sy sal jonger lyk met 'n korter kapsel en selfs 'n paar krulle.

"Sny asseblief, kort soos Ragel s'n – al sal ek nooit soos sy lyk nie." Marta hou van Tienie. Sy is, nes Yvonne, 'n vrolike mens.

"Ons eet twaalfuur by die pastorie. Gee dit jou genoeg tyd? Ek ry vanmiddag net ná ete."

"Kom elfuur."

Tienie pomp Ragel in haar sy en Ragel glimlag – 'n hartseerglimlaggie.

Marta wil haar vra of haar man al hier was, maar sy los dit. Soms wil mense nie onthou wat hulle alles in die haarkapperstoel kwytge-raak het nie. Sy stap vinnig om die hoek en al langs die Swanepoels se voorste heining tot by die hekkie. Meneer Swanepoel spit nie, hy sit op die stoep. Toe hy haar gewaar, spring hy op en kom maak oop.

"Dag, Meneer. Hoe gaan dit hier?"

"Goed, onder omstandighede. Ciska is ongelukkig omdat die seuns die pad gevat het. Hoe meer ek vir haar sê Gunther kom terug, hoe minder wil sy my glo. Jy sien, hy kom eers vanaand laat. Dominee is universiteit toe vir 'n lesing en miskien sal Gunther maar saamgaan, hy hou van geleerdheid. Weet jy dat hy sewe tale praat?"

Agt

Gunther en Johan stap na die hysbakke wat hulle na die parkeerterrein neem. Hulle het Deon net betyds afgelaai – trouens, hy moes hardloop om by sy instaphek te kom voor dit gesluit word.

"Ek wil jou nogeens bedank dat jy bereid was om vanoggend so skielik te ry," sê Gunther toe hulle in die hysbak langs mekaar staan.

"Erger dinge het al met my en die gemeente gebeur, maar ons praat liewer nie daaroor nie," skerts Johan. "Nee wat, nou kan ek by my ou maat gaan tee drink en rustig 'n middagete geniet voor die lesing begin. Jy kom saam soos ons afgespreek het."

"Ek wil nie jou kuier by jou vriend gaan bederf nie."

"Ou Koos is 'n gesellige ou. Hoe meer siele hoe beter vir hom."

"Ek is eintlik bly ek kan ..."

Die hysbakdeur gaan oop en Gunther voltooi nie sy sin nie. Hy dink al heeloggend aan hoe hy die saak moet aanroer, maar hy wou nie voor sy broer praat nie. Deon weet nie van sy stryd nie. Dis uiters privaat. En nou stap Johan ook so vinnig vooruit asof hy bang is sy kar het intussen verdwyn. Maar daar staan die viertrek netjies tussen twee BMW's. Gunther moet die swaar deur aan sy kant versigtig oopmaak sodat hy nie die blinknuwe motor langsaan beskadig nie. Johan klap die deur aan sy kant taamlik hard toe.

"Ons het dié ou gekoop vir die grondpaaie daar by ons. Dit raak gevaarlik as dit 'n slag op hulle reën en jy moet dringend 'n pasiënt Clanwilliam toe vervoer of jou kinders gaan haal voor die koshuis vir die vakansie sluit."

"My pa se bakkie sou dit dalk vandag kon maak," sê Gunther.

"Ja, dan was jy nou vasgeval op De Hoek, waar g'n mens jou kan red nie."

"Ons het hom beledig deur nie sy aanbod te aanvaar nie."

"Hy sal regkom – veral as hy weer 'n slag gaan staan. Vra my, ek het ook een van daai bakkies, 'n jonger model as syne, en ek moes een nag in myne slaap omdat die insleepdiens verdwaal het. Maar hulle is handig om in die dorp en in die distrik mee rond te ry. Die boere stuur gou 'n trekker om jou uit te help as jy iewers in 'n moddergat beland."

"Hoe voel dit?" kry Gunther 'n woord tussenin toe Johan asem skep.

Hulle ry om sirkels en volg die aanwysings na die N2. Johan ken die paaie, maar hy moet tog wakker wees.

"Jy bedoel om in die modder vas te sit?"

"Om predikant te wees."

Johan kyk vlugtig na Gunther, 'n frons op sy gesig.

"Dis 'n maklike vraag met 'n moeilike antwoord. As ek eerlik moet wees – nie elke dag asof jy op water kan loop nie. Wat ek bedoel is, jou geloof word getoets. Jy raak moedeloos, jy raak so swartgallig dat jy soms geen hoop sien nie. Ander kere weer staan jy verstom voor die Here se genade, gebedsverhoring, bekering waar jy dit die minste verwag, dankbaarheid, inskiklikheid van geharde sondaars. En jy is ook een, maak geen fout nie. Jy stry voortdurend teen jou eie versoekings, soos om maar op te gee. Soms voel dit vir my ek preek vir die banke." Hy gee 'n droë laggie. "Ons kerk is so groot dit kan maklik gebeur dat ek Sondae net tien gryskoppe tel en dit sluit my en die orrelis in. Die platteland loop leeg. As die Bezuidenhouts met vakansie is, mis ek selfs vir klein Herman. Jy was mos saam met sy pa op skool?"

"Ek wil nog daar gaan groet."

"Hulle is Addo toe, sal einde van die week terug wees. Klein Herman swaai op die oomblik die septer op die plaas. Ek dink Groot Herman is besig om hom te toets. Hy't sy voorman aangesê om te bel as sake handuit ruk. Dan pak hulle op en kom dadelik terug."

"Sover?"

"Alles wel."

Gunther glimlag. "Hoekom kan pa's nie hul seuns vertrou nie?"

"Hierdie een is 'n moeilike mannetjie, onverantwoordelik. Kan nie besluit wat hy met sy lewe wil doen nie. Drie jaar op universiteit opgemors en drie karre afgeskryf."

"Ek het ook maar rondgeval."

"Jy het ten minste jou studies voltooi."

"Ja, ek kan musiek maak. Ek ken 'n paar tale. Ek praat Engels en Frans en Duits en Arabies en ek verstaan 'n bietjie Spaans en Grieks."

"My nemesis – en nie net myne nie. Baie van ons het gewens die oordeelsdag breek aan voor ons Grieks moet skryf."

"So moeilik?"

"Dalk nie vir jou wat 'n taalman is nie."

"Ek weet nie of dit my roeping is nie."

"Dit is seker interessant om, sê maar 'n Chinees te leer Engels praat?"

"Interessant en bevredigend – as hy dit regkry."

Hulle ry 'n entjie aan, verby soutbosse en duineveld, die plakkersbuurte naby die lughawe ver agter hulle. Gunther ken Johan nie so goed nie, maar hy hou van die man en hy het 'n gevoel dat hy goeie raad by hom sal kry.

"Daar is iets wat ek jou wil vertel. Ek wil hoor wat jy as predikant daarvan dink."

"My mening is nie veel werd nie."

"Nee, jy het die kennis en insig wat ek soek."

"Goed, as jy so dink. Ek sal my bes doen."

"Ek het 'n gesig gesien," sê Gunther.

"Jy bedoel 'n visioen?"

"Ja, 'n verskyning – en ek het my nie verbeel nie. Dit was in Suid-Korea, die dag nadat ek 'n hele nag saam met my Koreaanse kollegas in een van hul huiskerke gebid het."

Gunther se moed begeef hom. Hy het nie aan bonatuurlike verskynsels geglo nie. Maar hierdie ondervinding het hom van mening laat verander, en dit pla hom. Dit agtervolg hom en gee hom slapelose nagte.

"Is dit die eerste keer dat jy hieroor praat?" vra Johan toe hy te lank stilbly.

"Ek het bedoel om 'n afspraak met jou te maak, maar hier is ons."

Johan kyk op sy polshorlosie. "Ons is 'n uur te vroeg vir ou Koos, kom ons gaan drink 'n koeldrank, dan vertel jy my."

Marta is swaarmoedig ná haar sessie met Ciska. Sy kan nie vir haar ma vertel hoe sy voel nie, want Hetta wil nie elke keer 'n verslag hoor as sy van Ciska af terugkom nie. Sy kry haar jammer oor die diabetes, maar sy reken sy wat Hetta is, is in 'n erger toestand en Ciska moenie kla nie. Sy het baie voorregte. Haar man leef nog.

Vanoggend was Ciska hartseer, bekommerd en moedeloos – doodseker dat sy nooit weer haar seuns sal sien nie, dat selfs Gunther nie vannag nog sal terugkom nie. Dis al wat Marta vir Hetta vertel. Haar eie teleurstelling oor Deon het sy diep weggesteek.

Hetta waai met haar hand langs haar kop asof sy vlieë wegwaai. Sy kan nie haar verbittering vir haarself hou nie en toe sy haar mond oopmaak, hou dit nie op nie. "Daardie vrou is gewoond daaraan om die middelpunt van belangstelling te wees. Noudat sy nie meer is nie, soek sy simpatie. Hier sit ek heeloggend alleen en jy luister na haar klagtes, terwyl ek niemand het om mee te praat nie. Wanneer laas was jou broers by ons? En jou suster en haar man, en die kleinkinders? Hulle steur hulle nie aan ons nie. Ek sal verbaas wees as hulle Kersfees van hulle laat hoor."

Dis waar, dink Marta, hulle het lanklaas gebel of geskryf.

"Maar Moeder, dis nog vier maande voor Kersfees," probeer sy paai.

"Vier maande vlieg verby. Jare gaan verby."

Maria en Friedrich-hulle, wat in Pretoria bly, was twee jaar laas by hulle. Hulle en Arend, Hendrik en Willem sal seker ook net vir 'n begrafnis opdaag – as hulle die moeite ontsien. Haar ma is reg. Hulle is op hul eie – die siek vrou en haar ongetroude dogter.

Hetta kyk by die venster uit, haar mondhoeke afgetrek, 'n vogtigheid in die plooie onder haar oë. Sy soek in haar mou na haar sakdoekie en veeg ergerlik oor haar gesig. Marta kan nie wegkyk nie, sy kyk na haar ma, die klein, inmekaargetrekte vroutjie wat eens so sterk en fiks was. Hulle het gaan kamp, op staptoere berge toe gegaan en in die see geswem – Hetta aan die voorpunt saam met Maria en die seuns, Marta op haar pa se rug.

"Dis vandat jou pa dood is, dis van toe af dat alles verkeerd geloop het," sug Hetta.

Haar ma is reg, dink Marta. Sy verlang ook na iets beters – én na hom. Marta streel Hetta se arm. "Toe maar, Moeder."

"Hulle het ons weggegooi."

"Ek sal Maria 'n slag bel, miskien is hulle besig."

"Asof jy nie besig is nie, jy kom nooit tot rus nie!"

Hoe kan ek, as Moeder my kort-kort nodig kry?

Maar sy sê dit nie – net die gedagtes flits deur haar kop.

Die huis en die wasgoed moet ook skoon kom. Hier is nie bediendes nie, ek moet alles self doen. Daarby moet ek nog werk vir geld en vir die kerk en vir liefdadigheid!

"Jy hou nie op nie, jy bly besig."

Marta is lus en skree: Moenie my nog kritiseer omdat ek besig bly nie! Ek kan nie anders nie!

Sy voel nie vandag lekker nie. Die vae hoofpyn wat sedert vroeg vanoggend dreig, is aan die erger word. En die tyd stap aan na elfuur toe. Sy moet 'n pil gaan drink voor haar kliënte opdaag.

"Ek het elfuur 'n kliënt," sê sy.

"Wie, 'n vakansieganger?"

"Die vrou wat by mevrou Visser huur se niggie. Sy kuier by haar."

"Haar man nog nie opgedaag nie?"

"Nie wat ek van weet nie."

Sy het nie vir haar ma van die tragedie met die kind vertel nie. Hetta sal dit wel by iemand anders hoor. Die mense praat, maar Marta is versigtig wat sy oorvertel.

Toe lui die voordeurklokkie.

"Daar's sy," sê Hetta. "Gaan."

Marta knyp haar oë toe en druk met haar vingerpunte teen haar slape. Sy moet dringend 'n pynpil inkry, maar sy loop eers voordeur toe.

Toe sy Ragel sien, kry sy skaam. Ragel ken verlies wat sy nie ken nie. Dit breek af en put uit – meer as harde werk, meer as eensaamheid. Ragel se houding spreek daarvan, haar gelatenheid, haar hangskouers. Die niggie wat heelwat ouer is, lyk sterker. Sy staan soos 'n pilaar.

"Is ons vroeg?" vra sy as Marta hulle nie dadelik innooi nie.

Ragel onthou, sy draai in die rigting van die salon. Marta het oopgesluit en seker gemaak dat alles in orde is, gou-gou gevee en afgestof, die krane en spieëls blinkgevryf. Die deur staan oop en Ragel stap vooruit. Marta glimlag vir Tienie, al breek haar kop van die pyn. Sy gaan vir hulle tee aanbied en daardie pil sluk terwyl die teewater kook, voor haar kopseer in 'n migraine ontwikkel.

Tienie staan in die middel van die salon en kyk goedkeurend om haar rond.

"Dis 'n verrassing," sê sy spontaan. "Baie mooi."

Ons is nie so agterlik nie, wil Marta haar toesnou, maar sy besef dis die hoofpyn wat haar dryf.

"Dankie," sê sy. "Ek's bly jy hou van my plekkie. Kom sit."

Sy wys na die stoel by die wasbak.

"Ek sien," sê Tienie. "Jou inspirasie vir Ragel."

Die plakkaat van Charlize Theron hang teen die oorkantste muur voor Tienie. Die styl is nie reg vir haar nie. Marta wil taktvol verduidelik, maar Tienie spring haar voor.

"Verbeel ek my of brand daar iets in die kombuis?"

Marta ruik dit ook. Sy gryp 'n haarstylboek. "Soek vir jou iets, ek gaan gou red wat te redde is. Koppie tee vir julle?"

"Ons het nou net gedrink, dankie."

In die gang op pad kombuis toe loop Marta amper teen haar ma se rystoel vas.

"Ek dag ek ruik boontjies wat brand," sê Hetta.

"Dis die rys."

Marta skuif die pot van die plaat af.

"Jy sal dit vir die voëls moet gooi, ons kan nie sulke aanbrandsels eet nie."

"Ja, Moeder."

"Ek sal vir jou ander opsit. Gaan doen jy hare en verdien geld. Sit die rysblik op die tafel, ek sal regkom, en maak vir my 'n kastrol vol water."

"Die rys moet gewas word," begin Marta.

"Gaan, ek kook al vyftig jaar lank rys."

"Dankie, Moeder."

Marta draf in die gang af badkamer toe, na die medisynekas. Soms voel sy nes 'n by wat gedurig in en uit die korf vlieg en nie een oomblik gaan sit nie, altyd aan die beweeg, altyd arbeidsaam tot haar pote en vlerke afval en sy niks meer kan doen nie. Sy sluk die pil. Nou wil haar ma rys kook en 'n gemors maak wat sy sal moet skoonmaak.

Marta forseer 'n glimlag toe sy by die salondeur instap.

"Iets gekry?" vra sy vir Tienie.

Tienie lig die boek en wys vir haar 'n styl wat kan werk – met die nodige aanpassings.

"Kom ons kyk," sê Marta en draai die krane oop om Tienie se kop te was.

Ragel sit eenkant langs die tydskrifrakkie en blaai een van die ou tydskrifte deur. Marta het die bestes vir die salon uitgesoek. Tienie sit gereed by die wasbak. Noudat sy haar kop agteroor hou en haar masker van vrolikheid laat glip het, lyk sy oud en moeg. Marta let op dat sy gaatjies in haar ore het, al het sy nie oorbelle aan nie.

"Bly jy ver van hier af?" vra sy terwyl sy Tienie se hare uitkam.

"Nie so erg ver nie," sê Tienie.

"Is dit die eerste keer dat jy hier kom?"

"In dié dorp, ja. Maar ek en my oorlede man het elke jaar kom blomme kyk. Dit was een die hoogtepunte van ons jaar."

"Ek gaan nou sny," sê Marta. "Is jy seker?"

"Absoluut."

"Die blomme was vanjaar pragtig."

"God se tuin."

Dis wat Tienie sê: God se tuin. Maar daarbo het Hy ook 'n tuin en Hy pluk vir Hom die mooiste blomme. Nee, Hy ruk hulle met wortel en tak uit die aarde uit. Wat oorbly, is 'n yslike gat wat met trane volgetap word.

Het Tienie gekom om Ragel te troos of op te pas? Marta vra nie, maar sy wonder. Haar kopseer is beter, nie weg nie. Op die agtergrond blaai Ragel tydsaam in haar tydskrif. Haar gemoedstemming vul die kamer. Dis nie net Ragel s'n nie, dis hare ook. Sal sy haar lewe veel langer kan verduur? Sonder Deon, sonder hoop?

Nege

"Was dit 'n engel?"

"Ek kan nie sê nie – eerder 'n boodskapper."

Johan kyk af. Hy vou sy hande op die tafel voor hom. Dit lyk asof hy nadink. Dan kyk hy op. "Jy is geseënd, my vriend."

"Glo jy my? Ek meen, sal jy my glo as ek jou alles vertel?"

"Ek kan sien hoe hierdie ontmoeting jou lewe omgekeer het."

"Dit was in die middel van die dag in 'n park waar kinders speel en mense met hul honde loop."

"Maar jy was eenkant."

"Op 'n bank langs die meer, eintlik 'n mensgemaakte dam. Ek het dikwels daar gaan sit en die eende en ander watervoëls dopgehou. Daardie oggend het ek hulle skaars gesien of gehoor. My gedagtes was by die gebedsbyeenkoms."

Gunther huiwer. Die man voor hom is 'n predikant wat in 'n plattelandse kerk preek. Hy beoefen sy godsdiens volgens reëls en regulasies. Verskynsels en stemme is nie aan die orde van die dag nie.

Maar Johan leun vooroor. "Ek luister."

"Daar was net 'n handjie vol Christene, almal lidmate van die huiskerk. Hulle het, nadat hulle voldag gewerk het, deurnag vir hul broers en susters in Noord-Korea gebid. Dit was aangrypend hoe hulle gehuil en gesmeek het."

"Ek het dit ook al beleef, so 'n nag." Johan sê dit nie asof hy Gunther wil gerusstel nie, meer asof hy 'n ondervinding met hom wil deel.

"Dit is uitputtend, nie soseer fisiek nie, maar geestelik uitmergelend. Jy was seker baie moeg?"

Gunther se oë brand. Hy gee nie om nie – Johan kan sy trane sien. Toe hy praat, is sy stem byna onhoorbaar: "Ek was ontsteld oor alles wat ek gehoor het. Ek het nie besef dis so erg nie. Waardige oues word met stoomrollers platgerol net omdat hulle nie die ontslape Kim Il Sung as God wil aanbid nie. Een van die hulppastore wat so gesterf het, was ons een vriend se oom. Hy sou eerder sterf voor hy Jesus verraai."

Johan reageer nie dadelik nie. Dit lyk of hy na woorde soek.

"Ons hoor ook van die vervolgings," sê hy dan, "ons kry inligting via die internet. Ons bid en stuur geld, ondersteun Geopende Deure. Maar ons – ek – staan op 'n afstand. Jy het met die mense kennis gemaak."

"In die praktyk is dit volksmoord."

"Dit is."

Johan lyk verleë, selfs skuldig. Dis duidelik dat hy hom nog nooit die werklikheid van die situasie kon voorstel nie – en hier voor hom sit iemand wat weet. Gunther kyk hoe hy sy glas met koeldrank optel en 'n sluk neem. Hulle sit in Gordonsbaai op 'n strandkafee se beskutte stoep. Die wind waai van die seekant af. Dit skep sand van die strandjie af op en skud dit op die sypaadjie uit, laat wapper die bont lappe wat smouse by stalletjies te koop aanbied.

"Ek hou nie van strooitjies nie," sê Johan.

Gunther raak vir eers nie aan sy koeldrank nie. "Die see is onstuimig," sê hy. "Seker die wind."

"Wind is lief vir Gordonsbaai," sê Johan. "Hoe lank was jy in Seoel?"

Gunther tel sy strooitjie op. "Drie jaar."

"In die huiskerk?"

"Ek het twee en 'n half jaar saam met die groepie aanbid. Ons is vriende."

"Hou julle kontak?"

"Ja."

Sy Koreaanse vriende hou hom op hoogte. Hulle stuur vir hom inligting. Waar daar materiële nood is, vra hulle versigtig vir geld. Hy het hulle van die boodskapper vertel. Hulle weet van sy stryd. Hulle bid vir hom soos hy vir hulle bid.

"Teregstellings soos daardie ..." hoor hy Johan sê. "Is dit aan die orde van die dag?"

"Dit hang af wie die klag lê. Hulle word in elk geval uitgeskuif en verwerp, selfs deur hul ouers en huweliksmaats. Hul besittings word gekonfiskeer, hul huise afgebrand. Hulle is hul lewe nie seker nie. Maar hulle sal Jesus nie verraai nie."

"Hulle leef soos die eerste martelare," sê Johan. "Ons besef nie aldag hoe groot ons vryheid is nie."

Johan vat sy servet en vee oor die nat kringe wat sy glas op die tafel gemaak het. Hy konsentreer daarop asof dit 'n ingewikkelde taak is. Gunther trek die papieromhulsel van sy strooitjie af, druk die strooitjie in die glas met koeldrank en vat 'n paar groot slukke.

"Ons is verraaiers," sê hy. "Ek was ook een. Ons Westerlinge doen dit. Ons stel nie 'n voorbeeld vir ons Oosterse broers en susters nie – gaan werk in Suid-Korea of in China of iewers in die Midde-Ooste en vergeet van Sondae, vergeet in Wie ons glo. Was dit nie vir Taek Geun en die huiskerk nie, sou ek nooit een keer by 'n diens uitgekom het nie. My lewe sou nooit verander het nie. Ek sou teruggekom het en kerk toe gegaan het, en daar gaan sit het soos 'n dooie klip. Die eerste ding wat ek gedoen het toe ek in Doebai aanland, was om uit te vind waar ek kan kerk toe gaan. Dank die Here, daar het hulle ook godsdiensvryheid. Jy waardeer so 'n oop kerkdeur eers as jy weet hoe dit voel om bedreig te word. Ons hier weet nie wat ons het nie."

"Jy is ongelukkig reg." Johan lyk ernstig. "Jy wou my van jou boodskapper vertel het – die oggend by die meer. Ek luister."

Gunther haal diep asem. As hy nie nou praat nie, sal hy seker nooit. "Dit was vroeg in die oggend. Ek het op die bankie gesit en my oë toegedruk, maar ek kon nie die beelde uit my kop kry nie. 'n Vrou wat deur China ontsnap het met die hulp van Chinese Christene, het ons kom vertel hoe dikwels haar oudste seun voorgelê en geslaan is, later doodgeslaan is. Hy was in die ondergrondse kerk, 'n evangelis en 'n pastor. Sy weet nie of haar ander seuns nog leef en of hulle weet dat sy uitgekom het en leef nie. Sy was afgesny van alles wat sy geken het en tog – haar broers en susters in die geloof het haar omring. Ons het gebid vir haar seuns en hul gesinne, dat hulle ook gered sou word.

"Ek kon daardie oggend langs die meer nie ophou bid nie. Ek het aangehou om vir hulle te bid, vir elke lidmaat van die vervolgde kerk, vir die werkers van Geopende Deure, vir Bybel-smokkelaars wat hul lewe waag. Ek het hulle by name genoem. Toe voel ek die son op my gesig, die eerste strale van die dag. Ek het opgekyk. Die boodskapper het vir my staan en kyk. Ek was skaam, want ek het gehuil en hardop gebid. 'Gunther Swanepoel,' het hy gesê.

"Ek het my lam geskrik omdat hy my naam ken. Hy het dit weer gesê: 'Gunther Swanepoel, gaan terug na jou eie mense. Verkondig Jesus. Maak seker dat hulle bereid is om te sterf vir hul geloof'. "

"Was dit sy woorde?"

"In 'n vreemde taal wat ek nie kon plaas nie. Maar ek het elke woord verstaan. Die Here het Paulus, toe hy nog Saulus was, in 'n verblindende lig laat kyk en hom met blindheid geslaan. Ek kon sien, al het dit so vinnig gebeur. Ek het die Here gevra of ek reg gesien het, reg gehoor het. Ek het, want hy het weer aan my verskyn."

"Hier is Suid-Afrika?"

"Nie hier nie – in Doebai in die woestyn – met dieselfde boodskap. Ek het my Koreaanse vriende vertel en hulle bid vir my. Nou kry ek oral tekste en aanhalings wat daarop neerkom dat ek uitgekies is vir 'n groot taak. Is dit waansin? Of is dit hoe predikante geroep word? Wie het vir jou besluit?"

Johan kyk 'n lang ruk oor die see voor hy antwoord.

"Ek glo nie almal kry so 'n duidelike teken nie, maar die Gees werk op wonderbaarlike wyse.

Ek was op hoërskool besig met my finale kategese toe ek diep in my binneste 'n begeerte ontwikkel het, 'n heilige behoefte om die Here van hemel en aarde persoonlik te ken. Ek't baie gebid, vir geloofsekerheid en my gebede is verhoor. Ek het begin om soggens vyfuur op te staan en Bybelstudie te doen. Toe ek my loopbaan moes kies, was ek seker. Ek wou predikant wees. My ouers was ook 'n voorbeeld. Ek was nooit onverskillig nie."

"Ek ook nie. Ek het in 'n godvresende huis grootgeword. Ek't van kleins af geglo – net lui gewees om my deel te doen. My ma en pa het geweet hoe om hul gewig by die kerk in te gooi, ek was te jonk en later nog te veel wêreldburger. Nou wil ek op veertig teologie studeer en preek. Dis hoekom ek terug is, hoekom die Here my teruggestuur het. Stel my gerus. Is ek reg?"

"Volgens wat ek hoor, is jy geroep. Maar die besluit berus by jou. 'n Predikant se werk lyk dalk van ver af maklik. Dit is nie. Die duiwel het sy mes in vir ons, Gunther. Die kerk en sy herders is in gevaar. Gelukkig is God se Koninkryk nie afhanklik van aardse strukture nie. Die kerk van Jesus sal oorleef, al verkrummel al die geboue en al val die herders een ná die ander van hul troontjies af – en ek sluit myself in." Johan het sy elmboë op die tafel, sy vingers teen sy slape asof sy kop seer is. Vir 'n oomblik knyp hy sy oë toe voor hy weer opkyk. "Ek is bevoorreg om jou ma en pa in die gemeente te hê," sê hy. "Jou ma was nog orrelis toe ek en Emma daar begin het. Sy het tot nou die dag gereeld vir Riëtte ingestaan. Dis jammer van haar siekte. Jou ma is die soort vrou wat nie oud word nie. Sy en jou pa was goed vir die dorp."

Gunther voel sy gemoedelikheid aan, die kameraderie wat skielik tussen hulle ontstaan het. Kollegas is hulle nog nie, broers wel.

"Ons het matriek gemaak in my pa se skool," sê hy. "Ek verstaan van hom die skool is aan die leeg loop?"

"Die getalle het afgeneem, maar die standaard is gevestig. Meneer Stals is 'n waardige opvolger vir jou pa. Ons Rentia en Jan is op Malmesbury in die Hoërskool Swartland – met rede. Die vakkeuse is groter. Ons doen maar wat die beste is vir ons kinders en beste vir hulle is Malmesbury."

"Ek begryp wat jy bedoel, hulle moet leer om hulle in 'n wyer wêreld te laat geld."

"Jongmense gaan weg, die boerderygemeenskap krimp en ons dorpies verwaarloos."

"Die kerk is goed versorg."

"Ons gemeente het 'n hand vol welgestelde boere wat getrou bydra – al is dit miskien bloot uit gewoonte. Jy't netnou gepraat van hoe gemaklik ons is. Maar daar's nog iets – die hoofstroomkerke loop leeg. Mense soek winde wat waai en vlamme wat nie uitbrand nie, emosionele oplewing, nie eerlike prediking nie. Een keer 'n jaar kom daar 'n tentkerk na een van ons buurdorpe. Daar is mense by ons wat nie 'n voet in die kerk sit nie, maar kilometers ry om daardie dienste by te woon."

Gunther draai sy glas in die rondte. "Wat sê hulle, hoekom gaan hulle?"

"Hulle sê daar is 'n gees wat hulle nie meer in die kerk kry nie. Mensig, Gunther, die kerk is 'n gebou en die Gees is oral, nie in die kerk of in 'n tent nie. Ek kan hulle dit nie aan die verstand bring nie. Die Heilige Gees woon in hulle – nie 'n gees nie, dié Gees."

"Dalk was dit Hy wat met my gepraat het," sê Gunther sag.

"Ek wil nie jou ondervinding kleineer nie, ek vertel jou net hoe dit in die algemeen met ons mense gesteld is."

"Jammer, ek is te sensitief, en ek moenie so wees nie."

"Gaan jy getuig hieroor?"

"Ek wil liewer getuig van Jesus en sy verlossing."

"Dis reg, dis belangrik. Almal moet getuig."

"Maar ek wil gaan leer om 'n predikant te wees, 'n gewone dominee. Ek wil dit doen – al is ek oor veertig, ek moet dit doen."

Johan wink vir die kelner. "Kom ons gaan kweekskool toe, dan praat jy met die professors."

"Wat van Koos?"

"Hy sal verstaan as ek hom bel en sê ons kry nie ons draai nie. Jy kom saam met my lesing toe, dan kry ons hom daar."

Marta help haar ma op die bed. Sy trek die blindings en gordyne toe. Dis skemer en koel in die vertrek – 'n ideale kamer vir 'n middagslapie, selfs in die middel van die somer.

"Lekker rus, Moeder," sê Marta by die deur.

"Maak my asseblief wakker voor vieruur, anders sukkel ek vannag."

"Goed, Moeder."

Marta trek die deur toe. Rus en slaap – dis iets waarmee Hetta nog nooit gesukkel het nie. Sy sal snags tot drie keer wakker word en Marta in haar slaap steur om water te vra of hulp sodat sy toilet toe kan gaan. Binne vyf minute nadat sy in die bed geklim het, is sy weer vas aan die slaap. Marta slaap lig en met dié dat sy snags tot laat lê en lees, te min. Vanmiddag is sy tam en voel self of sy 'n rukkie kan gaan skuins lê. Die teleurstelling van Deon wat so skielik weg is, het bygedra tot haar lusteloosheid. Maar sy moet gaan skottelgoed was en afdroog en sy wil haar suster bel. Wag sy tot vanaand, is sy bang sy pla hulle as hulle huisgodsdiens hou of hul gunstelingprogram op televisie kyk. Sy het 'n keer of wat in die middel van huisgodsdiens gebel en is deeglik geroskam. Toe het sy gevra of hulle haar 'n tyd kan gee, maar Maria sê dit hang af van wat op televisie is. Nou bel sy nie meer saans nie, sy bel nie meer nie. Maria self het lanklaas die moeite gedoen om van haar kant te skakel en te verneem hoe dit met haar ma en haar suster gesteld is.

Hetta het skerp ore en 'n goeie verbeelding. Al maak Marta die studeerkamerdeur toe, sy hoor – en kan aflei wat daar gesê word. Dus, eers seker maak dat sy slaap voor sy bel. Eers die skottelgoed was en die kombuisvloer en dan die telefoon.

Sy tap water in die opwasbak, sien deur die venster dis windstil. Die boomtakke staan so roerloos asof hulle wag soos sy gewag het en nou teleurgesteld is.

Deon is in Pretoria met die treurende Chanté in sy arms. Of anders is hulle by die dominee of die begrafnisondernemers aan die reëlings tref. Ciska sê dit sal 'n groot begrafnis wees. Die Faures is vooraanstaande mense. Dokter Faure was 'n befaamde hartsjirurg.

Maar skok en hartseer is dieselfde – of jou pa 'n mediese spesialis is of 'n onderwyser in 'n plattelandse skooltjie, die verlies is ewe groot. Sy sou Chanté kon troos, maar sy ken haar nie en sy skuld haar niks. Eintlik skuld Chanté haar. Sy het Deon by haar gesteel.

Marta het outomaties klaar gewas en afgedroog. Sy seep die lappe in en was hulle tot sy tevrede is dat daar nie 'n vlekkie oorbly nie, spoel hulle dan deeglik uit. Haar arms voel lam, haar handpalms gekneus. Sy vryf die opwasbak tot dit blink, ontdek 'n kolletjie op die rytjie teëls bokant die wasbak en krap dit eers af voor sy die lappe buite gaan uithang.

Die son is vanmiddag warmer as gister. Sy verbeel haar sy kry die geur van gekneusde bosmargriete. 'n Tortelduif koer weemoedig in die nog blaarlose pekanneutboom. Dit is een geluid waarmee sy haar so goed kan vereenselwig.

Marta stap stadig terug kombuis toe. Dis kwart oor drie. Is dit 'n goeie tyd om haar suster te bel? Haar keel trek toe. Hoekom raak sy op haar senuwees? Dis haar suster, sy het drie jaar by hulle in die huis gebly soos 'n dogter.

As dogter was sy 'n aanspraak vir die Andersen-huishouding – veral om daardie drie stout seuntjies saans op te pas terwyl hul ma en pa belangrike funksies bywoon. Ehren was 'n baba en hy het geslaap as hy slaap, maar Claus kon sy keelgat uitskree as sy ma haar rug draai, terwyl klein Friedrich die manier gehad het om weg te kruip. Dank Vader, sy is daar uit voor die tweeling gebore is. Toe het Maria en haar sedige man ontdek waar babasitters vandaan kom en wat hulle kos – selfs al is hulle van die pragtigste gemeentedogters.

Soveel kinders op 'n streep – geen wonder Maria moet aanhou skoolhou nie. Hulle presteer op akademiese en sportgebied, selfs Claus, wat so kon skree. Eienaardig, vandat sy aan hulle dink, verlang sy nes Hetta. Maria-hulle maak nie reg om weg te bly nie. Hetta is die kinders se ouma en hulle is binne bereik – nie soos Arend en Willem en Hendrik s'n wat oorsee grootword nie.

Marta sluip in die gang af, gaan staan voor haar ma se kamer en luister na haar asemhaling. Sy slaap.

In die studeerkamer trek sy die telefoonboekie nader en maak dit oop by A. Om te dink sy kan nie haar suster se telefoonnommer onthou nie en hier in die dorp rond ken sy minstens tien wat sy uit die vuis kan bel.

Here, laat haar inskiklik wees. Laat sy nie haastig iewers heen op pad wees of swak toneelspeel en maak of sy bly is om my stem te hoor nie. Help my om nie soos 'n bedelaar te klink nie.

"Ja, Pa," sê sy toe sy haar oë oopmaak en in sy portret vaskyk. "Dis soos dit gaan."

Sy skakel die nommer en luister hoe die telefoon lui en lui. 'n Blikstem antwoord en sê vir haar: "The number you have dialled is not available, leave a message after the beep or phone again later."

Marta wag tot die piepgeluide klaarmaak.

"Maria, dis Marta, ek bel oor Moeder," sê sy moedswillig, en nadat sy die foon neergesit het en seker gemaak het die gehoorstuk is netjies op die mikkie: "As dít haar nie laat wakker skrik nie – wat sal?"

Tien

Marta dek tafel vir aandete toe die telefoon lui.

"Die telefoon," sê Hetta wat by die kombuistafel sit en wag.

"Ek hoor." Sy stap studeerkamer toe en lig die gehoorbuis. "Marta hier!"

"Marta, hoe kan jy so klink!"

"Ekskuus?"

"Hoe kan jy so ligsinnig wees as Moeder … as Moeder op sterwe is."

Sy het glad nie aan Maria gedink nie, maar nou kry sy lus om te lag. Haar suster klink asof sy aan iets verstik – haar verdiende loon.

"Naand, Maria."

"Ja, naand. Wat gaan aan?"

"Het jy tyd?"

"Twee minute voor ons selgemeente toe ry."

"Dit gaan goed met ons. Ek hoop met julle ook."

"Hoekom bel jy en los so 'n boodskap as dit goed gaan?"

"Ek kan nie presies onthou wat ek gesê het nie. Masjiene kom skielik op jou af en ons het lanklaas gepraat. Wat ek wou sê is: Moeder is nie gesond nie, sy gaan agteruit, maar sy is nie in lewensgevaar nie – nie sover ek kan agterkom nie. Julle sal haar nogtans nie meer herken nie."

"Hoekom nie?"

"Julle was twee jaar gelede hier."

"Tyd vlieg."

"Dit kan drie jaar word of vyf jaar en dit sal steeds vlieg."

"Wat is dit met jou, Marta? Sê wat jy wil sê."

"Sy verlang na julle."

"Ek het gebel toe sy verjaar het."

"In Januarie. Dis die 22ste Augustus. Ek pas haar sewe dae 'n week op, dag en nag. Ek werk my vingers stomp, ek het nie meer 'n lewe nie, alles draai om haar. Jy vertel my dat jy haar Januarie gebel het en dis genoeg."

"Ek is 'n besige mens. Ek het 'n beroep, ek is wiskundevakhoof by 'n hoërskool, ek gee klas vir die matrieks en die eindeksamen is op hande. Onderwys raak by die dag veeleisender. Ek het vyf kinders, drie moeilike tieners en twee hardekoppe op universiteit. My man het 'n ernstige hartkondisie, sy bloeddruk is hemelhoog en hy reken op my. Ek kan jou nie begin vertel wat in die gemeente aangaan nie. My skoonpa het by ons ingetrek en Claus se kar is gister gesteel. Wanneer moet ek vir Moeder bel?"

"Was daar glad nie drie minute oor tussen die 4de Januarie en die 22ste Augustus nie?"

"Jy is sarkasties."

"Jy versuim jou plig hier."

"Jy het een persoon vir wie jy verantwoordelikheid moet neem, een klein huishoudinkie en jy wil vir my kom vertel van plig?"

Marta voel hoe sy warm word, sy hou asem op. Haar suster is bitter onregverdig, want dis wat sy doen. Sy doen haar plig deur haar daarop te wys dat haar ma haar ook nodig het.

"Ek kan Moeder se pyn nie langer aanskou nie. Dis nie altyd liggaamlik nie. Sy kwyn weg, sy treur oor julle."

"Marta, luister, Friedrich staan in die deur met die motorsleutels in sy hand. Ek gaan nou neersit. Sê groete vir Moeder, en ek sal kyk of ek môre kans kry. Ek bel sodra ek van die skool af kom. Vergeet van die wiskunde-olimpiade. Sê niks, ek sal haar wel verras, totsiens intussen."

"Kersfees kom ook," sug Marta, maar sy lag in haar vuis.

Sy het Maria se gewete wakker geskud. Sy het dit reggekry om haar daaraan te herinner dat sy 'n ma het – en 'n suster.

"Wie was dit?" vra Hetta toe sy by die kombuisdeur instap.

"Sommer iemand wat wil weet of ek tyd het."

"Tyd? Waarvoor?"

"Vir haar ma."

"Jy was mos al die maand by Lambertsbaai?"

"Ons het 'n afspraak gemaak vir volgende maand."

"As jy nie daardie oumense se hare verniet doen nie, was jy al skatryk."

Marta lig 'n potdeksel. Sy haal lemoenpampoentjies uit. "Hulle betaal wat hulle kan," sê sy.

Sy wil byvoeg dat nie almal so bevoorreg soos Hetta is wat 'n haarkapper in haar huis het nie – 'n huishoudster, verpleegster en geselskapsdame op die koop toe sonder dat sy 'n sent vir die dienste hoef te betaal. Maar dis Hetta se manier om haar te komplimenteer. Sy is geneig om haar te vertel dat sy te hard werk – al is sy die een wat sit en kyk hoe sy dit doen en nog uitdeel ook. Die feit dat Hetta dit raaksien, behoort Marta aan te moedig om nog harder te werk, nog beter te doen, én goed te voel – nie net oor haar werk nie, ook oor haarself. Maar vandag is sy negatief en niks gaan dit omkeer nie.

"Ek hou van lemoenpampoentjies," sê Hetta asof sy verskoning wil maak.

Marta sê liewer nie dat sy dit by meneer Swanepoel present gekry het nie. Sy skep die rys en varktjops, die gestoofde appelmoes en groenerte.

"Die ertjies is ook lekker, vars uit ons tuin," sê sy toe sy die borde op tafel sit.

"Gelukkig nie kool nie."

Marta byt op haar tande en hou haar hand na Hetta toe uit – die teken dat een van hulle die seën moet vra. Hierdie week is dit Hetta se beurt. Marta is dankbaar sy hoef nie hardop te bid nie. Haar hart is seer oor Deon en nou ook oor haar suster wat eens op 'n tyd vir haar soos 'n moeder was. Sy was nou wel 'n streng ma wat haar, nes Hetta, met hope huishoudelike takies opgesaal het. Maar sy het haar geleer hoe om resepte uit te toets en koek te bak. Sy het ook vir haar mooi klere gekoop en haar een keer na 'n skoonheidsdeskundige geneem sodat sy kon leer hoe om haar vel te versorg en reg te grimeer. Maria het haar geleer motorbestuur en vir haar rybewys betaal. Maar Maria gee nie meer om nie, Maria dink nie meer aan haar nie.

Marta luister met 'n halwe oor na Hetta, wat vanaand langer as gewoonlik bid.

"En seën die sopkombuis wat weer aan die gang moet kom. Gee almal wat werk krag na kruis, veral vir Marta wat reeds soveel hooi op haar vurk het. Ons vra dit in Jesus Naam en met die vergifnis van ons sondes. Amen."

"Dankie, Moeder."

Hetta het haar onselfsugtige oomblikke. Vanaand is dit Maria wat haar ontstel het. Marta mis haar – dalk meer as Hetta. En sy is jammer sy was so ongeduldig met haar. Maria hét meer verantwoordelikhede as sy. 'n Man en vyf kinders, 'n onderwyspos en 'n gemeente kan jou lewe oorneem.

Marta wens sy was Maria.

"Ek klim sommer uit by die pastorie," sê Gunther, "dan stap ek huis toe."

"Dis nie nodig nie – ek maak 'n draai by julle huis," keer Johan.

"Jy het vandag jou dag vir ons Swanepoels opgeoffer, en jy wil nog 'n ekstra myl loop?"

"Dis nie 'n myl nie en ons loop nie, ons ry."

"Jou hele dag daarmee heen."

"Soos die Here dit wou hê, was ek in elk geval op pad. Toe kry ons die oggendlesing ook en die groepbesprekings agterna. Ek het stimulerende gesprekke rondom die bediening broodnodig."

"Dit het my 'n voorsmakie gegee van wat op my wag."

"Ek sorg dat ek gaan hoor wat die ouens te sê het voor ek my met

my boeke en die internet in my studeerkamer opsluit en Sondag bo-
oor my mense se koppe preek." Johan laat luier die viertrek voor die
Swanepoels se huis. "Sê groete vir jou ouers. Ek kom môre kyk hoe dit
gaan – ek besoek hulle een keer 'n week."

"Wil jy nie nou inkom vir 'n koppie koffie nie?"

"Liewer môre. Dis laat, die oumense is al in die bed en Emma wag
vir my."

Gunther maak die kar se deur oop en klim uit. "Groete vir Emma,
en nogmaals dankie."

Hy is nog nie eens by die tuinhekkie nie toe die ligte op die voor-
stoep aangaan en sy pa met 'n flits in die hand naderkom. "Jou ma is
dood van bekommernis," groet hy.

"Maar Pa, ek het etenstyd gebel én voor ons weg is uit Stellenbosch."

"Juis, van toe af tel sy elke minuut." Hy stoot die voordeur oop.
"Gaan groet haar. Deon het veilig geland. Hy't dadelik van die Johan-
nesburgse lughawe af gebel."

Gunther sal nie vir sy pa sê hoeveel kilometers ver die lughawe
van die Faures se huis in Waterkloof is en hoe gevaarlik die paaie in
Gauteng is nie. Hy vra nie of Deon gebel het om te sê hy het veilig
by die Faures aangekom nie. Wat sy pa betref, is Deon hul perfekte
seun wat hulle altyd op hoogte hou en nooit versuim of foute maak
nie. Gunther haal diep asem en tel in sy kop tot tien. Hy sal hierdie
ongelukkigheid van hom met mening moet beveg.

Sodra hulle nie saam is nie, verlang hy na Deon. Die kere dat
hulle 'n naweek in die woestyn gekamp het of in Doebai gekuier het,
het hulle mekaar se geselskap geniet. Maar vandat hulle saam in hul
ouerhuis beland het, het hulle skielik weer klein geword en het die ou
kompetisie tussen hulle weer kop uitgesteek. Jakob en Esau, dis hulle
twee. En soos Jakob sy ma se kind was en Esau sy pa s'n, is hy sy ma
se seun en Deon sy pa s'n.

"Toe, gaan in," hoor hy sy pa sê. "Ek gaan kyk of die koffie nog
kook. Seker nou al so sterk soos gif getrek."

"Dankie, Pa."

Hy sal positief bly, hy sal hom nie aan sy pa se skimpe steur nie. "Gunther?" vra sy ma uit die skemerte van die kamer. "Is dit jy?" Die kamerdeur staan halfpad oop en hy stap in. Sy sit in die bed met 'n yslike Bybel op haar skoot, haar bril op haar neus en 'n vergrootglas in haar hand. Daar is 'n haarnet om haar hare en sy lyk oud. Toe hy langs die bed staan, is dit asof sy afblaas soos haar skouers sak en haar ken begin bewe. "Waar bly jy heeldag?"

"Mamma, ek was saam met Ma se predikant in Stellenbosch by die lesing wat hy sou bywoon. Hy het spesiaal vroeg gery sodat ons Deon betyds by die lughawe kon aflaai en die laaste lesing was eers vieruur. Dis hoekom ons die heeldag weg was."

"Ek was bang jy bly weg."

"Nee, ek bly nou hier." Hy trek die oop Bybel nader. "Is dit die grootdruk?"

"My oë wil nie meer nie en ek hou daarvan om saans op my eie te lees. Maar die boek is swaar op my knieë. Vat dit tog en sit dit op die bedtafeltjie. Ek sal nou rustig slaap, vandat jy terug is." Sy pak haar bril en vergrootglas weg en trek aan die haarnet oor haar ore. "Verskoon die lelike net, anders verslaap ek my hare en Marta kan nie elke dag kom nie. Sy pas haar ma op, so liefdevol en geduldig. Maar dis jare van opoffering en haar tyd gaan verby. Ek is bly jy is terug. Deon was so haastig om weg te kom. Hoe lank kuier jy nog?"

"Ons sal môre daaroor praat." Gunther is verbaas toe hy voel hoe swaar die Bybel is. "Hierdie Bybel weeg maklik tien kilogram."

"Jy kan dit leen as jy wil lees."

"Ek het my eie Bybel, Mamma, ek vat dit oral saam, én ek het 'n weergawe op my selfoon."

Ciska lyk verdwaas. "Mense wat Christen-boeke verbrand, sal nou selfone en rekenaars ook moet verbrand. Maar die hele wêreld moet mos in vlamme opgaan."

Gunther sit haar Bybel neer.

"Geruste nag, Mamma," sê hy en soen haar op haar wang.

"Die brande sal by mense begin, dit het klaar," hou sy vol.

Hy skud haar kussing reg en help haar om gemaklik te lê. "Moenie nou vir Mamma daaroor bekommer nie. Reg so?"

Sy knik getroos. Verstommend hoe helderblou haar oë is – selfs hier in die leeslamp se sagte lig.

"Ek gaan nie my tande voor jou uithaal nie," sê sy skielik. "Roep jou pa. Dan vat jy 'n lekker warm bad en klim in die bed. Ons kuier môre weer. Ek is bly julle … jy is hier."

Toe Gunther omdraai, staan sy pa in die kamerdeur asof hy heeltyd in die gang gewag het.

"Die koffie is op die stoof," sê hy. "Sorg dat jy al die ligte afskakel voor jy kamer toe gaan."

"Dankie, Pa."

Gunther gaan skink vir hom van sy pa se sterk koffie. Daar staan 'n bakkie met groot geel karringmelkbeskuite op die tafel. Hy pak vir hom twee op 'n bordjie en dra dit kamer toe

Vanaand is nie die regte aand om hulle van sy voorneme te vertel nie. En hy het die lêer met inligting oor die kweekskool in Johan se kar vergeet. Dis goed so, want dit sou hulle dalk 'n slapelose nag besorg het. Môre is nog 'n dag. Miskien moet hy wag tot Johan kom kuier. Marta het hom 'n reuseguns bewys toe sy vanoggend so voortvarend die predikant gebel het. Hy moet haar môreoggend vroeg gaan bedank, en vir haar ook vertel van sy besluit.

Hy is van plan om die res van die jaar hier te bly, maar hy sal vir hom nog 'n kamer nader aan die universiteit moet soek.

Dit voel of hy ná jare van swerf op die regte plek tuisgekom het. Hy gaan sit op die bed, aktiveer sy skootrekenaar en skryf vir Taek Geun 'n lang brief, die beker boeretroos en die bord beskuit op die lae bedtafeltjie langs hom.

Hy het die tafeltjie jare gelede – seker 'n kwarteeu gelede – in die skool se houtwerkklas gemaak. Dit voel vanaand soos gister. Soveel het dieselfde gebly – selfs Marta is nog hier.

Gunther raak so bewoë dat hy die rekenaar eers toemaak en sy

Hemelvader bedank: "U het my gebede verhoor, gouer as wat ek gedink het. Hier is ankers, hier is mense wat omgee. Hier is plek vir my. Baie dankie, Vader."

Elf

Donderdae is Marta se salon-skoonmaakdag en saam met Sondae haar enigste toe dag. Vrydae kom drie van haar gereelde kliënte – Yvonne, Sandra en Tienke, én sy gaan was Ciska se hare. Emma en Riëtte kom elke Saterdag vir 'n was en kam. Van die ander vroue in die dorp kom nie so gereeld nie, maar een keer 'n maand is beter as niks. Ryk Andrea Bezuidenhout, wat gewoonlik Clanwilliam toe ry, kom ook soms by haar uit. Daarom moet die salon silwerskoon geskrop word, nie 'n haartjie of 'n stoffie te sien nie. Die handdoeke word almal elke Donderdag gewas en dan netjies en vars in hul mandjies gepak.

Marta gebruik die stofsuier om die vloer behoorlik skoon te suig. Dit werk die beste, al moet sy agterna vir elektrisiteit betaal. Maar omdat sy sonder 'n huishulp werk, gun sy haar hier en daar 'n makliker metode, asook die luukse van plastiekhandskoene.

Sy het laasnag te lank gelê en lees. *Benita se belofte* het haar so geboei dat sy dit nie kon neersit voor sy dwarsdeur was nie. Dis die verhaal van 'n meisie wat haarself belowe om eendag met haar eerste liefde te trou, al moet sy hom ook vir die res van haar lewe agtervolg.

"Op hierdie reis leer sy hom nie net beter ken nie, maar ook haar eie hart."

Dit is wat die lokteks agter op die boek sê en dis nie veel nie. Op pad leer Benita ook iemand anders ken en kom byna te laat tot die besef dat haar kortsigtige belofte haar blind gemaak het vir ware liefde – die liefde wat nie net van een kant kom nie, maar wat twee mense wat vir mekaar bedoel is, na mekaar toe aantrek ten spyte van ou beloftes. Marta het haar so ingeleef in Benita se verhaal dat sy naderhand lus was en skud die koppige vroumens. Haar skoolliefde was al met sy derde vrou getroud, toe glo Benita steeds hy is ongelukkig omdat hy háár nie gekies het nie. Intussen stry sy teen die gevoel wat sy vir haar romantiese buurman ontwikkel het. Hulle beland selfs 'n paar keer in mekaar se arms, maar sulke hartstog oortuig haar nie – tot hy 'n ongeluk met sy motorfiets maak en sy langs sy hospitaalbed staan, amper te laat.

Marta kry 'n knop in haar keel as sy daaraan dink. Hoekom moet mense eers skrikgemaak word voor hulle besef wat hulle het? Sou Deon langs háár hospitaalbed kom staan het as sy in 'n ernstige motorongeluk of motorfietsongeluk was? Sou hy in 'n vliegtuig gespring het en van oorsee af gekom het om haar hand vas te hou? Nee, hy het aanvaar dat sy oukei is en toe kry hy vir hom iemand anders. Hy sal nog sy fout agterkom.

Verdraai sy nie nou die storie nie? Marta grinnik toe sy die stofsuier se tuitjie aansit om in die hoekies te suig. Dis mos reg so. Dis haar eie storie. Sy dink dit uit en sy sal vir haar 'n gelukkige einde opmaak, sê nie hoe nie.

"Marta! Haai, Marta!"

Sy hoor die geroep bo die gedruis van die stofsuier in haar drome en die werklikheid dring tot haar deur toe sy besef dat dit nie Deon is nie, maar Gunther.

Sy skakel die stofsuier af en draai om.

Gunther staan in die deur, sy skouer teen die kosyn gestut, arms voor sy bors gevou.

"Weet jy hoe lank staan ek al hier?" vra hy.

"Loer jy my af?"

Hy grinnik. "Dit was die moeite werd."

Marta bloos. Sy sou nooit so 'n simpel aanmerking gemaak het as haar kop nie vol stories was nie. Hier buk sy agter die stofsuier in haar stywe T-hempie en ou driekwartbroek en Gunther kyk vir haar. Gelukkig was dit nie Deon nie.

"Kan jy nie sê jy is hier nie?"

"Ek het, maar jou stofsuier het my doodgeraas." Gunther gee 'n tree nader. "Raas hy altyd so hard of is daar fout?"

Marta wens hy wil loop dat sy kan klaarmaak. Sy wil nog kaste regpak en miskien is die wasgoed ook gereed om opgehang te word.

"Jy het nog nie die wasmasjien gehoor nie," sê sy al weer sonder om haar woorde te tel.

"Jy moet hom gee dat ek kyk wat aangaan."

"Wat? Die wasmasjien?"

"Eers die stofsuier, dan die wasmasjien."

"Jy hoef regtig nie."

"Ek hou daarvan om stukkende goed heel te maak en ek skuld jou."

"Wil jy hê ek moet jou hare sny?"

"Nie vandag nie, ek sien dis jou skoonmaakdag. Nee, ek wil dankie sê dat jy gister vir Johan gebel het en vir my en Deon die geleentheid lughawe toe gereël het."

"Was julle betyds?"

"Op die kop. En dit word toe 'n baie interessante dag."

Nou is Marta nuuskierig. Sy wil alles hoor as Deon daarby betrokke was.

"Staan net daar, ek suig gou in die hoekies en dan gaan maak ek vir jou 'n koppie tee."

"Jy hoef regtig nie vir my tee te maak nie."

"Dis amper halfelf en dis my en Moeder se teetyd ook."

Marta wag nie vir nog besware nie. Sy skakel die stofsuier aan en bespring die hoekies met mening, dink nie meer daaraan dat Gunther staan en kyk nie. Maar sal die ding skielik ekstra skril begin aangaan, of is dit omdat Gunther dit onder haar aandag gebring het? Verbeel sy haar of skei die apparaat nou ook 'n reuk af wat ruik soos plastiek wat brand? Sy ignoreer dit, want daar is nog een hoekie oor en sy moet klaarmaak. Sy haal dit nie. Die stofsuier gee 'n rooi flits, 'n yslike knal en 'n pienk wolk wat vreeslik stink.

Marta laat val die pyp asof 'n slang haar gepik het. Gunther laat nie op hom wag nie. Hy spring nader, gryp haar hand en bekyk die palm asof hy brandwonde soek. "Is jy oukei?"

Sy trek haar hand uit syne. "Ek't geskrik, verder niks. My arme ou stofsuier …"

"Ruik of die motor uitgebrand het."

"Wat 'n besigheid," sug Marta. "Ruik soos hare wat brand."

Gunther pluk die muurprop uit. Hy voel aan die stofsuier, keer dit om en bekyk dit van nader. "Jy sal 'n nuwe een moet kry."

"Ek sal vir Kersvader 'n briefie skryf."

Hy frons: "Wil jy 'n stofsuier vir Kersfees hê?"

"Ek het 'n stofsuier nodig. Nou stink die hele salon."

"Ek vat hom vir jou uit."

"Dankie. Ek gaan maak tee."

Gunther trek die stofsuier agter hom aan en Marta verbeel haar sy hoor haar ma. Sy maak die voordeur oop en daar sit Hetta in haar rystoel reg agter die deur, haar oë soos pierings.

"Ek het 'n skoot gehoor!"

"Dit was die stofsuier wat die gees gegee het."

"Ag, nee."

"Ek kan hom huis toe neem en kyk of ek iets kan doen om hom reg te kry. Môre, Tannie."

"Dag, Jongman." Hetta steek haar hand uit. "En wie is jy?"

"Dis Gunther Swanepoel, Moeder."

"O, is dit hoe jy deesdae lyk – nie soos jou pa nie."

Gunther dink gelukkig dis snaaks. Hy glimlag. "Hoe gaan dit met Tannie?"

"Soos jy sien, sit en doodgaan."

"Tannie lyk vir my springlewendig."

"Ek't amper uit my stoel gespring van skrik. Marta, gaan jy vir ons tee maak?"

"Ons is juis op pad."

Marta wil die rystoel vat en stoot, maar Gunther doen dit. "Waarheen?" vra hy.

"Kombuis toe," beduie Hetta.

Solank die opwasbak nie vol vuil skottelgoed is nie, hoop Marta. Sy het vanoggend vroeg beskuit gebak en nog nie die panne gewas nie. Die kombuis is nie silwerskoon nie. Om alles te kroon, steek die wasmasjien haar ook in die skande. Hy voltooi sy siklus met sy gewone gefluit en iets ekstra – 'n ongesonde skuurgeluid.

Dit pla Gunther blykbaar nie. "Het jou krag nie netnou uitgeskop nie?" vra hy.

Wat het dit met hom te doen? Dis nie sy besigheid nie.

"Nee," sê Marta en tap water in die ketel.

"Het julle huis nie 'n aardlekskakelaar nie?"

"Wat is dit?"

"Dis 'n sekering wat keer dat jy jou doodskok terwyl jy 'n elektriese apparaat gebruik wat onklaar raak."

"Dis die eerste keer dat iets soos die stofsuier ontplof. En dis nie asof dit die huis aan die brand gesteek het nie."

"Wat van daardie haardroër van jou wat so warm geword het en toe eendag nie meer wou werk nie?" vra haar ma, blykbaar die ene bewondering vir Gunther.

"Haardroërs breek."

"Het die muurprop toe nog gewerk?" vra Gunther.

"Ons krag werk altyd, tensy Eskom dit afsit. Dan's die hele dorp donker."

Gunther het blykbaar vrede met Eskom. "Jy moet 'n elektrisiën kry wat jou huis se bedrading kan nagaan," sê hy.

Marta gooi teesakkies in die teepot. Sy dek koppies en melk en suiker op die tafel. Sy haal koekies uit.

"Sit, Gunther."

Hy trek vir hom 'n stoel uit – skuins oorkant Hetta.

"Ons het nie geld om duur elektrisiëns te betaal nie," sê Hetta tot Marta se verleentheid.

"As jy wil, kan ek kyk – ek weet genoeg om vir jou die nodige sekerings te installeer."

"Waar leer jy sulke dinge?" vra Hetta nogal met bewondering.

"Ek het kursusse geloop voor ek weg is – gedag ek kan hier vir my 'n werkie losslaan. Op die ou end was Engels gee oorsee die enigste uitweg."

"Gaan jy weer?"

"Nee, ek is terug – vir goed."

"Om wat te doen?"

Marta kan nie glo dat haar ma so spraaksaam is en soveel in Gunther se doen en late belang stel nie. Hetta hou nie van die Swanepoels nie, maar vanoggend behandel sy hom asof hy 'n prins is.

Gunther verskuif sy teekoppie. "Ek het besluit om verder te studeer."

Sover Marta weet, het hy nes Deon 'n BMus en 'n honneurs in Engels. Wat wil hy met nog grade maak – sy kop breek?

"Jy en jou broer is mos so musikaal," sê Hetta.

"Ek wil 'n ander rigting inslaan."

"Hoe drink jy jou tee?" vra Marta toe sy kans kry.

"Sterk."

"Dan skink ek eers vir my en Moeder."

Hetta stoot die koekies in sy rigting. "Kry vir jou 'n koekie. Marta het gebak. Ons blikke is nooit leeg nie, sy hou hulle vol."

"Fluks … Dankie, Tannie."

"Sy is baie handig en baie fluks," kweel Hetta.

Wat gaan aan met haar ma? Is sy besig om namens haar vriende te maak met Gunther omdat sy dink Gunther is haar wat Marta is, se laaste kans, of wat?

Hy byt 'n stuk van 'n klapperkoekie af en maak asof hy nog nooit sulke koekies geëet het nie. "Party mense sit te min klapper in," sê hy toe hy klaar gekou en gesluk het. "Dié een het meer as genoeg en dis lekker."

Maar die man het fynproewersinstinkte! Marta gebruik altyd meer klapper as wat nodig is.

"Kry nog enetjie." Hetta se handjie bewe toe sy die bord nader na hom toe skuif.

"Wat van Tannie?"

"Ek hou van die gemmerkoekies."

"Kan ek proe?"

"Natuurlik." Marta wil weet wat gister met Deon gebeur het en hulle gaan aan oor koekies!

"Het Deon toe veilig by sy bestemming aangekom?"

"Hy was twaalfuur op die lughawe. Ek't hom vanoggend gebel om te hoor wat verder gebeur, en alles is op dreef. Chanté se oom en sy vrou het die reëlings op hulle geneem. Die oom is ook 'n dokter en heelwat jonger, glo baie geheg gewees aan sy broer. Deon sê dis goed hy is daar, Chanté het hom nodig en nou ontmoet hy die familie stuk-stuk – nie almal op een slag nie. Hulle is blykbaar deftige mense."

"Nie so eenvoudig soos ons nie?" vra Hetta.

Sy doop haar koekie in die tee. Dit breek af en sy skep die pap stukkie met haar teelepel uit. Omdat sy bewe, eet sy slordig.

Ons is nie net eenvoudig nie, dink Marta, *ons is onmanierlik ook.* Asof dit saak maak – Gunther het niks om te vertel nie, altans niks om haar mee gelukkig te maak nie.

"Jou tee behoort nou sterk genoeg te wees," sê Marta om die aandag van haar ma af te trek.

Hetta pluk 'n verkreukelde sakdoekie uit haar mou en vee haar mond af. "Jy't gesê jy gaan verder studeer?"

Gunther hou vir Marta dop wat sy koppie byna tot bo volskink.

"Ja," sê hy en keer voor dit oorloop. Hy gooi 'n paar druppels melk by.

"Medies?" vra Hetta.

"Hoekom medies, Tannie?"

"Dan is jy net so deftig soos die Faures."

Gunther lag. "Deftig is nie alles nie."

"Wat is?"

"Die waarheid is."

Hy kyk so reguit na haar dat Marta afkyk. Sy moes lankal die nat handdoeke uit die wasmasjien gaan haal het en opgehang het. Netnou word hulle nie droog nie en dan moet sy môre van haar nuwes gebruik. "So, waarvoor gaan jy leer?" vra sy sodat hy moet end kry en klaar kry. "Vir predikant."

"O."

Marta het dit nie verwag nie. Volgens wat die mense sê, was hy maar wild toe hy hier op skool was. Selfs sy kan onthou dat hy en Herman Bezuidenhout 'n skrikbewind op hul motorfietse gevoer het en dan sing hulle sedig in die kerkkoor.

Hetta lyk nie gelukkig nie. "Dis 'n lang studietyd," sê sy en kyk na Marta asof sy dit kon gekeer het.

"Ek het my roeping gevind," sê Gunther. "Gister die inligting by die kweekskool gekry en lank met Johan gesels. Dis 'n bestiering dat jy hom gebel het, Marta. Ek gaan my laat inskryf en dis jy wat gehelp het."

"Die kerke loop leeg, predikante kry nie meer werk nie," waarsku Hetta, maar voeg darem by dat dit 'n edele beroep is.

"Ek gaan my nie om ekonomiese redes laat afskrik nie." Gunther vat nog 'n koekie.

Hy kyk weer na Marta asof hy vir haar goedkeuring wag. Sy haal haar skouers op. Dit is nie haar besigheid nie.

"Sal julle my verskoon – ek moet die handdoeke gaan ophang," sê sy toe die stilte ongemaklik raak.

"Jou tee," keer Hetta.

"Te warm."

Die plastiekwasgoedmandjie staan reg voor die wasmasjien. Marta maak die masjien oop en begin die handdoeke in die mandjie bondel.

"Kan ek help?" vra Gunther.

"Gesels jy en Moeder."

"Is dit nie te swaar om te dra nie?"

"Ek is gewoond daaraan."

Marta kan nie vinnig genoeg by die deur uitkom nie. Sy planne skeel haar min en sy wil nie hê hy moet van haar verwag om net so opgewonde soos hy te raak nie. Sy is nie opgewonde nie, sy is onge-lukkig, jaloers en terneergedruk. Want sy het Deon vir goed verloor. Gunther is haar ma se keuse en sy stel nie belang nie. Nee, so ontrou sal sy nie aan Deon wees nie.

Al wat vir haar oorbly, is haar werk – haar slawerny, haar dag-vir-dag-roetine.

Boonop is sy haar stofsuier kwyt.

Sy pa sit op die stoep *Die Burger* en lees toe Gunther terugstap met Marta se stofsuier in sy arms.

"Waar kry jy daardie ding?" vra hy en laat sak sy koerant.

"Dis Marta s'n. Ek was by toe dit breek, toe bied ek aan om dit heel te maak."

"Ek weet niks van stofsuiers nie, bitter min."

"Ek sal kyk wat ek kan doen – as ek Pa se gereedskap mag leen."

"Jy kan leen. Maar laat een stukkie wegraak, dan is jy in die moei-likheid!"

Sy pa klink soos in die ou dae toe hy 'n seuntjie was en partykeer van die gereedskap gevat het om mee te speel of later om aan sy fiets te werk.

"Ek sal vir Pa kom wys wat ek alles gebruik."

"Jy sal nie daai krok aan die loop kry nie."

Sy pa skud sy koerant reg en konsentreer op sy leeswerk. Gunther het hom nog nie van sy planne om voltyds teologie te studeer, vertel nie. Hy wonder of hy net so negatief daarop sal reageer.

"Was Johan hier terwyl ek weg was?" vra hy.

"Johan?"

"Dominee Van Velden."

"Nog nie vandag nie."

Dit voel of daar 'n las van Gunther se skouers afval. Hy het tyd om te praat voor Marta of Johan iets laat val – en hy wil eers na sy ma toe gaan. Hy sit die stofsuier in sy stoepkamer neer en gaan klop aan haar kamerdeur.

"Kom in."

Sy sit op haar stoel by die venster, haar hekelwerk op haar skoot. Maar sy sit te stil, te veel soos 'n pop.

"Hallo, Mamma."

"Waar was jy al weer?"

"Langsaan by Marta-hulle. Ek moes haar gaan bedank omdat sy gister vir Dominee gekry het om ons lughawe toe te neem. Toe drink ek eers 'n koppie tee. Haar stofsuier het gebreek en ek wil kyk of ek dit kan heelmaak."

Toe glimlag sy. "Hoe lyk dit my daar broei iets tussen julle?"

"Wag 'n bietjie! Ek het Sondag maar hier aangekom."

"Gister sou jy jou hare laat sny het en vandag gaan kuier jy."

"Mamma, sekere sake neem langer as drie dae."

"Onthou jy haar van skooldae af?"

"Sy was in graad tien toe ek besig was met my meesters. Ek onthou hoe sy toe al hare gesny het."

"Wat dink jy nou van haar?"

Gunther hou sy gesig neutraal. "Sy is vriendelik, maar altyd besig."

"Ons dienende Martatjie – ek kry haar jammer," sê Ciska.

"Ek ook."

Sy ma kyk na hom en sy lyk hartseer. Sy klap op die stoel langs haar. "Kom sit. Het jy tyd?"

"Ek het en daar is iets wat ek vir Mamma wil sê."

"Hoop nie jy is nou van plan om ons net so gou soos Deon te verlaat nie. Jy was altyd soos 'n stertjie agter hom aan. Hy't jou misbruik – die skarminkel – al die swaar werk wat hy kry, vir jou gegee. Ek't jou pa gesê hy moet dophou. As hy vir Deon opdrag gee om die kar te was, is dit nie vyf minute nie, dan was jy. Of as hy die blare moet hark, is dit jy wat hark en optel."

Gunther grinnik. "Ek het dit vir die geld gedoen."

"Hoe nou?"

"Hy't my goed betaal."

Ciska skud haar kop heen en weer. "Wat 'n paar sente nie kan doen nie."

"Ag, Mamma, dis verby. Ek is lankal nie meer afhanklik van sy aalmoese nie. Ek dink vir myself en ek staan op my eie bene."

"Hy het jou voorgespring met die meisie."

"Ek was nooit op haar verlief nie."

"Jy verstaan my verkeerd – ek bedoel met die huwelik."

"Hulle is nog nie getroud nie."

"Hulle is verloof en hulle gaan trou."

"Ek sal ook – oor ses jaar."

"Nee, Gunther. Dan is jy vyftig!"

"Agt en veertig."

"En wie gesels vanoggend so lekker?"

Ciska se gesiguitdrukking verhelder. "Dominee, hoe gaan dit?"

Johan het 'n netjiese broek en hemp aan. Hy hou 'n Sakbybeltjie vas.

Gunther weet nie of hy bly of teleurgesteld moet wees om hom te sien nie. Hy wou self vir sy ma vertel het en nou sal Johan sy mond verbypraat.

"Tannie lyk goed."

"As ek net weet wat my seuns alles binne die volgende tien jaar gaan aanvang, sal ek nog beter lyk."

"Het Gunther Tannie nie vertel nie?"

"Wat?"

Gunther kyk smekend na Johan. "Ek het nog nie kans gekry nie."

"Laat geslaap?"

"Nee."

"Gaan hy ook trou?" vra Ciska hoopvol.

"Veel beter," sê Johan geheimsinnig.

Johan is tuis in die kamer. Hy trek 'n voetstoeltjie onder die bed uit en gaan sit daarop. Gunther se pa kom ook in asof hy geroep is, en gaan sit plegtig op die bed se voetenent.

Johan maak die Bybeltjie oop by 'n boekmerk. "Ons lees vandag in Johannes. Johannes 6:16–21, Jesus loop op die see. 'Toe dit aand word, het Jesus se dissipels na die see toe gegaan, in 'n skuit geklim en weggevaar na Kapernaum toe, oorkant die see. Dit was al donker en Jesus was nog steeds nie by hulle terug nie. Daarby het die see onstuimig geword, omdat daar 'n sterk wind gewaai het. Toe hulle sowat vyf of ses kilometer geroei het, sien hulle Jesus op die see loop en naby die skuit kom, en hulle het bang geword. Maar Hy sê vir hulle: "Dit is Ek; moenie bang wees nie." Hulle was toe gewillig om Hom in die skuit te neem, en daarna het die skuit by die land aangekom waarheen hulle op pad was'. "

Johan maak die Bybel toe. Hy hou sy duim by die plek.

"Hierdie gedeelte maak dit vir ons glashelder dat Jesus Goddelike magte het, dat Hy gekom het om mense te red en dat elkeen wat vir Jesus plek maak in sy huis en in sy lewe, die regte besluit neem."

Gunther se ma stem saam. "Dit is die heilige waarheid," sê sy. "Is dit nie so nie, Swanie? Elke keer as daar 'n storm opsteek, roep ons Hom aan."

Maar sy pa sit en kyk na sy hande. Dit lyk asof hy dit gerade ag om liewer stil te bly. Gunther sien vir die eerste keer hoe groot die artritisknoppe aan sy vingers is.

"Kom ons bid saam," sê Johan en buig sy hoof.

Twaalf

Marta vou en pak vars handdoeke in die rakke wat oom Hannes vir haar gemaak het. Hy is al jare lank die dorp se enigste nutsman en sy hande staan vir niks verkeerd nie. Maak alles heel – van wasmasjiene en stowe en radio's tot stukkende televisiestelle en yskaste en toilette wat lek. Vra oom Hannes en hy het raad. Kyk hoe netjies het hy die rakke wat hy volgens haar instruksies ontwerp het, hier ingebou. Nou lyk dit vir haar asof Gunther wil kom oorneem. Sy het gesê sy sal die Hoover by oom Hannes ingee, maar Gunther wou niks daarvan hoor nie. En Hetta het sy kant gekies.

"Gee vir hom. Hannes weet nie wat hy doen nie," het sy gepor.

"Moeder," wou Marta nog keer, "as dit nie vir oom Hannes was nie, sou ek lankal 'n nuwe stoof én wasmasjien moes koop."

Dit het Hetta nie van stryk gebring nie. Sy het na Gunther gekyk. "Jy't gehoor hoe klink die wasmasjien?" het sy hom gevra.

Gunther het niks daaroor te sê gehad nie, net weer vriendelik aangebied om te kyk of hy met die stofsuier kan help. "Ek was by toe dit gebreek het en ek dink ek weet wat verkeerd gegaan het," het hy bygevoeg.

Op die ou end kon sy nie anders nie, sy moes hom die plesier verskaf. Toe is hy hier uit met die stukkende stofsuier. Nou staan sy haar en bekommer omdat sy nie kans gekry het om die sak uit te skud nie. Dis verlede week laas gedoen en sy wil nie weet wat alles daarin is nie. "Hallo!" Iemand roep van die stoep af. "Is jy in die salon?"

Marta weet wie dit is.

Toe sy die salon se deur agter haar toetrek, sit Emma twee yslike inkopiesakke op die stoep neer.

"Middag, Emma." Klink sy moedeloos?

"Dag ek bring die sopkombuisvleis vanmiddag, dan kan jy dadelik begin stowe. Ek weet hoe besig jy Vrydae met die hare is. Sal jy ons kan help skep? Ek sal jou sê hoekom – die vroutjie wat tannie Visser se huis huur, verwag haar man môre enige tyd van elfuur af en dis vir haar belangrik."

"Ragel."

"Hoe weet jy?"

"Ek't haar hare gesny."

"Natuurlik! Nou weet jy ook alles. Sy kook rys, maar sy kan nie skep soos sy belowe het nie."

Hier gaan ons al weer, dink Marta, almal belowe en op die ou end moet sy die meeste van die werk doen. Sy wil nie meer nie, maar dis haar lewe en sy kan nie anders nie.

"Ek behoort teen twaalfuur klaar te wees, dan kom ek so gou ek kan," hoor sy haarself sê.

"Ons wil twaalfuur begin skep."

"Miskien kan ek tannie Olwagen vra om vroeër te kom."

"Dankie, Marta, jy is 'n ster."

Marta lig die een sak met vleis op. Geen wonder Emma kon dit nie gou genoeg neersit nie, dit weeg maklik twintig kilogram.

"Ek gaan haal gou die groente."

En weg is Emma. Marta los die vleis op die stoep en volg haar kar toe sodat sy kan help afpak. Hulle dra twee streepsakke vol uie, aartappels, patats en wortels aan. Emma help om die vleis ook kombuis toe te vat.

"Kan ek gou koffie maak?" vra Marta.

Haar skouers is lam en dis moeilik om weg te kyk van die sakke vol onverwerkte voedsel.

"Net 'n glasie water, asseblief. Ek moet vir Rosie help skil. Ons het gaste ook."

Ja, Emma, hou jou besig. Ek het nie 'n Rosie nie en my ma kan ook nie skil nie. Maar sal jy ooit raaksien dat ek die hardste van almal werk en nooit nee sê nie?

Emma sit die leë glas neer. "Baie dankie, Marta, ek weet nie wat ek sonder jou sou gedoen het nie."

Marta glimlag, sonder om juis gevlei te voel.

Daardie sinnetjie hoor sy elke keer wanneer haar predikantsvrou onverwerkte produkte kom aflaai. As dit nie vleis en groente is nie, is dit meel, eiers, suiker en botter.

Emma skud haar skouersak reg en tel haar motorsleutels op. Sy is op pad, maar dan lyk dit asof sy haar bedink. "Hoe gaan dit met jou ma?" vra sy.

"Goed. Sy kyk televisie."

"Ek gaan groet gou, dan moet ek weg wees."

Marta loop saam met Emma televisiekamer toe. Hetta kyk nie, sy sit inmekaar gesak en slaap in haar stoel, die televisie kliphard aan op een of ander Amerikaanse sepie.

"Siestog," sê Emma, "ek sal haar nie pla nie."

Hulle loop op hul tone voordeur toe.

Marta wonder wat Gunther gekry het om te kook – seker ook rys soos Ragel. Eva sal hom help. Vir haar is daar geen genade nie. Sy en Emma neem by die hekkie afskeid en sy haas haar dadelik kombuis toe. Eerste die uie.

Sy sit haar duikbril op en begin velletjies aftrek. Terwyl sy werk, dink sy aan Ragel en of haar man haar sal kan oortuig om saam met hom huis toe te gaan. Wat sal hul eerste woorde wees? Marta glo nie dit sal maklik gesê kan word nie. Ragel het weggeloop en hy het haar toegelaat. Wat van die verwyte en beskuldigings wat nog nooit gaan lê het nie? Volgens wat Ragel haar vertel het, klink dit nie juis asof hulle op 'n vriendskaplike voet uitmekaar is nie. Maar Ragel probeer ten minste haar deel doen vir die gemeenskap. Dalk het sy ook besluit dat besig bly haar redding kan wees.

Probleem is – al is jou hande besig – jou gedagtes hou nie op. Jy dink en droom. Jy droom van iemand wat jou eendag sal versorg en waardeer en jou swaar werk uit jou hande neem. Intussen werk jy al harder, want hoe harder jy werk, hoe makliker raak jy snags aan die slaap.

Om gunste vir ander te doen is redelik bevredigend, hoewel almal nie altyd ewe dankbaar is nie. Die resultate is en bly belangrik. Jy raak bekend vir jou geurige stowekos en perfekte gebak – meesal vir kerkbyeenkomste – of soos nou, vir die sopkombuis.

Jou werk is jy en jy is niks sonder jou werk nie.

Marta gooi nog 'n afgeskilde ui in die skottel water. Die duikbril is ongemaklik. Dit laat haar gesig sweet en verdof haar sig. Maar daarsonder skil sy nie 'n halwe sak uie nie. Sy hou die volgende een in die palm van haar hand, die buitekant voel syglad en koel.

Vir wie preek sy nou, wonder sy. Vir haarself, vir Ragel of vir die uie? Van Maria hoor sy nie 'n woord nie.

Op daardie oomblik lui die telefoon. Marta laat val die mes en die ui waarmee sy besig was en hardloop gang af terwyl sy die duikbril van haar gesig afskuif. Tyd om die ding 'n slag af te spoel en die uie eenkant te los terwyl sy aartappels skil.

Sy pluk 'n snesie uit haar voorskootsak en gooi dit oor die telefoon se gehoorstuk voordat sy dit optel. Uiesap het die neiging om in te trek.

"Marta hier!"

"Middag, Marta, dis Maria."

Eindelik!

"Hallo, Maria. Hoe gaan dit vandag?"

"Steeds besig, maar ek hou kop."

"Is die wiskunde-olimpiade afgehandel?"

"Vanoggend, ja. My leerlinge het so goed gevaar, ek kan die Here nie genoeg prys nie. Ek is so gelukkig vanjaar. Ek het 'n Kruger-seun

in my klas wat met wiskunde in sy kop gebore is. Hy't skoonskip ge-
maak in Gauteng en hy en drie ander gaan nou provinsiaal deelneem.
Daar's so 'n Joodjie, Aaron Katz, briljant. Maar hy kon nie vir Tjaart
ore aansit nie. Jy stel mos nie belang in wiskunde nie?"

"Ek was lief vir Pa, nie vir sy vak nie."

"Ons was almal lief vir Pa."

Maria klink afgehaal en Marta voel of sy haar tong kan afbyt.

"Dis nie wat ek bedoel nie. Ek meen, ek was nie so lief vir wiskun-
de nie. Ek kon dit doen, maar dit was nie belangrik nie."

"Jy het jou eie talente en jy woeker daarmee. Of het jy die salon
opgegee?"

"Nee, ek het nie die salon opgegee nie. Ek is die dorp se enigste
haarkapper."

"Jy doen seker goed vir jouself?"

"Redelik." Marta snuif.

Die uiesop wat aan haar hande vaskleef, gee walms af wat haar oë
aan die traan het. Die snesie om die telefoon se gehoorstuk skuif rond.
Sy vee haar vry hand aan haar voorskoot af.

"Ek dag hulle staan tou. Is jy nie nou besig nie?"

"Donderdae is my salon toe."

"Lekker as jy 'n dag kan leeglê."

"Ek lê nie leeg nie. Ek is besig om uie te kerf vir die kerk se sop-
kombuis. Ek moet nog 'n halwe sak aartappels en drie bosse wortels
skil. Ek moet die vleis opsit voor vieruur vanmiddag, anders gaan
slaap ek vannag middernag."

"Genade, Marta, ek het nie vir 'n volledige verslag gevra nie, ek
wou net weet wat doen jy."

"Nou weet jy. Sê wat jy wil sê, sodat ek kan gaan klaarmaak."

"Was jy nie die een wat mý beskuldig het nie?"

Een woord volg op die ander en 'n rusie vat vlam, dink Marta en
haal diep asem voor sy die vraag ewe ordentlik beantwoord.

"Jy bel my nou op 'n ongeleë tyd. Kan ons 'n tyd maak, dan bel ek
jou terug?"

"Ewe skielik belangrik."

"Ek is jammer, maar dis die sopkombuis wat belangrik is, nie ek nie."

"Jy kan nee sê."

"Ek kan nie."

"Hoekom nie?"

"Omdat hier net 'n paar mense in die gemeente is wat bereid is om te werk en ek is een van hulle."

"Hm, een van die binnekring wat nie soms bereid is om na die volgende sirkel toe uit te skuif nie."

"Wat praat jy alles?"

"Jy sal nie verstaan nie. Jy sal niks van ons werk ooit kan verstaan nie."

Vergaderings op vergaderings, dink Marta, Bybelstudie op By-belstudie en bidure – eindelose bidure terwyl ander die koek bak en tee maak en kos kook en die oues van dae se hare verniet sny.

"Nee," sug sy, "ek kook maar net die kos."

"Ek sê nie wat jy doen, is nie belangrik nie. Luister, Marta, ons praat in sirkels. Ek het toevallig 'n uur oop omdat ons vrouediensko-mitee-vergadering verskuif het, maar jy moet gaan groente skil. Dus, laat ek gou sê: Ek en Friedrich het gepraat – na aanleiding van jou noodoproep gisteraand – en ons het besluit om ons Oktober-tyddeel-week by Lekkerbreek te adverteer en te verkoop en die geld te vat en Weskus toe te gaan. Jy is reg. Ons was lanklaas by julle en ek verlang na my grootwordwêreld. Sal jy en Moeder vir ons 'n slaapplekkie kan bied? Dis vir een week van Saterdag tot Saterdag, die 29ste September tot die 6de Oktober, na gelang van die vlugte. Julle hoef ons nie op die lughawe te kom haal nie, ons huur 'n karretjie."

Die bekende lamheid sak deur Marta. Dit begin in haar voorkop en sypel deur tot in haar tone. In haar agterkop maak sy berekenings van ekstra etes, baddens vol water en 'n oorgebruik van elektrisiteit, om nie aan die skoonmakery te dink nie.

"Of gaan julle ook weg?" hoor sy Maria.

Nee, ons gaan nooit weg nie. Die verste wat ek kom, is soms Clanwil-liam toe saam met Emma om voorraad te koop.

"Kom die kinders ook?" vra sy voor sy kan keer.

"Die tweeling, miskien. Ek sal jou later laat weet. Die seuns gaan op 'n sendinguitreik Zimbabwe toe. Bel jou oor twee weke, dan gee dit jou nog twee weke om die stoepkamer uit te vee en af te stof."

Die stoepkamer is nou my salon, wil Marta sê, *en ek vee elke dag die hele huis uit.* Maar die keer bedink sy haar. Sy moet dringend haar hande gaan was.

"Alles reg. Julle is welkom."

"Nou ja, dan praat ons weer."

Maria sê dit asof sy bedoel: Jy wou ons mos nooi.

"Kan ek vir Moeder sê?" vra Marta en probeer hard om opgewonde te klink.

"Nog nie. Netnou brand ons vas, dan stel ons haar teleur. O, hier kom twee meisietjies wat heelmiddag netbal gespeel het. Wie't gewen?"

Marta hoor hulle op die agtergrond mor. Dit klink of hulle nie te gelukkig is nie. Sy wil die telefoon neersit en Maria sê: "Mamma praat gou klaar met tannie Marta, dan luister ek. Marta, is jy nog daar?"

"Ja."

"Gee my twee weke, dan laat weet ek jou. Dankie intussen vir die uitnodiging. Moenie te hard werk nie. Jesus soek nie betaling vir genade nie."

"Totsiens, Maria."

"Groete vir Moeder."

"Maak so."

Marta wag vir Maria om die foon op die mikkie terug te sit. Sy doen dit so hard, dit klink of die gehoorbuis uit haar hand geval het.

Gunther sprei ou koerante op die vloer oop. Hy skroef die stofsuiersak af, haal die dop om die motor af en bekyk die skade. In die proses ontdek hy 'n paar pluisies hare wat onder die dop ingesuig is asook asvlokkies wat moontlik die brandreuk afgegee het. Die aansluiting na die elektriese kabel is swart verbrand en die drade is vasgesmelt. Kan wees dat die kabel verweer het of dat een van die drade los geraak het en 'n kortsluiting veroorsaak het. Ja, hy is seker dis wat gebeur het. Al wat hy moet doen, is om die kabel hier los te maak, af te sny, korter te maak, weer te verbind, duim vas te hou en te hoop dis die enigste fout. Hy kan in elk geval niks anders doen nie.

Gunther skroef los, knip af en krap elke stoffie tussen die groefies uit. Hy blaas dit skoon voor hy die drade weer vasheg. Dis nie asof hy hom wil voordoen as elektrisiën nie, maar hy het sertifikate om te bewys dat hy 'n basiese kursus met onderskeiding geslaag het. Hy wil nie spog met sy veelsydigheid nie en hy doen dit nie doelbewus om Marta te beïndruk nie of om sy pa se guns te wen nie. Hy wil help, dis al. Goed, miskien wil hy die beeld wat hulle van hom het, verbeter en interessanter maak. Miskien wil hy Marta sover kry om minder in Deon belang te stel en meer in hom. Ja, hy het agtergekom dat sy Deon bewonder. Almal bewonder vir Deon – hy ook. Maar wat is daarmee verkeerd as hy 'n bietjie erkenning soek? Hy wil nie by sy pa gaan spog as die stofsuier werk nie. Hy wil vir hom wys dat hy geleer het om goed heel te maak, nie net te breek soos hy en Herman op skool so graag gedoen het nie.

Hy bekyk sy handewerk. Alles lyk reg. Net voor hy die dop optel om dit weer vas te skroef, dink hy aan Taek Geun. Taek Geun sou gesê het hy moet bid. Die Here Jesus luister na elke gebed, Hy hoor en Hy vertroos en versterk. Ons is deel van sy familie, sy broers en susters, sy vriende. Hy is so lief vir ons, Hy ken ons hartsverlange en Hy pleit vir ons by die Vader. Hy sal gee wat ons vra. Al wat ons moet doen, is om te vra en te glo. Kry ons nie wat ons vra nie, dan het ons dit nie nodig nie.

Vir Taek Geun was alles 'n gebedsaak. Van die stiptelikheid van hul bus universiteit toe tot die veilige aflewering van gesmokkelde Bybels aan Noord-Koreaanse sendelinge. Hy bid voor hy gaan skoene koop of mark toe gaan vir vars vrugte. Hy bid vir reën en sonskyn, en vir tyd om te bid.

Gunther het by Taek Geun geleer om sy hele dag vir die Here te gee, om alles voor sy voete neer te lê. Hy het laasnag oor en oor dankie gesê vir die dag in Stellenbosch en vir die geleentheid om indringend met Johan te praat. Op pad terug was hulle nie een oomblik stil nie. Hy het 'n vriend gewen, iemand met wie hy gedagtes kan wissel en insigte kan deel. Johan het hom vanoggend voordat hy hier weg is, genooi om 'n paar boeke by hom te kom haal. Hy het saam met hom hekkie toe geloop, terwyl sy pa sy ma in haar rystoel gehelp het sodat sy tot middagete op die stoep kon sit.

"Moenie te lank wag voor jy jou ouers inlig nie," het Johan gesê.

"Ek wag vir die regte oomblik, maar ek sal," het hy belowe.

Dis hoe hulle afskeid geneem het voor Johan straataf gestap het om tannie Ansie te besoek.

Dis vieruur in die middag – byna koffietyd – en hy het nog nie sover gekom om te praat nie. Sy ouers rus ná ete en aan tafel was dit onmoontlik. Sy pa het hom gevra of hy Marta se stofsuier al oopgemaak het. Hy het toe nog nie kans gekry nie. Dis omdat hy die snoek wat Eva uit die vrieskas gehaal het, vir hulle buite op die braaier gebraai het. Sy pa kry deesdae asma van die rook en het op 'n veilige afstand van die vuur af aan die ander kant van die huis gesit en blokkiesraaisels invul.

Hulle moes eers klaar eet voor hy Marta se stofsuier kon pak. Nou is hy oortuig dat hy dit heelgemaak het. Die Here het immers gesorg dat die fout redelik eenvoudig lyk en hy glo dat die Here ook die regstelling geseën het.

Gunther sit die sak terug, haal sy sakdoek uit en vee die stoffies van die dop af. Marta pas haar huishoudelike apparate goed op. Die ouerige Hoover is so blik gevryf, dit lyk nuut. Hy kan vir haar 'n nuwe een present gee. Maar hy dink sy sal meer daarvan hou om hierdie een terug te kry. Van nou af sal sy elke keer, as sy dit aanskakel, aan hom dink. Hy vra die Here, hy bid saggies.

"Here, ek vra u seën op hierdie poging om Marta Koster se vriendskap te wen en my pa se goedkeuring sodat ek die vrymoedigheid kan

hê om hom te vertel dat ek teologie wil studeer. Ek wou dit vanmid-
dag aan tafel doen, maar die gesprek het heeltyd gedraai om Deon en
Chanté en die moeilike tyd wat sy deurgaan. Die begrafnis is môre en
ek kan my voorstel dat dit swaar gaan wees. Sy het daarna uitgesien
om aan te sluit by haar pa se praktyk en sy aan sy met hom te werk.
Sy dood is 'n ramp. Ons sal saam met hulle treur, maar, Here, ek het
nodig om met my ouers te praat oor my lewe. Help my, asseblief."
Toe hy sy oë oopmaak, staan Eva in die deur.
"Jy kan sitkamer toe kom vir koffie," sê sy.
"Is my pa en ma daar?"
"Hulle is en hulle wag."
"Ek toets gou die stofsuier."
"Het jy hom reggemaak?"
"Ja."
Gunther steek die muurprop in en skakel aan.
Eva knyp haar oë toe en druk haar hande op haar ore.
Marta se Hoover loop soos 'n droom.

Dertien

"Die sopkombuis se stowekos ruik lekker vanaand," sê Hetta.

"Ek't vir ons 'n klein skotteltjie vol in die oond vir aandete. Die groot potte vleis is nog nie reg nie."

Marta skep rys. Sy haal die oondskottel uit en skep. Sy het nog nie die groot potte se groente bygevoeg nie. Dit doen sy môreoggend.

Hetta gaap. "Ek het vanmiddag so goed geslaap en ek is klaar weer vaak."

"Ek hoop nie die vleis gee Moeder nagmerries nie."

"Ek verbeel my jy was vanmiddag weer lank op die telefoon."

"Seker in Moeder se droom," sê Marta en hou haar besig met die opskep.

Amper sê sy dit was Maria, maar sy wil nie nou daardie gesprek begin nie. Hetta sal wil weet hoekom Maria gebel het, en sy sal nie alles kan oorvertel nie. Dit sal lyk of sy iets wegsteek en hul ma sal aanhou tot sy die hele storie het.

Sy sit die bord stowekos voor Hetta neer. Sy skep vir haarself en gaan sit aan tafel.

"Ons bid," sê sy en trek sommer weg met: "Liewe Heer, dankie vir die kos, seën dit aan ons liggaam. Amen."

"Dis nie jou beurt nie," sê Hetta.

"Jammer, ek het nie gedink nie," sê Marta.

Hulle eet 'n rukkie in stilte. Dis om Hetta genoeg tyd te gee om die kos op haar bord te proe voor sy haar uitspraak lewer. "Die vleis is geurig en sag," sê sy. "Jy sal eendag 'n goeie huisvrou uitmaak."

Wat op aarde? Sy doen dit al vyftien jaar lank. As sy nie teen hierdie tyd 'n huisvrou is nie, wat is sy?

"Maak Moeder 'n grap?"

"Nee." Hetta steek 'n vurk vol kos in haar mond.

"Dis wat ek is, Moeder, ek is niks anders as 'n huisvrou nie."

Hetta kou stadig klaar. "In die ou dae was 'n huisvrou 'n getroude vrou. Jy is 'n jongmeisie."

"In die ou dae sou hulle my 'n oujongmeisie genoem het."

"Dis toe almal jonk getrou het."

"Ek sal nooit trou nie."

"Is dit my skuld?"

"Hoe bedoel Moeder nou?"

"Is dit omdat jy my moet oppas?"

Marta sug. "Moenie dat ons nou weer daarmee begin nie."

"Ek hou jou vas, Marta."

"Pa het my laat belowe."

"Dis hoekom jy dit doen."

"Dis een van die redes. Hou nou op, asseblief."

"Jy moet vir my sê as jy nie meer kan nie."

"Ek sal, ek belowe."

In haar hart wens Marta sy kan eerlik wees en sê. Maar wat maak sy dan? Sy sal op 'n ander plek moet oor begin of alleen in hierdie kasarm van 'n ou huis agterbly. Dit sal tien keer erger wees as om heeldag haar ma op te pas.

"Jy moet jou naam minstens vyf jaar voor die tyd by Lambertsbaai opgee."

"Moeder hoef nie Moeder se naam op te gee nie. Ek sal na Moeder kyk."

"Ek sien hoe jy werk. Partykeer het ek nie die moed om jou te roep nie."

Partykeer roep Moeder kort-kort.

"Veral in die nag."

Sommige nagte tot drie keer.

Marta spring op. "Ek maak vir ons koffie. Hou nou op om jammer te wees."

Selfbejammering, dis wat dit is.

"Ek hou van die Gunther. Hy is nie soos die Swanepoels nie."

"Hy is 'n Swanepoel."

"Hy is nederig."

"Hulle is nie hoogmoedig nie."

"Hulle is."

Marta los dit daar. Haar ma sal nooit in haar lewe die vernedering van meneer Swanepoel se aanstelling bo haar pa verwerk nie. Sy kan haar nie oortuig nie en sy gaan ook nie meer probeer nie. Waarom sy skielik vir Gunther wil uitsonder, gaan alle verstand te bowe.

Marta skakel die ketel aan. Sy gaan lig die groot stowepot se deksel en roer die vleis 'n slag met die langsteelvleisvurk. Sy draai die plaat nog laer.

"In die ou dae het ek konfyt gekook in daardie pot," sê Hetta nostalgies.

Gewoonlik kry Ciska saans haar ligte aandete op 'n skinkbord in die kamer, en Swanie eet sy broodjie voor die televisie in die sitkamer. Vandat Deon en Gunther terug is, eet hulle elke maaltyd soos 'n gesin saam aan tafel. Aandete begin sesuur sodat hulle halfsewe klaar kan wees om *Sewende Laan* te kyk.

Daar is koue snoek oor van vanmiddag se braai. Eva het die grate hier en daar uitgehaal, maar hulle eet nogtans versigtig. Dit smaak lekker op Bakker se bruinbrood.

"Koningskos," sê Gideon wat 'n stuk vis met mes en vurk eet. "Ek gaan netnou my brood met korrelkonfyt laai."

Eva bring 'n skinkbord met tee en sit dit neer. Vir Gunther lyk sy ouer as sy ma en pa en sy moet hulle bedien. Eva moes lankal afgetree het.

"Het jy vir Marta gesê haar Hoover werk weer?"

Sy pa kon hom nie genoeg prys oor die stofsuier wat hy heelgemaak het nie.

Elke keer as hy sy asem intrek om vir hom te sê hy stel nie belang in elektronika nie, skakel sy pa die Hoover aan, luister na die motor en stoot dit 'n paar keer heen en weer om die suigkrag te toets.

"Ek bel haar nou-nou." Gunther skuif sy bord eenkant toe. "Daar is iets wat ek eers dringend met Mamma en Pappa wil bepreek."

"Hy gaan trou," sê sy ma vir sy pa.

"Met wie?"

"Hy sal sê."

"Daar is nie op die oomblik 'n meisie in my lewe nie."

"Gaan jy dan nooit trou nie?"

"Ek het reeds vir Mamma gesê ek wil, oor 'n paar jaar."

"Los hom, Ciska. Hy is nie van plan om te trou nie." Sy pa skep ruim van die korrelkonfyt. "Hom uitgebaljaar toe hy op skool was."

"Ek het besluit om verder te studeer."

"Jy sien."

"Teologie."

Swanie lek die konfytlepel af. "Nog iemand vir konfyt?" vra hy toe hy dit klaar gedoen het.

En Gunther wonder of hy ooit die woord gehoor het.

"Wat wil jy met teologie gaan doen?" vra Ciska.

"Ek wil 'n predikant word, soos Johan, met 'n gemeente en 'n kerk."

"Sal jou graag wil hoor preek," sê sy pa.

"Eendag," sê Gunther en hy weet voor sy siel sy pa glo hom nie.

"Dis 'n mooi ideaal," sê sy ma, "dis 'n baie mooi ideaal."

"Het jy geld om sewe jaar lank te kan leer?" vra sy pa.

"Genoeg vir twee jaar voltyds. Daarna sal ek moet werk soek."

"Stofsuiers heelmaak. Jy kan dit doen."

"Ek sal vir jou bid." Ciska vat die teepot vas en skink.

Die stilte word onderbreek deur tee wat uit die teepot se tuit in
'n koppie val en sy pa se gekou en gesluk en gekou. Gunther vou sy
hande op die tafel voor hom, hy kyk af, hy luister. Is daar niks anders
wat hulle vir hom wil sê nie?

"Jou tee," sê Ciska en stoot die koppie oor die tafel na sy pa toe.

"Dankie."

Nog 'n koppie word ingeskink, seker nou syne. Hy hoor hoe sy
pa melk en suiker ingooi, en roer. "Wanneer vat jy Marta se stofsuier
terug?" vra hy.

"Môreoggend vroeg. Sy gaan dan sommer my hare ook sny."

"Sy kom gewoonlik halfnege hiernatoe vir my hare."

"Ek het 'n afspraak vir seweuur."

"Wanneer begin jy met jou studie?" vra sy pa onverwags.

"Volgende jaar in Februarie."

"Wat doen jy intussen?"

"Ek gaan vir Johan help. Hy't my genooi om saam met hom te werk."

"Soos 'n diaken of 'n ouderling?" vra Ciska en haar oë blink.

"Soos 'n aspirant tokkelok."

"Tokkelok. Ek het al vergeet daar is 'n woord soos tokkelok," sê Ciska.

"Ek is nog lidmaat van die gemeente."

"Het jy nooit in al die jare jou lidmaatskap laat oorplaas nie?"

"Ek het nie so gereeld kerk toe gegaan nie, en ek was oorsee."

"Nou wil jy predikant word?"

Die uitdrukking op sy pa se gesig is tipies en dit maak seer. Gunther
het destyds uit Seoel vir sy ouers geskryf en hulle van Taek Geun-hulle
se huiskerk vertel. Hulle kon nie glo dat daar Christene in Suid-Korea
is nie. Hulle het nie geweet hoe erg gelowiges in Noord-Korea vervolg
word nie. Hulle het belowe om te bid – en daar het dit geëindig. Hy
kon hom nie sover bring om hulle van sy die boodskapper te vertel
nie. Nou is dit nog moeiliker.

"Halfsewe!" roep sy ma uit. "Tyd vir *Sewende Laan*."

MARTA   119

Sy pa spring op om die rystoel te stoot. Gunther pak die vuil koppies op die skinkbord.

Hy moet kalm bly en probeer verstaan.

"Ek sit die rys vanaand in die water," sê Eva skielik langs hom.

"Watter rys?"

Sy rek om die melk en suiker raak te vat en op haar skinkbord te pak.

"Jy wil help by die kerk, maar jy vergeet van die rys vir die sopkombuis."

Gunther spring op. "Dankie, Eva! As jy nie onthou het nie, was ek in die skande."

"Ek sal môreoggend vroeg begin kook. Dan gaan ek saam om te help met die opskep. Maar ek moet voor eenuur terugkom om jou ma en pa te kom kosgee."

"Dis goed, Eva, ek sal daar bly om te help."

"Marta help ook baie," sê Eva met die wegstap.

Gunther frons. Hy wonder of hy haar reg verstaan het.

Een ding is seker – sy is nes sy ma aan die vrou soek vir hom.

Vrydagoggend staan Marta halfvyf op. Sy wil die groente vir die stowegereg gaarmaak terwyl sy die vleis stadig laat opwarm. Daarvoor moet sy heeltyd byderhand wees. Want as die vleis skroei, is die hele pot onbruikbaar en haar reputasie daarmee heen. Halfsewe moet die kos vir die sopkombuis klaar staan, haar ma gewas en aangetrek wees en sy self ook netjies – gereed vir haar eerste kliënt.

Dis Yvonne wat wil laat sny en stileer. Gelukkig dra sy haar hare kort en 'n halfuur behoort genoeg te wees, maar Yvonne kan altyd so op die nipper wees. Sy was al skandelik laat.

Gunther het gisteraand gebel om te sê die stofsuier is reg en hy bring dit, hy wil steeds sy hare laat sny en of sy hom vanoggend kan inpas. Sy het ingewillig omdat sy Kobus van Wyk se hare om halfagt sny. Hy kom saam met Sandra, wat haar elke Vrydag stiptelik om halfagt aanmeld.

Marta sorg altyd dat sy nie later as twintig voor nege by Ciska Swanepoel opdaag nie. Daar moet sy haar storie ken om die siek vrou sagkens te hanteer. Teen tienuur moet sy tuis wees om vir haar ma tee te maak en self 'n bietjie te rus. Elfuur is haar volgende afspraak – Tienke. Tannie Olwagen kom nie gereeld nie en sy wil opsluit twaalfuur gewas en gekam word. Marta het haar gebel om te vra of hulle die afspraak 'n halfuur vroeër kan maak. Tannie Olwagen kan, soos sy sê, ongelukkig nie haar weg oopsien nie. Marta sal Emma moet bel om te sê sy kan nie vandag opskep nie en help soek na iemand wat in haar plek sal gaan.

Van volgende week af sal sy van haar Vrydagoggend-afsprake na die middag verskuif. Dis haar tuinwerkmiddag, maar sy sal dit opoffer ter wille van die armes wat Vrydae toustaan vir een ordentlike maaltyd in die week. Die sopkombuis sal nie lank hou nie. Hulle het al drie keer probeer en drie keer misluk. Emma het verniet Woensdagaand vir Johan laat bid. Die mense wat by die vergadering was, is bereid om te werk – tot hulle moeg word vir die moordende roetine. Yvonne het die grootste mond en sy is die een wat eerste kop uittrek, dan volg Sandra en Gerda. Marta en Emma-hulle, tannie Dora-hulle, Tienke en Eva bly tot die laaste – te min om al die werk te doen.

Marta kyk op die kombuishorlosie. Dis halfses. Die groente kook en die vleis is deurgeroer. Sy hou die stoofplaat op laag en skakel die ketel aan vir haar ma se oggendkoffie. Die skinkbord met die koppie en bordjie vir die beskuit staan reg. Die groente kook in haar naasgrootste pot en sal 'n rukkie duur om gaar te kom.

Marta gaan sit by die etenstafel en maak haar oë toe. Sy draai haar nek stadig in die rondte. Haar kop voel so swaar soos 'n klip. Dis haar eie skuld, want sy het gisteraand haar ander nuwe boekklubboek begin lees en te laat aangehou.

Gewoonlik koop sy nie historiese romans nie, maar die held op die omslag lyk nes Deon sou gelyk het met 'n poniestert en sy kon dit nie weerstaan nie. Die verhaal speel af in die sestiende eeu toe mense in seilskepe gereis het en seerowers gereeld uit die niet verskyn het. *Katharina en die rowerprins* gaan oor 'n arm boeremeisie wat deur haar pa aan 'n prins verkoop word, baie romanties en gevaarlik – veral toe die meisie ontdek dat die prins 'n seerower is en sy koninkryk die Middellandse See. Marta kon nie haar leeslamp voor eenuur afskakel nie. Om die waarheid te sê, sy is lus en gaan haal die storieboek nou en lees verder. Maar die risiko om deur haar ma betrap te word, is te groot.

Sy trek die hopie tydskrifte wat op die tafel lê, nader en soek een uit om in te blaai. Haar pa sou nooit een van sy dogters verkoop het nie en tog voel sy soms of die huis wat sy ná haar ma se dood sal kry, 'n prys het.

Sy het haar lewe gegee in ruil vir 'n droom wat hierdie week tot niet gegaan het. Deon sou na haar terugkom, met haar trou en haar help om die huis te restoureer, sodat hulle lank en gelukkig langs sy ouers kon woon. Dit is nou 99,9 persent seker dat dit nie sal gebeur nie.

Gister toe Gunther bel, het sy die moed bymekaar geskraap om te vra hoe dit met Deon-hulle gaan.

"Onder omstandighede goed," het Gunther gesê. "Die begrafnis is Vrydagmiddag en die familie kom van heinde en ver. Hulle maak so 'n groot ophef van Deon, dit voel vir hom of hy klaar familie is. Die Faures is mense wat op wetenskaplike gebied presteer en hulle dink dis wonderlik dat hy 'n taalman is wat viool kan speel en sangopleiding het. Chanté het hom gevra om in die kerk te sing en hy oefen hard, want hy wil haar en haar familie nie in die steek laat nie."

Hulle het hier ook in die kerk gesing – Deon en Gunther – met hul ma agter die orrel. Hulle kan albei sing, maar sy onthou net vir Deon. Hy was vir haar so mooi, sy sou enigiets doen om sy meisie te wees.

Daar spat water op die stoof uit die groentepot en Marta spring op. Sy haal die deksel af en steek met die langsteelvurk 'n stukkie wortel raak. Sag genoeg. Maar haar ma se klokkie lui en sy moet eers gaan help.

"Is dit al middag?" vra Hetta toe Marta die gordyne ooptrek.

"Sesuur in die oggend," sê Marta.

"Hoekom ruik ek middagkos?"

"Dis vir die sopkombuis. Kan ek Moeder in die badkamer los en gou na die groente gaan omsien?"

Haar ma sukkel orent. "Hoe laat het jy opgestaan?"

"Halfvyf." Marta stoot die rystoel tot teen die bed en help Hetta om oor te klim.

Hetta trek 'n gesig en kerm en kreun.

"Is dit seer?"

"Jy weet nie wat pyn is nie."

Ek weet, Moeder, maar dis 'n ander pyn. Ek wil nie daaroor praat nie – allermins met Moeder of met my kliënte.

Veertien

Toe Gunther by Marta aankom, is sy besig om 'n vrou se hare te sny. Hy het haar stofsuier saamgebring en sit dit langs die deurkosyn neer. "Dit was toe al die tyd net 'n kortsluiting by die elektriese kabel," sê hy.

Marta kyk vlugtig in sy rigting waar hy langs die Hoover bly staan.

"Baie dankie. Wat kos dit?"

"Niks, dis 'n guns."

Toe stop sy haar werkery. "Ek kan dit nie van jou verwag nie." Sy het te veel grimering aan en dit lyk of sy min geslaap het. Het sy haar oor die stofsuier bekommer, of wat? Sy dra 'n groot las om alleen na haar ma om te sien en die huishouding en haarkappery sonder hulp te behartig.

"Dit was so 'n klein werkie, ek het nie eens 'n onderdeel nodig gehad nie. My minder as 'n uur besig gehou."

Dit lyk asof sy nie weet wat om te sê nie, sy staan 'n rukkie onseker met die skêr en kam in haar hande. Dan gee sy 'n paar treë, plak 'n soentjie op sy wang en gaan dadelik weer aan met haar werk.

Die vrou wie se hare gesny word, se spieëlbeeld glimlag. Sy het bloedrooi lippe. "Wil jy nie my stukkende goed ook kom regmaak nie?" vra sy.

Hy herken haar. Dis Yvonne. Sy was by die sopkombuisvergadering, die een wat hom nie kon uitlos nie. Yvonne Maasdorp. "Ek hoor hier is reeds 'n nutsman en ek wil nie sy werk afneem nie. Ek sal vir Marta help waar nodig, niks verder nie."

"Marta, die man het 'n oog op jou."

Gunther maak of hy nie hoor nie. Hy skuif die Hoover weg van die kosyn, meer na die hoek toe. Marta ignoreer ook die aanmerking. Sy staan terug en beskou haar handewerk.

"Yvonne was bietjie laat," sê sy.

Yvonne trek 'n lelike gesig. "Ek't gesê ek's jammer, en dit was net tien minute."

Tien minute is genoeg, dink Gunther.

"Sit solank, ek blaas gou hier." Marta skakel die haardroër aan.

Gunther gaan sit en maak die fout om na Yvonne en Marta se spieëlbeeld te kyk. Yvonne knipoog vir hom en tuit haar lippe. Hy wil opstaan en uitstap, maar Sandra van Wyk en 'n man kom ingestap. Albei soengroet vir Yvonne en Marta en groet dan vir Gunther.

"Is ons vroeg?" vra Sandra nadat sy haar man, Kobus, aan hom voorgestel het.

"Ek was weer laat," erken Yvonne. "Nie dat ek nie vanoggend vroeg op was nie, ek stowe al vleis van sesuur af. Toe bel my nikswerd skoonseun ook nog met 'n pyn."

"Is hy siek?"

"Hy wil ons kar leen om Kaap toe te ry en hy ry soos 'n maniak. Ek't hom gesê, solank Vonnie bestuur. Dis mooi. Marta, jou hande is met goud beslaan. Kyk hoe goed lyk ek!"

Sandra maak 'n bohaai. "Jy moet dit altyd so dra. Dit pas jou!"

Gunther loer diskreet. Die vrou se hare lyk netjies. Haar gesig steek ongelukkig sleg af.

Marta vee Yvonne se hare wat op die vloer agtergebly het, bymekaar. "Kom sit, Gunther."

"Ek sal wag as jy hulle eers wil help."

"Jou beurt, dis Yvonne wat laat was," sê Sandra namens Marta, wat met 'n skoon handdoekie in haar hande regstaan.

Yvonne haal 'n honderdrandnoot en 'n twintig uit haar beursie en los dit op die lessenaartjie in die hoek. "Het jou betaal!" groet sy. "Sien julle by die saal."

In die verbygaan plak sy 'n soen op Kobus se bles.

"Mevrou Maasdorp, ek sal met jou man moet praat," sê Kobus en vee oor sy kop.

Yvonne giggel en trippel weg.

"Baai, Gunther."

Gunther sit veilig voor die wasbak. Marta het weer daardie onpeilbare uitdrukking op haar gesig – een van diensbaarheid en berusting. Sy glimlag met haar mond, nie met haar oë nie.

"Daai vrou soek moeilikheid," grom Kobus.

"Sy't probleme," paai Sandra.

"Maak dit vir haarself," sê Kobus.

Gunther moet sy kop agteroor hou. Marta draai die wasbakkrane oop en wag tot die water die regte temperatuur bereik voor sy die sproeier op sy kop rig. Hy het vanoggend vroeg onder die stort hare gewas, maar hy sal nie nee dankie sê vir dié een nie. Marta se hande is sterk en stewig. Sy masseer sy kopvel tot sy tone van lekkerte krul. Verbeel hy hom of ruik hy haar parfuum?

"Gaan jy sopkombuis toe?" vra hy terwyl sy sy hare kam.

"Nie vandag nie, ek't twaalfuur 'n kliënt."

"Jy't seker gekook?" vra Sandra.

"Die potte staan op die stoof. Johan sal hulle kom haal."

"Jy werk altyd so hard agter die skerms," sê Sandra.

"Ag, dis makliker. Moet ek kort sny, Gunther?"

Hy steek sy vingers deur sy lang kuif. "Nes jy wil," sê hy.

"Gunther, is jy reg vir 'n metamorfose?" vra Sandra.

Hy haal sy skouers op. Marta hou sy kop tussen haar vingerpunte, sy bekyk hom en frons effens. Hy sal wát wil gee om te weet wat sy dink.

"Kort," is al leidraad wat sy hom gee.

Haar vingers is flink, sy vat raak en die hare waai. Sy speel nie met die tyd nie, sy werk vinnig en konsentreer op wat sy doen. Hare groei gelukkig weer, dink hy toe hy sy nuwe styl in die spieël sien vorm aanneem. Hy kry lus om te praat. Hy wens hy kan praat, maar die Van Wyks sit binne hoorafstand en blaai in tydskrifte. Wat hy vir haar wil sê, gaan hulle nie aan nie.

"Wie skep in jou plek?" vra hy.

"Tannie Dora het iemand gekry." Sy druk sy kop reguit. "Tevrede?"

Hy lyk anders, maar hy hou daarvan.

"As jý tevrede is?"

"Dis die kliënt wat moet sê."

Marta borsel sy nekhare af en skud die mantel uit.

"Mag ek kommentaar lewer?" vra Sandra.

"Solank jy nie Yvonne se streke uithaal nie," waarsku Kobus.

"Die styl pas hom uitstekend. Dink jy nie ook so nie, Kobus?"

"Ja, dis die beste. Ek dra myne ook kort, kort om die ore." Hy vryf oor sy bles en Marta beduie vir hom om by die wasbak te kom sit.

Gunther moet glimlag. "Wat kos dit?" vra hy.

"Sewentig rand."

Hy haal die geld uit en sit dit by Yvonne s'n op die oop afspraakboek.

"Dankie, Marta. My ma sê jy kom halfnege om haar hare te doen," sê hy.

"So kwart voor nege," antwoord sy. "Waarsku haar, asseblief."

Toe Gunther wegstap, hoor hy Sandra sê. "Daar is nou vir jou 'n vangs."

Hy vryf oor sy kort geknipte kop. Het sy dit so gesny omdat sy daarvan hou of om te sorg dat meisies wat van lang kuiwe hou, van hom af wegbly?

Gunther maak die deur oop toe Marta twee uur later met haar haarkappertassie by die Swanepoels opdaag. Hy het 'n voorskoot aan, maar lyk so manlik en aantreklik met sy nuwe haarstyl dat sy haarself moet gelukwens met haar waagmoed.

"Wat maak jy? Bak jy koek?"

"Kook rys. Ek het al rys gekook, maar nie tien kilogram nie. Eva sê laas was dit mieliegruis en dit was eers werk."

"Los dit vir Eva."

"Maar ek wil leer."

"Is jou ma reg vir my?"

"In haar kamer."

Hy hou die deur oop. "Mamma, ons haarkapper is hier vir Mamma."

Ciska sit op haar bed, 'n handdoek met haar sjampoe, opknappers en haarborsel gereed.

"Môre, Ciska."

Marta noem haar Ciska, maar meneer Swanepoel bly vir haar meneer.

"Môre, Marta. Jy is laat vandag."

"Ek is jammer. My eerste kliënt het laat opgedaag en toe raak alles agter."

"Dan moet ons gou maak, anders moet jou volgende kliënt ook vir jou wag."

Marta help Ciska in haar rystoel, pak al die benodigdhede op haar skoot en stoot haar die gang af badkamer toe. Uit die kombuis kom geluide van potdeksels wat val.

"Nog sout, Eva," hoor sy Gunther sê.

"Hulle kook rys vir die sopkombuis," sê Ciska.

"So hoor ek."

"Jy het sy hare goed gesny."

"Ek wou sien hoe lyk hy sonder 'n kuif."

Die wasproses begin. Meneer Swanepoel het 'n spesiale wasbak laat installeer, maar die rystoel kan nie tot teenaan skuif nie en Ciska moet op 'n ander stoel gehelp word.

Gewoonlik is Eva byderhand, maar die rys veroorsaak blykbaar probleme. Marta kom op haar eie reg. Sy bly geduldig. Een ding weet sy uit ondervinding met háár ma – jy jaag nie 'n gestremde persoon aan nie. En sy het genoeg tyd voor Tienke gaan opdaag.

"Ek hoor by Gunther die begrafnis is vandag," sê sy terwyl sy Ciska se hare was.

"Dokter Faure s'n?"

"Ja."

"Deon het gisteraand gebel, maar hy was so haastig. Dis 'n groot familiebyeenkoms. Almal kom en die een is slimmer en mooier en beroemder as die ander. Deon hou van hulle. Klink my die gevoel is wedersyds."

"Gaaf," sê Marta en dink: *Tyd dat ek my lot aanvaar. Deon het sy keuse gemaak.*

Sy draai 'n handdoek om Ciska se kop. Sy help haar weer in die rystoel.

"My voet, my voet," sê Ciska.

Marta verstel die rystoel se voetrus en druk versigtig 'n gevoude handdoek onder Ciska se hakskeen in. Haar kop draai toe sy te vinnig orent kom. Vanaand moet sy daardie boek weerstaan en slaap.

Sy stoot Ciska terug kamer toe. Dis nou stil in die kombuis.

"Deon weet hoe om sy beste voetjie voor te sit," sê Ciska toe Marta die stoel tot voor die spieël stoot. "Hy't altyd presteer, altyd bo uitgekom. Maar Gunther ook – al het Deon hom so afgeknou."

Marta sit die boks met krullers op Ciska se skoot neer.

"Seker omdat Gunther die jongste is. Ek was ook die jongste."

Haar broers het haar 'n lewe gelei en Maria speel nou nog baas oor haar.

"Hy is die jongste en die sagste. Het hy jou gesê hy gaan volgende jaar vir predikant leer?"

"Ja, dit was nuus."

"Vir ons ook. Hy gaan voltyds studeer – op Stellenbosch."

Goed so, dan is sy van hom ontslae én van mense wat simpel aanmerkings maak. Almal wil haar altyd getroud sien. En sodra hier 'n hubare man op die dorp verskyn, is dit eens so erg. Dat sy al trouklokkies gehoor het waar daar waarskuwingsirenes afgegaan het, is ook waar. Maar Deon was altyd haar drooman. Hom het sy pas afgeskryf en sy is nie verlief op Gunther nie. Sy hou van hom, maar sy is nie verlief nie. Buitendien, sy studies sal hom een van die dae weer kilometers ver wegneem.

"Moet hulle nie sewe jaar lank studeer nie?" vra sy voor sy die haardroër oor Ciska se kop laat sak.

"Dis wat my bekommer. Hy gaan so oud wees teen die tyd dat hy klaarmaak dat hy nooit getroud sal kom nie. Gaan gesels met hom, toe," sê Ciska en trek die droër reg.

Marta twyfel oor die opdrag. Is sy veronderstel om Gunther af te raai of aan te moedig? Gewoonlik sit sy en tydskrifte deurblaai of soms gaan gesels sy op die stoep by meneer Swanepoel. Hy was netnou nie tuis nie, maar miskien het hy intussen teruggekom. Sy wil haar tog nie gaan opdring aan Gunther nie.

Ciska maak 'n beweging met haar hand wat beteken sy moet uit. Die voordeur staan oop en Marta loop maar stoep toe. Daar sit Gunther op die bank met 'n boek op sy skoot. Sy wil omvlieg en in die sitkamer gaan wegkruip, maar hy het haar gesien. Hy skuif op en sy het geen keuse nie. Sy moet langs hom gaan sit.

"Wat lees jy?" vra sy om haar verleentheid te verbloem.

Hy maak die boek toe en wys na die omslag. Sy kan voel sy word bloedrooi toe sy sien dis die Bybel. In hul huis lees jy nie Bybel in die middel van die dag nie. By die kerk miskien, maar nie by die huis nie.

"Ek staan die afgelope drie jaar elke oggend vyfuur op om Bybelstudie te doen," sê hy "en ek weet steeds te min."

Mooi, dink Marta, *ek staan die afgelope vyftien jaar elke oggend vyfuur op om te werk soos 'n slaaf.*

"En jy?" vra hy.

"Ek het vanoggend halfvyf opgestaan om die stowekos vir die sopkombuis aan die gang te kry," sê sy en onthou skuldig dat sy nie gebid het nie en dat haar Bybel nou al dae lank toe op haar bedkassie lê.

"Ek en Eva het gelukkig net die rys gekry. Jy lees seker in die aand voor jy gaan slaap?"

In die aand kan sy nie gou genoeg by haar liefdesverhale uitkom nie. Daarvoor hoef sy haar tog nie in te span soos vir Bybellees en bid nie. Sy antwoord hom nie. Uit die hoek van haar oog sien sy hoe hy die Bybel oopmaak en blaai tot hy die regte plek kry.

"Ek het begin twyfel of ek voltyds moet studeer. Dit gaan geld kos en ek het net genoeg vir twee jaar. Maar ek voel ek moet die eerste paar jaar alles gee sodat ek 'n stewige fondament kan lê. Wat dink jy?"

"As jy daarvoor kans sien, moet jy dit doen."

"Dis nie asof ek kans sien nie. Ek is geroep," sê hy.

Hy kyk nie in haar oë nie, hy kyk ver. Kyk asof hy iets sien wat sy nie kan sien nie.

Sy is te bang om hom te vra wat of wie.

Hulle sit in stilte – sy hande om die oop Bybel op sy skoot.

'n Groot BMW kom stadig in die pad aangekruie. Ná 'n rukkie kom hy weer terug aan hul kant van die pad. Die bestuurder lyk of hy soek.

Toe hy hulle sien, hou hy stil en klim uit.

Dis 'n vreemdeling.

"Ek sal gaan hoor," sê Gunther.

Marta kyk op haar horlosie. Dis twintig voor tien. "Ek gaan kyk hoe vorder jou ma se hare."

Gunther maak nie sy Bybel toe nie. Hy sit dit so oop op die bank neer. Haar blik val op die dik onderstreepte vers.

"Matteus," sê hy. "Matteus 6:33. Maklik om te onthou."

Toe hy wegstap tel sy die Bybel op en lees: "Nee, beywer julle allereers vir die koninkryk van God en vir die wil van God, dan sal Hy julle ook al hierdie dinge gee."

Vyftien

Baie dorpsmense kom eet by die kerksaal. Almal bring hul eie borde en eetgerei – 'n reëling wat blykbaar lankal getref is. Party sit by die tafels, ander maak hulle tuis op die stoeptrappies of onder die bome in die tuin. Van die gesinne het komberse saamgebring en dit oopgegooi. Hulle sit in gesellige groepe en eet piekniekstyl. Die stowevleis word aangeprys. Iemand wil weet waar Marta is. Hulle sien haar potte op die stoof, maar sy is nie teenwoordig nie.

"Sy kom Dinsdag."

"Sê vir haar dankie."

'n Waardige ou grysaard vra 'n tweede skeppie. Hy het lanklaas vleis so sag en geurig geproe. "My komplimente vir die kok."

"Hoe weet almal hier is kos te kry?" vra Gunther vir Emma toe die tou mense verby is en sy vir die helpers ook elkeen 'n bord kos inskep.

"Die nuus versprei soos 'n veldbrand. Ons sê vir die mense wat kliniek toe kom en hulle sorg dat hulle die ander vertel."

"Lyk nie of hulle skaam is om te kom nie."

"Hulle ly nie almal honger nie, verstaan mooi. Maar vleis en vars groente is duur en ons gee ekstra."

"Die winter was lank en koud," sê Dora, "en toe het ons net een maal 'n week sop by die kliniek uitgedeel. Ek hoop ons kan dié keer tot Kersfees hiermee volhou – al doen ons dit later net een keer 'n week."

"Ek sal julle nie in die steek laat nie," belowe Gunther. "Kan nie vleis stowe soos hierdie nie, maar ek sal dat Eva my leer."

Eva is intussen huis toe om vir sy pa en ma te gaan kos gee.

Dora skep jellie en vla. Die kindertjies kom klaar loer.

"Oom, wat is daar vir poeding?" vra enetjie vrypostig.

"Het jy jou kos opgeëet?" vra Gunther nie onvriendelik nie.

Dis woorde wat weergalm uit sy eie kinderdae. Hy en Deon moes hul borde leegmaak voor daar sprake van poeding was.

"Alles uitgelek, Oom. Die vleis was lekker!"

Die meisietjie wys haar skitterblink bord.

"Gaan haal vir jou poeding by tannie Dora."

Om een van die tafels sit daar 'n groepie bejaardes – ou inwoners wat nie skaam is om van die kerk se vrygewigheid gebruik te maak nie.

Een van die helpers dra 'n skinkbord gelaai met bakkies poeding soontoe.

Emma en Johan noem die sopkombuiskos dankbaarheidskos.

Hulle noem dit 'n gemeenskapsete, nie kos vir minderbevoorregtes nie.

Dis Emma en tannie Dora wat by die kliniek met die nagevolge van wanvoeding te doen kry, wat die nood raakgesien het. Twee gebalanseerde maaltye per week met liefde voorgesit, maak 'n groot verskil aan die algemene gesondheid van veral die bejaardes en kinders. Gunther luister na alles wat Emma te vertelle het. Johan is ook nie daar nie. Hy moes dringend in die distrik uit na 'n oud-ouderling wat uiters siek is en Emma staan vir hom ook in. Haar ywer maak Gunther akuut bewus daarvan dat hy as predikant 'n goeie, hardwerkende vrou aan sy sy sal nodig hê. Daarvoor het hy gelukkig nog baie tyd – sewe jaar om presies te wees.

"Sal jy asseblief Marta se potte vir haar huis toe neem?" vra Emma toe die ete verby is en hulle met die hulp van 'n paar van die dankbare eters die saal opgeruim het en die houers skoongemaak het.

"Met plesier."

Hy dink hy bloos, want hy klink vir homself gans te gretig. Emma kom blykbaar niks agter nie, of sy maak of sy nie sien nie. Hy dra Marta se vleispotte saam met Eva se ryspotte na sy pa se bakkie wat hy vir die geleentheid geleen het. Dit word tyd dat hy begin rondkyk vir 'n ryding van sy eie – iets prakties, al hou hy ook van luuksemotors.

Die man wat tannie Visser se huis gesoek het, se BMW staan nog op die oprit. Hy het vir Gunther gesê dis sy vrou wat daar huur en sy het vir hom die adres gegee, maar die huise het nie almal nommers nie en hy wil nie oral aanklop nie. Die man het so senuweeagtig gelyk, Gunther wonder of daar probleme is. Miskien verbeel hy hom.

Hy ry by die Visser-huis verby, verby hulle huis en om die hoek na Marta-hulle se huis.

Dis vieruur in die middag en dit lyk asof niemand tuis is nie, maar hy besluit tog om stil te hou. Hy hoop sy is daar, want hy wil graag verslag doen en haar vertel hoe die mense haar kos geniet het – hy ook.

Hy tel die potte uit en gaan klop aan. Niemand maak oop nie.

Is hulle uit of rus hulle? Alles lyk so stil.

Hy klop weer, staan effens terug en bewonder die blink gevryfde koperklopper en naambord. Lyk asof iemand dit baie gereeld met 'n Brasso-lap bykom. Dis maar Marta, want sy het nie 'n huishulp nie. Die stoep is net so glimmend skoon.

Hy sal nie weer 'n slag klop nie, liewer vanaand bel en 'n afspraak maak. Toe lig die kantgordyntjie in die linkerkantste venster en tannie Hetta se gesig verskyn. Sy glimlag toe sy hom sien en beduie hy moet wag. Waar op aarde is Marta?

"Agter in die groentetuin aan die spit," sê die tannie nadat sy die voordeur oopgemaak het. "Kom binne."

"Ek bring haar potte terug."

"Ons gaan roep haar."

"Dis nie nodig om haar te pla nie. Kan ek dit in die kombuis neersit?"

Dis verbasend hoe flink die tannie haar rystoel hanteer. Sy ry voor hom uit en hy volg haar kombuis toe. Dit tref hom dat alles daar ook so skitterskoon is. As dit nie vir die bak met appels op die kombuistafel was nie, die hopie tydskrifte daarnaas, sou hy nie kon glo hier woon mense nie.

"Sit dit op die opwasbak neer. Sy sal dit weer wil was."

Hy loer in die pot. Dis blink geskuur. Hy moes wag vir die vrou wat geskuur en geskuur het tot sy tevrede was. "Marta Koster is baie puntenerig," het sy hom gewaarsku.

"Lyk vir my reg."

"Jy ken nie vir Marta nie."

"Nee, maar ek dink sy's 'n perfeksionis."

"Sy is in die agterplaas," beduie tannie Hetta. "Gaan kyk haar groentetuin. Jy't nog nooit soveel kool gesien nie."

"Ek wil haar nie pla nie."

"Dis koffietyd. Toe gaan, sy sal inkom om koffie te maak en sy's laat vandag."

Gunther kyk op sy horlosie. Drie minute oor vier. As koffietyd vieruur is, is sy drie minute laat. Wat 'n gereglementeerde lewe, erger as die weermag!

"Goed, ek gaan kyk waar draai sy."

Hy maak die agterdeur oop. Dis 'n netjiese werf, nes sy pa s'n – goed benut. Die bome is netjies gesnoei, die paadjies skoongevee en die wilde margriete in beddinkies vasgekeer. 'n Ry spierwit vadoeke wapper aan die wasgoeddraad. Regs in die hoek, weg van die bome sien hy haar strooihoed tussen rankers en ander blaargewasse uitsteek. Sy sit op haar knieë, besig om te skoffel of dalk net die grond los te maak.

Hy stap nader. Dis 'n welige groentetuin met kool en blomkool, beddings jong spinasie- en tamatieplantjies. Langs haar staan 'n mandjie met wortels en beet en 'n blomkool so perfek jy kan dit vir 'n skou inskryf.

Sy hoor hom aankom en kyk onder haar hoed se rand om na hom.

"Gunther?"

"Jou ma het my hiernatoe beduie."

"Kyk hoe lyk ek."

"Niks verkeerd nie," sê hy lomp.

Sy kom orent, trek haar tuinhandskoene uit en stof haar klere af. Haar gesig is rooierig van die son. Sy is mooi, mooier as vanoggend toe sy so dik gegrimeer was.

"Amper vergeet ek die koffie."

Hy wil graag vir haar sê sy is mooi, maar die woorde kom anders uit. "Jy het vir jou 'n perfekte groentetuin."

"Sommer 'n stokperdjie om my besig te hou."

"Het my pa al gesien?"

"Hy't my raad gegee."

Sy sit haar handskoene in 'n plastieksakkie, knoop dit toe, bêre dit saam met die tuinvurk en snoeiskêr in 'n ander mandjie, en tel die groot plastieksak met onkruid en blaarknipsels op.

"Kan ek help?"

"Jy kan die groente dra. Het julle blomkool?"

"Weet nie, ek sal my pa vra."

"Myne sal oor 'n week begin saad skiet. Ek het kool ook. My ma is al vies vir al die kool."

"Ek hou van kool, net nie te pap gekook nie."

"Los die groente op die agterstoep, ek wil die lowwe afsny en die modder afspoel voor ek dit invat."

Sy het tuinskoene aan soos sy pa, sloffies wat sy by die agterdeur los en dan kaalvoet instap. Hy vee sy skoensole weer en weer skoon. As hy hier grond intrap, sit sy hom met 'n besem en 'n lap agterna.

"Jy't die potte teruggebring. Dankie!"

"Skoongeskrop."

"Ek sal netnou kyk. Sit, ek gaan my hande was en Moeder gerusstel."

Hy gaan sit by die tafel en wag. Dis so grafstil, anders as hul huis waar sy ma musiek speel en sy pa radio luister – hard omdat hy half doof is. Tannie Hetta lyk vir hom vreeslik verveeld. Wat doen sy heeldag? Marta is besig, maar nie gelukkig nie. Wat is dit met Marta? Nou hoor hy hulle praat. Sy klink nie vir hom alte vriendelik nie. Is sy

vies omdat tannie Hetta hom ingenooi het? Moet hy solank die ketel
aansit of sy ore plattrek en maak dat hy wegkom?

Die tydskrifte langs die bak met appels lê perfek opmekaar. Hy sal
nie daaraan raak nie.

Marta het met Emma afgespreek dat sy die potte Saterdagoggend sou
bring as sy vir haar haarafspraak kom. Sy het nie verwag dat Emma
Gunther vanmiddag daarmee sou stuur nie. Toe betrap hy haar in 'n
toestand in haar groentetuin. Sy sou wou stort en skoon klere aantrek,
maar sy het net tyd gehad om haar hande en gesig te was en haar
hare te kam. Dis nie dat sy Gunther wou beïndruk nie. Sy hou net nie
daarvan dat enige mens haar in haar tuinklere betrap nie.

Loop hy boonop met sy modderpote oor haar skoon kombuisvloer
en sit en vertel haar 'n volle uur lank alles wat sy reeds van die sop-
kombuis weet. Hy sal nog agterkom, dis nie speletjies nie. Dit raak 'n
dodelike roetine om, naas jou ander werk, twee keer 'n week groot
hoeveelhede kos te berei. Alhoewel, hy sit mos op die stoep en niks
doen of lees Bybel.

Sy was moeg, sy wou klaarmaak in die tuin, stort en skoon aantrek,
'n begin maak met die rok wat sy Maandag geknip het. Die stukke lê
al heelweek in die spaarkamer op die bed. Daardie kamer pla haar
ook. Die gordyne en bedspreie dateer uit haar laerskooldae en is so
verblyk, sy kan nie meer 'n patroon daarop uitmaak nie. Iewers sal sy
geld moet afknyp, materiaal koop en nuwes maak voor Maria-hulle
kom. Die tweede spaarkamer kort verf en die gordyne is redelik, al is
dit uit die mode. Wat gaan sy doen? Dis sy wat Maria aangepraat het,
haar eie skuld dat hulle kom kuier.

Marta sit op haar bed en smeer gesigroom aan. Rooibos is nie so
duur nie en dit werk vir haar. Sy dink aan *Katharina en die rowerprins*.
Sy het haar voorgeneem om nie vanaand daaraan te raak nie. Maar dis
elfuur en 'n halfuurtjie sal seker nie saak maak nie.

Nee, en nogmaals nee!

Sy swaai haar bene oor die rand van die bed en klim onder die duvet in voor sy die boek gaan uitgrawe. Vanaand moet sy slaap. Sy wil die leeslamp afskakel, toe haar blik op die Bybel val. Sy sug, miskien een of twee versies, 'n psalm om haar uit die put op te trek en haar gemoed te salf.

Sy kom regop, vat haar Bybel en blaai rond.

Laas het sy nog in Jesaja gelees. Sy wou ook die Bybel in een jaar deurlees, maar het moed opgegee. Vinnig deurlees, beteken nie dat jy verstaan en onthou wat jy lees nie. Dis wat die dominee oor die radio gesê het en dis hoekom sy stadiger begin lees het. Later het sy te veel kere oorgeslaan en gaan slaap of vroeg-vroeg met haar dagtaak begin, soggens te haastig om vyf minute aan Bybellees af te staan. Vyf minute, het sy haarself ingeprent, is in elk geval te kort om van waarde te wees. Van môre af sou sy nog vroeër opstaan. Maar môre het nooit aangebreek nie, omdat sy nie opgestaan het nie. Sy het in die bed lê en lees en weer aan die slaap geraak voordat sy deur drie versies was.

Vanaand het sy tyd vir 'n psalm. Of wat het Gunther gesê? Matteus 6:33. Sy wens haarself geluk omdat sy onthou.

Tot haar verbasing is die versie in haar Bybel ook onderstreep.

Nee, beywer julle allereers vir die koninkryk van God en vir die wil van God, dan sal Hy julle ook al hierdie dinge gee.

Daar staan 'n datum in die kantlyn: November 1995, die jaar toe sy Pretoria toe is.

Sy was stukkend, aan flenters, ontwrig. Niks was klaar nie – nie haar skooljaar nie, ook nie haar kategese nie. Haar suster se man, dominee Friedrich Andersen, het haar toe aangeneem en voorgestel. Die aand van die voorstelling is daar sertifikate en kaartjies met versies uitgedeel. Elke nuwe lidmaat het 'n ander versie gekry. Hare was Matteus 6:33. Hoe kon sy dit vergeet het?

En Gunther weet niks daarvan nie, tog het hy dit vandag onder haar aandag gebring.

Een vers met soveel vrae, dis wat Matteus 6:33 vir haar beteken.

"Lees die res oor die sorge van die lewe," het Friedrich haar aangeraai. Sy het en dit het haar niks nader aan 'n antwoord gebring nie. Sy het haar nie oor kos en klere bekommer nie. Maria het haar gehelp om meer soos 'n stadsmeisie aan te trek. Sy het mooi gelyk die aand toe hulle voorgestel is. Dit was nie nodig om haar oor haar lewe te bekommer nie. Maria en Friedrich was goed vir haar. Hulle het haar nie terug skool toe gedwing nie, maar ingeskryf by 'n kollege waar praktiese opleiding deurslaggewend was. Die kollege se lesings was maklik en sy het goeie resultate behaal.

Haar bekommernis was nie opgeskryf in die teksgedeelte nie.

Sy was eensaam, want naweke het sy Maria in die huis gehelp en met die seuntjies gespeel en gewens sy het vriende van haar eie ouderdom. Maandae, as almal by die kollege oor hul eskapades gespog het, was sy stil en eenkant. Alison het alles verander, maar sy en Alison het eers teen die einde van die jaar vriende geraak.

Alison was vrek snaaks en Marta het van haar gehou. Dit was dus nie moeilik om in te stem toe Alison haar vra of sy haar proefkonyn vir kreatiewe haarstilering wou wees nie. Alison het haar hare pienk en pers gekleur en dit met draad en haarjel in 'n fontein verander. Sy het goeie punte gekry tot sy dit moes terugkleur na Marta se normale donkerbruin en dit groen uitgekom het.

Die lektrise het 'n voorbeeld van hulle gemaak. "Die kliënt is nommer een, juffrou Smal. As die kliënt nie van die kleur van haar hare hou nie, is jy in die moeilikheid. Juffrou Koster, hou jy van groen hare?"

Marta het die smeking in Alison se oë gesien, oortuigend "ja" geantwoord en met haar groen hare geloop tot haar eie kleur ver genoeg uitgegroei het sodat Alison dit kon sny.

Bekommernis? Hartseer miskien, angs miskien, maar bekommernisse? Teen die einde van haar eerste jaar het sy min bekommernisse gehad.

Nee, beywer julle allereers vir die koninkryk van God en vir die wil van God, dan sal Hy julle ook al hierdie dinge gee.

Miskien moet sy na die versie kyk asof sy dit vanaand vir die eerste keer sien? Wat is die dinge wat sy van God begeer en wat moet sy doen om haar vir die koninkryk te beywer? Kan sy meer doen as wat sy reeds doen?

Marta klap die Bybel toe. Sy sit die lig af.

Sy wil bid, maar dis moeilik. Sy is nie gewoond daaraan om reguit met God te praat nie. Haar gebede is afgebaken en altyd dieselfde. Bedags stuur sy soms 'n skietgebed op en voel dadelik skuldig. Want om eerlik voor God te verskyn, is om op jou knieë te gaan, jou hande te vou, Hom te prys, jou behoeftes aan Hom bekend te stel, en vir jou sondes om vergifnis te vra. Amen.

Skuldig glip Marta onder die duvet uit en op haar knieë.

"Here, dankie vir hierdie dag," begin sy, raak dan stil, en dink: Ek verstaan nie wat U van my verwag nie. Ek doen alreeds soveel. Wat moet ek nog doen? Alles uitdeel wat ek het? Ek het niks. Die huis behoort aan my ma tot sy sterf en ek wens haar nie dood nie. Ek is die oppasser, die skoonmaker. Die bietjie wat ek bymekaar gemaak het, is skaars die moeite werd – 'n tas vol klere, 'n stapeltjie boeke? Moet ek dit weggee? Moet ek my liggaam oorgee om verbrand te word? Wat moet ek doen in ruil vir liefde?

Sestien

Saterdagoggend het Marta net twee kliënte. Tannie Riëtte Volker kom tienuur en gaan oefen dan orrel. Emma kom elfuur. Daarna was en krul Marta haar ma se hare en maak die salon skoon tot Maandag. Hulle eet Saterdae lig, 'n omelet of kouevleis en slaai. Die res van die dag doen sy naaldwerk. Hetta kyk televisie. Soms kyk sy saam, tot laataand as daar 'n goeie film vertoon word.

Sy los nie graag saans vir Hetta alleen nie. Dis selde nodig, want sy het nie vriende en vriendinne waar sy ná donker kan gaan kuier nie. Die dorpenaars se kuierplek is hier in haar salon of by Tienke-hulle op die bakkerystoep, waar Bakker op mooiweersdae tafeltjies met stoele uitsit en tee, koffie en koek voorsit. Soms word daar 'n verjaardagete by een van die gastehuise gereël. Marta word ook genooi, maar sy moet altyd verskoning maak omdat sy haar ma nie alleen wil los nie.

Die enigste kere dat sy nie skuldig voel om langer as 'n uur van die huis af weg te wees nie, is as sy vir 'n vergadering pastorie toe moet gaan of help met die kermis of met die sopkombuis. Dan sorg sy altyd vir 'n oppasser, want Hetta kan nie alleen by die huis gelos word nie. Een keer 'n maand is dit Lambertsbaai se beurt en Hetta gaan saam, tensy dit vakansietyd is en Dania beskikbaar is. Marta is vas. Sy kom nêrens, baie selde selfs in die kerk. Hetta het gegaan toe sy met een kruk oor die weg gekom het, maar noudat sy in die rystoel is, wil sy nie meer nie. Sy voel so selfbewus as almal vir haar kyk. Marta mag haar nie eens 'n entjie in die straat afstoot nie.

Dis vandag 'n sonskyndag, 'n mooi lenteoggend. Marta het haar op die stoep uitgestoot sodat haar bene in die son is en haar gesig in die skaduwee. Sy sit die klokkie langs haar op die tafeltjie neer.

"Is Moeder gemaklik?" vra sy.

"Ja, dankie. Ek sit lekker."

Dis asof haar ma die laaste tyd moeite doen om minder te kla en nie aanhoudend rede soek om te stry nie.

"Lui hard as Moeder my nodig kry."

"Ek sal probeer om jou nie te pla nie."

Marta wil net ongedurig raak. Ja, Hetta probeer hard, maar sy maak seker dat sy dit weet.

Gelukkig hou tannie Riëtte se skip van 'n ou Mercedes-Benz in die straat voor hul hekkie stil en trek hul aandag.

"Dis mos Riëtte Volker daardie," sê Hetta onnodig.

"Ja, Moeder."

"Darem 'n mooi kar wat sy ry."

Vreet petrol, sê tannie Riëtte, maar sy het nie geld vir 'n nuwe kar nie en dit was op sy dag haar oorlede Basjan se trots. Rusty by die garage ken die motor en kyk goed daarna. Sy ry nog De Doorns toe na haar suster.

"Môre, Hetta. Hoe gaan dit vandag?" groet sy.

"Baie goed en met jou?" vra Hetta.

Marta is verbaas. Verlede Saterdag het haar ma steen en been gekla oor haar pyne.

"Uitstekend, solank die Mercedes nog loop," antwoord tannie Riëtte. "Is jy reg vir my, Marta?"

Tannie Riëtte is een van daardie vroue wat een keer 'n week hare was en een keer 'n week vir daardie einste was haarkapper toe kom. Teen Saterdagoggend lyk sy oes. Maar Marta ken haar kliënte en binne 'n uur stap die tannie daar uit nes die koningin van Engeland.

Toe sy voor die wasbak sit en haar moue effens opskuif, sien Marta die rekverbande om haar arms.

"Het Tannie weer tenniselmboë?" vra sy.

"Ja, dit raak so pynlik, ek gaan volgende week 'n spesialis sien. Ek moet pynpille drink voor ek oefen en voor ek in die kerk speel. Wil jou juis vra of jy netnou 'n glasie water vir my pille kan bring. Weet nie wat dominee gaan doen as ek vir 'n operasie moet gaan nie. Ek het genoeg siekteverlof. Maar wie speel die orrel, Ciska is onkapabel."

Gunther!

Hy speel so goed hy het in die verlede vir sy ma ingestaan.

"Ek kan dit nie oor my hart kry om vir dominee te sê voor ek sekerheid het oor die operasie nie, maar ek moet hom waarsku. Hy sal op die buurdorpe moet navraag doen. Hier is niemand."

"Het Tannie nie gehoor Deon en Gunther is terug nie?"

"Ciska se seuns?"

"Deon is nie hier nie. Hy het 'n verloofde in Pretoria. Gunther sal bereid wees, met 'n bietjie oefening seker."

"Die orrel het sy nukke, ek sal hom moet touwys maak. Maar nou het jy 'n las van my hart afgehaal. Marta, as dit nie vir jou is nie. Jy het altyd raad."

Nie vir myself nie.

"Ek is bly ek kan help."

"Is hy hier met vakansie?"

Marta laat sak die droër, maar hou dit bokant die tannie se kop sodat hulle eers kan klaar praat.

"Hy's van plan om die res van die jaar by sy ma-hulle te bly," sê sy.

"Kan hy dit bekostig om 'n jaar lank nie te werk nie?"

"Hy het seker genoeg gespaar."

"O ja, hulle verdien mos dollars oorsee. Ek bel vanmiddag vir Ciska. Wat 'n verligting. Hy kan sommer ook vir my instaan as ek 'n naweek De Doorns toe wil gaan. Ek was die laaste jare so vas. Die gemeente kan mos nie sing sonder musiek nie."

Marta glimlag, sy was lanklaas in die kerk. Maar sy weet hoe klink dit as die krag 'n slag af is en die voorsingers probeer die vyftig siele in die kerk begelei.

"Vreeslik," sê Marta en laat sak die droër.

Voor sy dit aanskakel, vra tannie Riëtte benoud. "Dink jy Gunther sal gewillig wees?"

"Hy sal."

Die tannie kry 'n stout uitdrukking op haar sedige gesiggie. "Nou weet ek! Hy's hier om jou te kom haal."

Marta hou haar besig met die droër se kontroles. "Twintig minute," sê sy en sit 'n tydskrif op tannie Riëtte se skoot.

Marta en haar ma sit op die stoep en tee drink toe Emma daar aankom.

"Dit lyk lekker!"

"Nou net geskink," sê Hetta.

Marta spring op. "Ek gaan haal vir jou 'n koppie."

"Liewer nie, ek is vandag onbeskof en haastig. Ons verwag drie karre vol toeriste vir ete en Rosie is olik. Valery help, maar sy ken nie my resepte soos Rosie nie. Wat van jou? Jou tee gaan koud word?"

"Ek maak weer. Kom ons gaan was en blaas."

Emma het sakke onder haar oë.

"Hoekom lyk jy vir my so moeg?" vra Marta.

"Die tyd van die jaar: Ek bly allergies vir die stuifmeel in die lug, en dit gaan dol. Dan raak ek snags so gespanne ek kan nie aan die slaap raak nie. Bid naderhand vir elke familielid en elke gemeentelid én vir al die mense wat kliniek toe kom. Ken almal se name, noem almal afsonderlik, vertel vir die Here wat hulle nodig het. Ek bid vir jou en jou ma ook."

Marta draai die sproeier oop en maak Emma se kop nat. Sy voel selfbewus by die gedagte dat Emma vir haar bid. Haar eie stiltetyd bestaan al so lank uit kort opflikkerings van skuld en boete en van verwardheid en verwyte. Moet sy vir Emma vertel sodat Emma weet wat om te bid?

"Ek bid dat jy krag kry vir jou werk elke dag, vir alles wat jy hier in die huis moet doen en vir alles wat jy vir die gemeente doen. Daardie stowekos van jou was weer so puik, almal drom om jou potte saam. Jy kook dit met soveel liefde, dit word geproe."

Dis juis liefde wat ek begeer.

"Ek is bly," sê sy sonder om haar ware gevoelens te wys.

"Het Gunther toe jou potte teruggebring?"

"Ja, dankie."

"Hy is 'n aanwins vir die gemeenskap."

"Tydelik."

"Ongelukkig."

Emma verskuif na 'n stoel voor 'n spieël en Marta maak haar hare winddroog voor sy kam en sny.

"Hy en Ragel lyk ewe goed vandat jy hul hare kort gesny het," sê Emma en voeg vinnig by. "Hou myne soos altyd."

"Joune kan jy langer dra."

"Ek't mos nie tyd om ure voor die spieël te staan nie. Ek het Gunther amper nie herken nie."

"Sy kuif was te lank."

"Hy is 'n aantreklike man, of sy kuif nou lank of kort is. Hy is goed ook."

"Het jy vir Ragel gesien vandat haar man hier is?" verander Marta die onderwerp.

"Nee, en ek is bekommerd. Sy't gebel om te sê dat hulle nie by die pastorie sal eet nie. Toe ek haar vra hoe dit gaan, sê sy goed. Maar sy klink stug. Valery sê daar word nie gekook nie."

"Miskien wil hulle Lambertsbaai toe ry vir kreef of so?"

"Dalk is jy reg. Toe ek nou daar verby is, was die BMW nie op die oprit nie." Emma bly 'n rukkie stil. "Het sy jou vertel wat met hulle gebeur het?"

Marta knik. "Sy het. Ek kan net dink hoe dit moet voel om jou kind dood te sien – en so 'n klein ou seuntjie. Hoe sal sy ooit weer regkom?"

"Nie sonder die Here nie."

"Ja," sê Marta.

Sy kan nie onthou dat Ragel iets van die Here gesê het nie. Sy is versigtig om in gesprekke oor Hom betrokke te raak. Daarvoor is sy self te onseker. Skielik wens sy sy kan vir Emma sê hoe kleingelowig sý is en hoe sy stry en werk en alles doen om te verstaan wat sy nog moet doen in ruil vir liefde en geluk.

Gunther drink tee saam met sy ma.

"Is Hetta vriendelik met jou?" vra sy.

Hy grinnik. "Soms is sy vriendeliker as Marta."

"Dalk raak sy benoud vir Marta se onthalwe. Hier is nie hubare mans van haar ouderdom nie."

"Wel, as dit van haar afhang, sou Marta my al vir ete genooi het."

"Hetta is een van die min mense wat my nie goedgesind is nie."

"Wat was die storie?"

"My man is bo haar man tot skoolhoof bevorder. Jou pa het dit nie juis verwag nie, hoewel hy ook aansoek gedoen het. Hy't houtwerk en Afrikaans gegee, sport en kultuur georganiseer. Meneer Koster se vakke was wiskunde en skeikunde. Die departement wou hom waarskynlik voor sy klasse hou, nie in die kantoor nie. Hy was tevrede daarmee, maar Hetta kon iets oorkom. Sy't aangegaan asof ons geld by hulle steel. Meneer Koster het dit verkies om net onderwyser te wees. Hy hét darem die onderhoofskap gekry."

"Ek kan nie onthou dat hy en Pappa gebots het nie."

"Hulle het goed saamgewerk." Sy gee 'n laggie. "Meneer Koster het skelm hier kom televisie kyk. Sport, dit was altyd sport. Hy het 'n goeie stem gehad. Voorgesing in die kerkkoor en nie uit die koor bedank nadat jou pa die pos gekry het nie, tot sy dood bly deelneem. Dit kon Hetta hom ook nie vergewe nie. Ek dink sy het baie spanning veroorsaak. Soms wens ek ek het bene sodat ek kan oorstap en vrede maak."

Gunther sit sy koppie neer. "Ek kan vir Mamma 'n voorspraak wees."

"Miskien – dis duidelik dat sy jou nie verkwalik nie."

"Daar is niks waarvoor sy my moet vergewe nie."

"Behalwe dat jy 'n Swanepoel is – en dit het sy blykbaar reggekry."

"Sy het."

Ciska lyk skielik wantrouig. "Nee, ek vertrou nie die vrede nie."

"Probeer om te vergeet."

"Ná soveel jaar?"

"Juis."

"Die Here sal my vergewe, maar ek kan nie."

Gunther pak die koppies op die teetrollie reg. Hy kyk nie na sy ma terwyl hy praat nie. In sy hart wens hy hy kan haar sover kry om Hetta te vergewe. Dit moet hier by haar begin, voor sy en Hetta mekaar van aangesig tot aangesig sien.

"Jesus hou nie boek van die kwaad nie," sê hy asof hy met homself praat. "Hy vergewe onvoorwaardelik en Hy verwag van ons om sy voorbeeld te volg."

"En vergeef ons ons sondes, want ons vergewe ook elkeen wat teen ons oortree?"

Sy ma is slim, sy ken haar Bybel en sy is besig om hom te toets.

"As die Gees sy intrek neem in 'n mens se hart, is daar nie plek vir wrokke nie," sê hy.

Sy ma sug. "Ek dra geen wrok in my hart nie," sê sy. "Ons vriendskap het tot niet gegaan, al het ek probeer. Ek het koek gebak en vir Eva daarmee oorgestuur, wat Hetta geweier het om te aanvaar. Jou pa het groente gegee, wat sy teruggestuur het. Vreemd genoeg – sy het Marta nie verbied om my hare te doen nie. Ek stuur gereeld groete vir Hetta. Ek vra hoe dit gaan. Marta hou my op hoogte. Maar ek sal dit nie waag om Kersfees selfs die telefoon op te tel en soontoe te bel nie. Dis nie soos Christen-buurvroue moet leef nie. Wat het sy teen my?"

"Niks," sê Gunther. Hy kyk stip na haar. "Mamma, dit het 'n gewoonte geraak. Dis moeilik om 'n gewoonte wat al so vasgeroes is, te verander. Ek sal probeer om olie op daardie roesplekke te drup, ter wille van ons almal."

"Ek is so bang vir die spesialis se uitspraak. Ek is bang hy wil sny en dis die begin van die einde. Ek moet vrede maak voor ek gaan."

"Mamma moet positief bly."

"Dis nie al wat my vrede versteur nie. Ragel moes vandag kom tee drink het."

"Sover ek onthou, het sy 'n goeie verskoning. Haar man is hier."

"Sy is nie gelukkig nie. As sy gelukkig was, as sy en haar man vrede gemaak het, sou sy hom aan my kom voorstel het. Ek het die aardigste gevoel oor daardie twee mense."

"Netnou, toe ek brood gaan koop het, was sy BMW nie op die oprit nie."

"Dit kan twee dinge beteken. Hulle is saam weg, dalk om te gaan blomme kyk of malgasse op Voëleiland. Of hy is huis toe. Sy is so broos."

"Hy lyk nie vir my soos 'n vroueslaner nie."

"Hoe lyk hy?"

"Soos 'n gewone ongelukkige man. Moeg, onseker, senuweeagtig."

"Jy kan nooit sê nie."

"Wil Mamma hê ek moet gaan aanklop en seker maak?"

"Ek sal Eva vra om 'n dadelbrood te bak, dan vat jy dit. Gaan roep haar vir my."

Gunther hoop in die stilligheid dat dit nie nodig sal wees nie. Dis een ding om vir 'n man wat jou vra die pad te beduie, 'n ander om te gaan seker maak of hy welkom is by sy bestemming.

Hy laai die trollie met alles wat hy kombuis toe moet neem. Hy soen sy ma op haar wang.

"Gaan roep vir Eva," hou sy vol.

Sewentien

Toe Gunther Sondag in die eetkamer kom om ontbyt te geniet, sit sy pa daar geklee in 'n wit hemp en swart broek.

"Trek Pappa nog pak aan vir kerk?" vra hy heel onskuldig.

"Dis die huis van die Here, 'n man moet respek hê."

"Ek besit nie meer 'n pak nie."

"Sorg dat jy netjies lyk en sit 'n das aan. As jy nie meer 'n das besit nie, kan ek jou een leen."

"Ek het 'n das en ek sal netjies wees," belowe Gunther.

Hy kan nie die gevoel afskud dat sy pa hom soos 'n klein seuntjie behandel nie. Hy sal mos nie 'n plattelandse kerkdiens bywoon in een van sy gekreukelde bont hemde, wye katoenbroeke en strandsandale nie. Hy het trouens sy leerarmbande afgehaal voor hulle hier geland het. En dis hy wat Deon oortuig het om dit ook te doen. Vandat hy hier is, dra hy skaflike T-hemde en netjiese jeans, nie kaftans nie.

Hy en sy pa eet in stilte. Hulle het nie veel vir mekaar te sê nie.

"Jammer Mamma kan nie saamgaan nie."

"Ja, sy sien nie meer kans nie. Dis die in- en uitklim in die kar. Buitendien, ek ry met die bakkie."

"Pappa wil nie die Cadillac aan my verkoop nie?"

"Dis 'n ou kar."

"Ek sal Pa markwaarde plus tien persent betaal. Ek weet mos Pa pas Pa se rygoed op."

"Hy staan in die garage. As jy sy koppelaar kan regmaak en hom aan die gang kry, is hy joune – en jy hoef nie te betaal nie."

"Ek wil nie bedel nie, ek wil betaal. Ek het geld."

"Watter pa sal vir sy seun 'n klip gee as hy hom 'n brood vra?"

"Ek het gevra of ek die kar kan koop."

Die ou man vererg hom en slaan met die kant van sy vuis op die tafel. "Ek gee vir jou die kar, klaar."

"In daardie geval – dankie, Pa."

Gunther voel nie dankbaar nie, hy voel klein gemaak, verdruk, verneder en kwaad. Dis asof hy niks by sy pa kan aanroer sonder om in 'n woordewisseling betrokke te raak nie. Dit gebeur nie met Deon nie. Sy pa kom goed klaar met Deon, met hom nie.

"Ek sal vir Deon 'n bedraggie moet uitbetaal as jy die kar kry. Niks minder as regverdig nie."

Gunther wil-wil hom vererg.

"Ja, Pa," sê hy voor hy van jaloesie beskuldig word.

"Hy staan op trou. Hy sal geld nodig kry vir 'n huisdeposito. Die dokter Chanté sal nie met 'n woonstel tevrede wees nie."

"Meenthuis."

"Wat sê jy?"

"Die nie meer woonstelle nie, dis nou meenthuise."

"Wanneer laas was jy in die Kaap, in Clifton?"

"Lanklaas."

"Jy sien hulle teen die bulte op, glasvensters, staalrame, rykmanswoonstelle. Jy kan hulle nie bekostig nie."

"Seker nie."

"Dis wat sy sal wil hê."

"Sy is nie so nie."

"Hoe weet jy hoe sy is?"

"Ek ken haar."

Gunther wil byvoeg: *Beter as Pa*. Chanté is 'n goeie meisie. Sy het in Indië sonder besoldiging gewerk. Sy was verbonde aan Dokters Sonder Grense.

"So, Deon het haar by jou afgevry?"

Genade, ken sy pa geen einde nie?

"Nee, Pa. Deon het haar eerste gekry."

"Is jy spyt?"

"Hulle is vir mekaar bedoel."

Sy pa glimlag asof hy hom uitgevang het. Soms wens hy hy kan die ou man se kop oopbreek om te sien watter doolhof sy gedagtes volg. Hulle het gisteraand besluit om vandag saam kerk toe te gaan en hier sit hulle en stry oor beuselagtighede. Sy pa kan so opvlieënd raak teenoor hom en terselfdertyd is hy so geduldig met sy ma. Die liefde van die eeu, dis wat hulle s'n is.

"Nes Pa en Ma," sê hy.

Sy pa sit sy koffiebeker neer en staan op. "Ons stap kerk toe," sê hy.

"As jy 'n slag kerk toe wil gaan, gaan gerus vandag."

Hetta eet haar eier saggekook. Daar is eiergeel in haar mondhoeke. Dit maak haar op 'n manier weerloos.

"Moeder, ons het dit uitgepraat. Ons deel die diens, ons kyk saam televisie."

"Gaan luister wat dominee Van Velden preek, dan kom vertel jy my wat jy gehoor het."

"Dis 'n uur en 'n half."

"Ek sal doodstil voor die televisie bly sit."

"Ek weet nie of ek betyds sal reg wees nie."

"Die diens begin negeuur. Dis nog nie seweuur nie."

"Ek moet skottelgoed was en die hoender in die oond sit, stort en aantrek, my hare was."

"Nou ja, wat sit jy nog daar – begin!"

"Ek was 'n jaar gelede laas in die kerk. Ek is skaam. Die mense sal skinder."

"Mense wat in die kerk sit, is nie veronderstel om te skinder nie."

Marta sug. "Moeder het sowaar 'n antwoord op elke beswaar. Goed, ek sal gaan."

Sy maak 'n stapel skottelgoed bymekaar en dra dit opwasbak toe.

"Los die skottelgoed."

"Vyf minute."

Marta bly nog 'n halfuur in die kombuis doenig voor sy kamer toe gaan. Haar nuwe rok wat sy gistermiddag aanmekaargewerk het, is ver van klaar. Sy kies 'n ander een wat sy net een keer na 'n pastorievergadering aangehad het. Sy stort, blaas haar hare droog en grimeer.

Tien voor nege staan sy voor haar ma. "Moet ek Moeder gou badkamer toe neem?"

"Nee, dankie. Loop voor jy laat is. Jy lyk mooi. Toe, gaan nou."

Verbeel sy haar of pink haar ma 'n traan weg?

Marta was Januarie met Nagmaal laas in die kerk. Sy is so skaam soos 'n tiener, maar sy kan nie ongehoorsaam wees nie. Toe sy eers op pad is, kan sy nie omdraai nie. Die kerk is nie ver nie, vyf minute se stap van hul huis af.

Sy sien hulle by die hekkie – vir Gunther en meneer Swanepoel. Gunther se ligblou hemp lyk goed langs sy pa se swart pak. Hy laat hom eerste instap.

Marta glimlag. Meneer Swanepoel dra altyd dieselfde swart pak kerk toe. Hy sit al jare lank op dieselfde plek – agter die orrelisbankie. Dis 'n vaste gewoonte. Ciska het langs hom gaan sit as sy klaar gespeel het. Tannie Riëtte sorg dat sy op haar orrelisbankie bly, selfs al is meneer Swanepoel nie die dag daar nie. So hoor Marta by Yvonne, wat dink dis vreeslik snaaks.

Marta onthou van die praatjies en val terug sodat Gunther en meneer Swanepoel sonder haar kan instap. Die kerktuin is leeg. Die paar mense wat nog gereeld die dienste bywoon, is seker al in. Sy sien hul motors geparkeer staan. Tienke en Bakker se broodwaentjie, meneer

Stals se afgeskilferde Toyota, Yvonne en Geert Maasdorp se nuwe Volvo, tannie Riëtte so stokou Mercedes-Benz, die Bezuidenhouts se blinknuwe viertrek – vandag oortrek van modderspatsels. Haar moed wil haar begewe. Almal het 'n vaste patroon, net sy nie. Sy het haar patroon verbreek – op aandrang van haar ma. Het sy in haar slaap gepraat, gemompel dat haar ma soos 'n gewig om haar nek hang, hardop geskree dat sy soos 'n voël in 'n kou sit? Het sy in haar nagmerries in die gang op- en afgehardloop, deure oopgemaak en toegeslaan, die stofsuier aangeskakel en in haar slaap begin matte skoonsuig en vloere vee? Sy weet nie wat haar ma besiel om haar vandag so dringend kerk toe te stuur nie.

Edwina van den Heever staan by die deur en gemeenteblaadjies uitdeel, haar dogtertjies help haar en maak beurte om aan te gee. Hulle is stroopsoet. Hul pa is bekend as streng en reguit. Hy is in die kerkraad en bid saam met Johan voor die diens begin. As hy nie hier is nie, reis hy iewers in die land om handel te dryf met Herman Bezuidenhout se aartappelmoere.

Edwina gee haar 'n drukkie. "Bly om jou hier te sien."

Sy dra haar hare in 'n lang vlegsel wat tussen haar blaaie tot by haar middel hang.

"My ma het my gestuur. Sy sien vandag kans om alleen te bly. Hoe gaan dit met julle?"

Die dogtertjies sê: "Goed dankie, Tannie, en met Tannie?"

Hul vlegsels is amper net so lank soos hul ma s'n. Marta sien hulle drie nooit in haar salon nie. Sy neem hulle nie kwalik nie – hulle het mooi hare.

Dis laat, die orrel speel al en die mense sing. Hul stemme is yl en dun teen die ryk orrelklanke. Toe Marta die kerk binnestap, besef sy hoekom sy hier moet wees. Die gewydheid van die ruimte vou haar toe soos 'n sagte donskombers. Sy gaan sit agter teen die kant. Daar is niemand anders in die ry nie.

Sy buig haar kop en bid: *Here, seën die boodskap, seën die bedienaar van die boodskap, seën die luisteraars, seën my ook. Amen.*

Sy sing nie, sy luister na die voorsangers wat so hard probeer om enkelinge soos sy met hulle saam te sleep. Dit sal nie werk as sy in hierdie ver hoek begin aanhef nie. Sy luister en die bekende hartseer groei in haar tot haar borskas daarvan wil bars. Vergeet van haar werk, vergeet van die vuil badkamers en vloere en vensters en kaste en stoepe, van skottelgoed en wasgoed en krummels en spatsels en haar ma se klokkie, haar ma en Deon, aan wie sy nie meer mag dink nie. Vergeet.

Die woorde van die lied is vaag bekend, die wysie nuut.

Die Heer, my herder, sorg vir my.
Hy laat my rustig wei;
langs waters waar daar vrede is,
sal Hy my veilig lei.

Net goedheid, liefde, lewenslank,
gee U, o Heer, vir my;
by U's ek tuis, en in u huis
sal ek vir ewig bly.

As Hy haar dan met goedheid en liefde kan oorlaai, hoekom moet sy so aanhou swoeg en sweet? Is dit dan net hier waar sy rus sal kry, by die Vader in sy huis? Marta wag. Sy sien Gunther in sy Bybel rondblaai. Meneer Swanepoel kyk so gesteurd na hom asof hy 'n speelding uit sy sak uitgehaal het. Gunther maak sy Bybel toe.

Johan verskyn op die preekstoel. Hy verwelkom almal met: "Ek groet julle in die Naam van God die Vader ons Skepper, die Here Jesus Christus ons Verlosser, die Heilige Gees ons Trooster."

Hy kyk oor die gemeente en glimlag, hy gee 'n lied op.

"Ons sing Lied 163: Soos 'n wildsbok wat smag na water, smag my siel na U, o Heer."

Die gemeente staan. Marta volg die woorde. Sy sing dit in haar hart. Die kerk is nie so leeg nie. Noudat almal staan, lyk dit voller. Sy sien Gunther sing uit volle bors.

Johan bid, hulle gaan sit, hy maak die Kanselbybel oop.

"Ons teks vir vandag is Spreuke 31:30: 'As sy die Here dien, dán verdien 'n vrou om geprys te word.' Ons lees die hele gedeelte van Spreuke 31:10–31."

Johan se stem dreun voort. Marta volg die teks in haar Bybel – te goed om waar te wees. Sy weet dit lankal en kry haar bevestiging in vers 15 waar die knap vrou se krakie wys. Johan vermy dit nie.

"Sy … maak kos vir haar huisgesin; ook haar slavinne kry hulle deel." Het hy al daaroor nagedink? Sy het. Die slavinne sal agterna die skottelgoed was en die potte skuur. Hulle help hul meesteres aan haar werklas dra. Hulle moet alles doen wat sy beveel. Hulle skep tyd sodat sy klere en gordels vir die mark kan maak. Hulle help met die afronding, doen selfs fyn borduurwerk.

Marta kyk na haar hande. Haar vingers is stomp, haar naels is kort gevyl.

Die slavinne sal in die wingerd werk, verdroogde druiwekorrels uitknip, heeldag kop omhoog, of op hul knieë aan die skoffel wees – rugbreekwerk wat die knap vrou soms as voorbeeld doen, maar nie elke dag sal kan byhou nie. Sy het hulp. Dit staan hier in vers 15.

Niemand help my ooit nie, wil Marta uitskreeu.

Johan sê dis goed, vroue kan agtermekaar huisvroue wees. Hulle kan buite die huis werk en suksesvolle beroepsvroue wees. Hulle kan moeders wees wat hul kinders goed opvoed en hul mans met raad en daad bystaan. Die heel belangrikste is dat hulle die Here dien. Hy herhaal die teksvers, hy wys mans daarop dat dit hulle ook geld.

"Wees 'n Josua. Dien die Here saam met jou vrou en julle kinders. Hoe sterk ook al, hoe ywerig, hoe gelowig ook al, jou vrou kan nie namens jou voor God gaan staan nie. Ek doen vandag 'n beroep op mans om goeie, ywerige, hardwerkende, gelowige mans en vaders te wees. Kom ons bid saam."

Johan bid vir elke gemeentelid wat in die kerk is en die boodskap hoor. Hy bid vir dié wat siek is in hospitale of tuis voor die televisie of radio sit en luister. Hy noem van hulle by die naam. Hy sê: "Ciska Swanepoel,

Hetta Koster, Petrus Grabe, oupa Wimpie Veldsman, wat beroerte gehad het, en klein Anneke Bosman in die Rooikruis-kinderhospitaal." Hy bid om genesing, hy bid om berusting waar genesing nie moontlik is nie. Hy prys die harde werk wat broers en susters in die gemeente verrig. Hul name word nie genoem nie. Hy bid by name vir die president en lede van die parlement. Hy bid vir wêreldvrede en die verspreiding van die evangelie na elke uithoek van die aarde, vir die behoud van Christene wat vervolg en gemartel word en steeds Jesus se Naam hoog hou. Hy bid vir gelowiges oor die hele wêreld wat vandag bymekaar gekom het om God te loof en te dank vir sy goeie gawes – die grootste gawe, Jesus, wat aan die kruis vir ons sondes gesterf het. Hy sê: "Amen!"

Hy sê: "Die kollekte sal nou opgeneem word, ons gee uit dankbaarheid."

Marta haal twintig rand uit haar beursie. Sy weet nie of dit van veel dankbaarheid getuig nie. Sy gee omdat sy moet, omdat sy geleer is om geld vir die kerk opsy te sit. Sy werk vir die kerk omdat sy moet, soos sy haar ma oppas omdat sy moet – én omdat sy perfek wil wees. Dit lyk nie of God dit raaksien nie.

Pla dit U nie, Here, dat ek my hande deurwerk en niks in ruil kry nie?

Marta bloos toe die kollektesakkie skielik onder haar neus gedruk word. Dis tannie Dora se man – meneer Stals – wat aan dié kant van die kerk kollekte opneem. Die res van die bank is leeg en sy het nie nodig om die sakkie aan te stuur nie. Meneer Stals lyk verras om haar te sien. Hy groet en glimlag oordrewe.

Die laaste amen is skaars klaar gesing, toe gryp sy haar handsak en maak dat sy wegkom.

Gunther se pa is ook haastig om by die huis te kom. Maar Riëtte Volker het vir Gunther 'n nota gegee – net voor sy agter die orrel inge-skuif het vir die slotmusiek. Hy wou dit vir sy pa aangee, toe hy sien dat dit vir hom bedoel is.

Die ou man was besig om kleingeld af te tel vir sy kollekte en het niks opgemerk nie.

Gunther het die briefie diskreet oopgevou en gelees:

Kan ons asseblief ná kerk met mekaar gesels oor aflos?

Wat op aarde? Hy kon vir 'n oomblik nie mooi verstaan wat sy bedoel nie, tot sy 'n paar note misgevat het en hy besef het sy soek hulp.

Sy pa praat nie in die kerk nie, dus moet hy wag tot hulle veilig by die deur uit is voor hy hom kan inlig.

"Pa, gee Pappa om om solank huis toe te stap? Mevrou Volker het my gevra om haar ná kerk te ontmoet."

"Nou sê jy my," brom Gideon vies.

Gunther is nie lus om die briefie uit te haal en te verduidelik nie. Hy maak of hy vergeet het om te sê hy moet ná kerk bly en vra maar om verskoning.

Edwina van den Heever se man, Theuns, wat 'n jaar of drie jonger as Gunther is en ook hier matriek geskryf het, kom saam met haar en die twee dogtertjies aangestap om te groet.

"So, jy is terug in die beskawing?" vra hy grootdoenerig. "Meneer Swanepoel, Meneer en Mevrou is seker dankbaar om hom weer by julle in die huis te hê?"

"Gunther gaan hom volgende jaar by Stellenbosch laat inskryf om te leer vir predikant," sê Gideon hard genoeg dat die hele omgewing kan hoor.

"Wonderlik, wonderlik! Dis wat ek ook altyd wou doen – vir predikant studeer. Maar ek is bevrees ek het verantwoordelikhede."

Theuns stoot sy dogtertjies tussen hom en Gunther in. Hulle kyk af, te skaam of te bang om 'n verkeerde beweging te maak.

"Jy is 'n gelukkige man," sê Gunther.

"Ja, maar hulle hou ons op ons knieë."

Theuns sê dit asof sy dogtertjies twee monstertjies is wat getem moet word. Hy verwag duidelik een of ander vorm van kommentaar, maar Gunther is uit sy diepte. Boonop sien hy Herman Bezuidenhout en Andrea haastig verbystap. Herman kyk voor hom uit en loop al vinniger met Andrea wat agter hom aantrippel. Dis sy wat Gunther herken en amper oor haar voete val om Herman se aandag te trek. Herman stop, lig sy hand in 'n groetgebaar en gee weer die pas aan. Andrea beduie verleë dat hulle haastig is.

"Gebed," sê Theuns.

"Ja, dit is belangrik."

"Noodsaaklik."

Gunther kom agter dat sy pa kriewelrig raak.

"My vrou is alleen by die huis," sê hy.

"Hoe gaan dit met tannie Ciska?" vra Edwina.

"Sy sien volgende maand die spesialis. Dan sal ons weet."

"Ons bid vir haar," sê Theuns.

"Dankie." Gideon klink kortaf. "Gunther, mevrou Volker wag vir jou."

'n Vraagteken verskyn op Theuns van den Heever se gesig.

"Dis oor die orrel," antwoord Gunther.

"O ja, die arme tannie." Theuns groet hulle met 'n handdruk. "Een van die dae beroep ons jou en kry 'n prediker en 'n orrelis vir een salaris!" Hy lag luidrugtig.

Sy vrou en kinders lag nie saam nie. Hulle volg hom skoorvoetend na die viertrek wat onder die grootste boom op die kerk se erf geparkeer staan.

"Ek loop," sê Gideon.

"Glo nie ons sal lank wees nie," sê Gunther.

"Nee, maar ek wil nie jou ma tot twaalfuur alleen los nie."

Twaalfuur is 'n uur en 'n half later en sy pa het hom al weer verkeerd verstaan. Hy het nie bedoel dat die ou man vir hom en mevrou Volker moet wag nie. Hulle sal nie so lank besig wees nie, dis al.

Die orrel het lankal stil geword en hy wonder of sy nog daar is.

Agtien

Hetta sit al weer voor die televisie en slaap. Sy het die klank sag gestel en sit-lê met haar kop op haar bors.

Liewer hier in die privaatheid van die huis aan die slaap as oop en bloot in die kerk, besluit Marta en wil op haar tone kamer toe loop om haar kerkrok en nuwe skoene uit te trek.

"Wat preek dominee Van Velden toe?" vra Hetta onverwags.

"Ek dag Moeder slaap."

"Ek rus uit ná die TV-prediker my so uitgeput het met sy Engels."

"Wat sê hy?"

"Oh, what joy for those whose disobedience is forgiven, whose sins are put out of sight, Romans chapter four, verse seven. Therefore – repent and rejoyce. "

"Moeder onthou goed."

"Hy het dit soveel keer herhaal, dis nou 'n deuntjie in my kop. Wat sê dominee Van Velden?"

"Hy was by Salomo se perfekte vrou, die een wat niks verkeerd kan doen nie."

"Haar waarde is ver bo korale."

"Baie meer as edelstene."

"Was daar baie mense?"

"Ek het in 'n leë bank gesit."

"Wie was almal daar?"

"Almal wat gewoonlik kerk toe gaan en Gunther. Hy en sy pa het heel voor gesit – net agter tannie Riëtte. Meneer Stals het my kollekte opgeneem."

"Het jy met iemand gepraat?"

"Met Edwina voor die diens. Sy't gemeenteblaadjies uitgedeel, toe groet ons."

"Dis nie praat nie."

"Ek was eerste uit."

"Ek dag jy sal bietjie kuier."

"Dis nie nodig nie – ek kuier genoeg as ek hare sny. Ek gaan uittrek, dan maak ek tee."

Marta is uit by die deur voor haar ma die ondervraging kan voortsit. Vasgekeer, dis wat sy is. Hetta wil alles weet, tot wat sy dink en doen. Maar sy sal nie die preek met haar bespreek nie, sal nie haar mening lug en haar geheime gedagtes openbaar maak nie. Dis tog so duidelik soos daglig dat haar hart gebreek is oor Deon se verlowing. Sy is ongelukkig en Gunther is nie die antwoord nie. Toe haar pa nog geleef het, toe sy nog op skool was, was sy gelukkig – daardie vakansie toe Deon haar volkspele toe gevat het. Sy was gelukkig toe sy en Alison maats was en hulle hul toer saam beplan het. Maar haar pa is dood, Chanté het vir Deon gesteel en Alison se pa het die toer stopgesit.

Marta was twintig toe sy huis toe moes kom om haar ma op te pas en te werk en te werk. Toe het sy nog haar drome gehad, liefdesdrome oor Deon. Die moontlikheid het bestaan dat hy vir haar omgee. Daar was brokkies nuus van oorsee, 'n vlugtige terugkeer, tee en geselskap by die Swanepoels met Deon wat foto's wys van Europa en China. Dis nie asof Gunther nie ook daar was nie. Hy het haar een keer probeer soen en sy wou nie – oor Deon.

Marta hang haar rok op en bly voor die oop kasdeur staan. Hy herinner haar soveel aan Deon en aan wat kon gewees het. Sy wens sy kan hom vra om weg te bly. Sy wens hy wil haar weer probeer soen, sodat sy hom kan terugsoen en haar verbeel hy is Deon.

Sy is so verward sy weet nie meer wat sy wens nie. Ergerlik klap sy die kasdeur toe.

Haar ma roep. Miskien wil sy badkamer toe gaan of sy raak haastig vir die tee. Marta skraap moed bymekaar.

"Ek kom, Moeder!"

"Die Engelse predikant wat vandag gepreek het – ek dink hy is Amerikaans – sê as jy ongelukkig is, moet jy iemand gaan soek wat ongelukkiger as jy is. Jy moet berou hê oor jou ongelukkigheid en Jesus vra om jou te vergewe. Dan moet jy iets goeds vir daardie ander persoon doen. Dis om jou dankbaarheid uit te leef."

"Is Moeder ongelukkig?"

"Die boodskap van vanoggend is nie vir my nie. Ek is 'n las, ek weet dit. Maar dit help nie om te huil nie. Is jy gelukkig?"

"Hang af wat Moeder met gelukkig bedoel?"

"Geniet jy dit om te werk? Verskaf jou werk jou vreugde?"

"Ek hou daarvan as alles skoon en netjies is, as ek iemand se hare mooi gedoen het."

"Doen jy my hare omdat jy daarvan hou om my mooi te maak of omdat jy moet?"

"Ek hou daarvan om hare te doen."

Hetta maak haar oë vir 'n paar oomblikke toe. Sy haal diep asem voor sy weer praat. "Jy is die laaste paar dae bitter ongelukkig – oor daardie Swanepoel-vent."

"Watter Swanepoel-vent?"

"Déón Swánepoel."

Uit haar mond klink sy naam soos 'n moddergat vol swart varke.

"Maar Moeder nooi vir Gunther Swánepoel om gister hier koffie te drink."

"Hy is nie te sleg nie."

"Ek dag Moeder sê ek hardloop agter hulle aan, en ek moenie."

"Ek wil nie hê hulle moet jou ook verneder soos hulle jou pa verneder het nie. Vergeet van Deon."

"Niemand weet nie, net Moeder."

"Gee Gunther 'n kans. Moenie jou hart op hom sit nie, maar gee hom 'n kans."

Marta glimlag wrang. "Hoe kan ek hom 'n kans gee sonder om my hart vir hom te gee?"

Hetta haal die sakdoekie wat sy byderhand hou, uit haar mou en vee oor haar wange.

"Jy doen dit," sê sy, "met die liefde van die Here."

"Moeder?"

Maar Hetta maak 'n gebaar asof sy 'n lastige vlieg wegwaai. "Gaan, gaan maak vir ons tee."

Marta loop kombuis toe. Sy tap die ketel vol water en skakel dit aan. Die skinkbord met die teegoed staan klaar gedek. Sy maak die oond oop en draai die hoender om sodat die rugkant ook kan bruin word.

Sy en Hetta praat nie juis oor die Here nie. Hulle lees saam Bybel, hulle bid saam. Hulle handel dit af en klaar. Johan vra soms vrae wanneer hy huisbesoek doen. Dan antwoord hulle so goed soos hulle kan. Hy sal Marta nie aanspreek omdat sy nie gereeld sy dienste bywoon nie. Hy weet sy kan Hetta nie so dikwels alleen laat nie. Hy verstaan dit, want hy sê hy verstaan. Johan het Marta selfs 'n keer of wat geprys omdat sy haar moeilike ma so getrou versorg.

Maar Hetta is die laaste tyd meer toegeeflik, stiller, dankbaarder. Sy verlang na haar ander kinders en die kleinkinders, en sy sê dit. Dis ongewoon. Hetta is nie een wat maklik uitkom met haar sagter kant nie. Haar emosies draai gewoonlik om frustrasies en verwyte, maar nie die afgelope week nie. Dis vandat Deon-hulle terug is, en vandat Gunther hier aankom. Tog, die tekens was vroeër al daar – meer dankies en minder klagtes. Nou kry Marta selfs simpatie! En Hetta het nog nooit vir haar probeer raad gee oor geloof of oor haar hartsake nie, oor skoonmaakmetodes wel – oor resepte en bestanddele en besparings, oor patrone en knipsels en kortpaaie, planttyd en snoeityd en boererate vir peste en plae. Hetta is 'n kundige vrou. Wat die huis en tuin betref, kon Marta nie vir 'n beter mentor gevra het nie. Ongelukkig het dit mettertyd byna 'n obsessie geword om haar mentor tevrede te stel. Sy wou blinker as blink en perfekter as perfek wees. Sy het gewerk tot die velletjies onder haar vingernaels losgetrek het en haar naels laag vir laag afgesplinter het. Emma het dit raakgesien en haar een Kersfees 'n halfdosyn plastiekhandskoene en drie paar tuinhandskoene present gegee. Van toe af staan dit op haar kruidenierslys onder noodsaaklike items.

Emma is gaaf, sy gee om.

Die ketel kook en Marta gooi water in die teepot. Sy haal gesnipperde bevrore bone uit die vrieskas. Dis van verlede jaar se oes en smaak vars as dit reg gaargemaak word. Sy sit dit in 'n pot met kookwater, skil en kap uie en aartappels, skakel die plaat aan.

Wat het haar ma netnou gesê? Die Engelse predikant sê as jy ongelukkig is, moet jy aan iemand dink wat ongelukkiger as jy is. Ja, daar is. Marta hoor hul klagtes aan, sy kalmeer en troos selfs vir oom Ollie en tannie Olwagen wat hulle oor hul aftreemiljoene bekommer. Vir wie het Johan vandag in die kerk gebid? Daar is 'n kind in die Rooikruis-kinderhospitaal. Haar naam is Anneke. Emma het vertel dat sy twaalf jaar oud is. Haar kanker is pas ontdek en aggressief. Besef die kind dat sy ongelukkig is? Haar ouers het ondersteuning nodig en Marta ken hulle nie. Emma sê hulle boer naby Graafwater op die grens van Johan se gemeente.

Marta tel die skinkbord met teegoed op.

Wie ken sy wat ongelukkiger is as sy?

Sy loop in die gang af. Haar ma het intussen die radio aangeskakel en rustige musiek begroet haar.

Wat van Ragel Naude? Haar man is dalk nog hier of miskien is hy terug? Sal sy dit waag om haar te besoek? Haar selfoonnommer is in die afspraakboek. Sy kan bel voor sy gaan – vanmiddag vieruur – as haar moed haar nie intussen begeef nie.

"Herman Bezuidenhout het gebel," sê Gunther se pa. "Hy vra jy moet terugbel. Wat wil ou Riëtte by jou hê?"

Gunther pluk sy das los en knoop sy hemp se boonste knoop oop. Hy gaan sit langs sy pa op die stoepbank. Die ou man het intussen sy Sondag-huisklere aangetrek. Dis nie so verrinneweer soos sy weeksklere nie, dis redelik nuut en kraakskoon.

"Sy't tenniselmboë van al die oefen."

Gideon snork. "Sy kan oefen tot sy bly lê, sy sal nooit jou ma kan inhaal nie, wat nog te sê verbysteek."

"Dis glo 'n ou kwaal. Die dokter het anti-inflammatoriese middels voorgeskryf. Sy was al vir fisioterapie en steroïed-inspuitings, maar dit help nie dié keer nie. Nou gaan sy volgende week terug om te hoor wat nog, dalk 'n operasie. Sy moet rus ook, maar daar is niemand wat hier by haar kan oorneem nie."

"Het sy jou gevra?"

"Ja."

Gideon maak sy rug reguit en klap met sy hande op sy bobene. "Nou toe nou! Wanneer laas het jy gespeel?"

"Lanklaas op 'n groot orrel, maar ek het in Suid-Korea baiekeer op Taek Geun se huisorreltjie begelei."

"Dis mos 'n speelding teen die kerkorrel."

"Dit is en ek sal moet oefen."

"Jou ma kan nie – nie met haar voet nie. Ja, die gemeente sal met die naasbeste tevrede moet wees."

"Ek sal dit nie waag voor ek seker is ek kan dit doen nie."

"Jammer jou ma kan jou nie 'n paar lesse gee nie."

"Mevrou Volker sal my touwys maak op die orrel."

"O, ek sien moeilikheid aankom. Wag tot jou ma hiervan hoor. Het ou Riëtte vir jou tee gegee?"

"Ons het sommer by die kerk gepraat."

"Eva kan vir jou vars tee maak." Gideon staan swaar op. "Onthou om Herman te bel. Ek gaan jou ma vertel wat jy nou weer wil aanvang."

Is die ou man opgewonde of verras of lus om histeries te lag? Gunther kyk hom agterna.

Hy kan nie Herman Bezuidenhout se nommer onthou nie, maar daar is 'n telefoonboek om dit in op te soek. Hy wag tot hy sy pa na sy ma hoor roep voor hy die huis instap telefoon toe.

Bezuidenhout-plaas se nommer staan op die lysie wat langs die foon hang.

Gunther skakel die nommer.

Andrea antwoord: "Hallo, Andrea hier."

Sy klink vrolik genoeg en sover hy onthou, is hul huwelik nou weer bestendig ná die probleme wat hulle agt jaar gelede ondervind het. Toe wou Andrea met alle geweld van Herman skei.

"Andrea, dis Gunther."

"Gunther! Herman was so bly om jou te sien, maar ons het krisis op krisis hier met ons besproeiingstelsel." Sy laat sak haar stem. "Ons het gistermiddag van vakansie af teruggekom en klein Herman moes kyk. Vanoggend toe ons op pad kerk toe is, kom sê die voorman daar's nou al drie dae nie water nie. Die kind sê niks, slaap vanoggend soos 'n klip. Herman het hom beetgepak. Wag, hier kom hy. Hy gaan ry, maar hy sal gou met jou wil praat. Skat, dis Gunther."

"Yes, Gunther. Man, ek is jammer ek is netnou by die kerk so vinnig by jou verby, ons het 'n stelselfout en kyk, ek wil nou nie snaaks wees nie, toe staan jy boonop met Theuns van den Heever en gesels. Hy werk vir my, maar die man is 'n pyn en ek het sy laaste verslag per selfoon ontvang – wil hom nie nog by die kerk ook aanhoor nie. Hoe lank bly jy dié keer? Wanneer sien ons jou?"

"Ek is terug – vir goed."

"Dit moet ons vier! Kom eet vanmiddag."

"Ek sal graag, dankie. Maar nie vanmiddag nie, Eva het hoenderpastei en pampoenkoekies gemaak, spesiaal vir my."

"Wel, dit kan jy nie misloop nie. Ek praat met Andrea dat sy jou bel. Lyk my ek moet hardloop, die loodgieter is hier. Het jy al lus gehad om jou seun se nek om te draai? Vergeet ek jy't nie sulke probleme nie. Of het jy intussen iets aangemaak daar anderkant in Doebai? Waar was jy nou weer? Nou die dag weer Emirates gevlieg en my vergaap aan daai sexy lugwaardinne. Kyk hoe kyk Andrea vir my. Sy bel jou, hoor. Ja!"

Kaplaks val die foon aan Herman se kant op die mik neer. Verbeel Gunther hom of het die laaste "ja" soos 'n sweepslag uitgekom? Dit was beslis nie vir hom bedoel nie. Gunther grinnik. Herman klink vir hom na 'n ryk middeljarige sakeman in 'n leerstoel agter 'n skip van 'n lessenaar – en hy boer, hy boer met aartappels.

Negentien

Marta trek die deur van haar pa se studeerkamer saggies toe. Vandag voel sy weer of sy oortree toe sy hier instap sonder om te klop – nie dat haar pa enige geheime nagelaat het nie. Hy het wel hier en daar 'n spreekwoord of 'n aanhaling of 'n Bybelversie in sy dagboeke neergeskryf – iets wat hulle nie van hom as wiskundige verwag het nie. Hy was 'n goeie mens, 'n perfeksionis, maar 'n redelike mens. Dit kon hulle agterna ook lees in die nagelate verslae oor sy leerlinge wat hy tuis in lêers bewaar het – selfs tot tien jaar nadat die kind deur matriek is. Sy opmerkings was eerlik, reguit en simpatiek. Dis nie 'n mite nie, kinders sukkel oor die algemeen met wiskunde, maar hy het dit reggekry om wiskunde vir baie van hulle toeganklik, verstaanbaar en lekker te maak. Maria het van sy lêers met werksvoorbeelde hier weggevat. Sy het teenoor Marta herken dat sy nooit besef het hoe briljant hul pa was nie – en om te dink hy het hom by 'n plattelandse skooltjie begrawe.

"Hy was gelukkig," is al wat Marta toe kon sê.

Sy het lank oor hom getreur. Miskien het daardie hartseer by haar agtergebly? Dalk het dit bly kleef soos 'n tweede vel waarvan sy nie bewus is nie, tensy sy weer seerkry soos nou met Deon.

Sy gaan sit en trek haar pa se portret nader. Daar is humor in sy glimlag, ook 'n tikkie weemoed in sy oë. Hy was lief vir sy kinders, die liefste vir haar, sy liewe Martatjie. Sy vrou het hom soms omgekrap – veral nadat hulle 'n skoolbyeenkoms bygewoon het waar hulle verplig was om in Ciska en Gideon Swanepoel se geselskap te verkeer. Hetta het so met hom aangegaan dat hulle naderhand rusie gemaak het en Marta die komberse oor haar kop getrek het om nie te hoor nie.

"Jy ontstel die kind," kon sy haar pa se finale woorde uitmaak. Sy was "die kind", die jongste, die laaste een in die huis. Sy is dit nou nog op vyf en dertig – self sonder kind of kraai – "die kind" in die huis. Of is haar ma die kraai?

"Jammer, Pappa, jy was lief vir haar. Julle was meesal goed vir mekaar. Sy probeer deesdae, sy probeer alles vergoed."

Marta skuif die portret eenkant toe, haal sy vulpen uit die pennerakkie, voel dit in haar hand. Hy het altyd hiermee geskryf, in ink, korrek, sonder kladmerke, die ingewikkelste algebraprobleme uitgewerk sonder om een keer terug te gaan na die begin.

Hy is te vroeg dood, haar pa.

Dink net wat sou hy kon vermag het as hy vrede gemaak het met rekenaars?

En sy, sy moet vrede maak met haar lewe, raad kry vir haarself ook.

Sy klap die dagboek oop, soek die dag toe Ragel hier by haar aangekom het. Dit was 'n Maandag. Voel soos weke gelede, maar dit was verlede Maandag. Marta trek die telefoon nader en skakel Ragel se selfoon. Dit lui lank voor die boodskapdiens aankom. Sy luister enduit, weet op daardie oomblik nie wat om te sê nie en sit die gehoorstuk op die mikkie terug, maar besluit om nie bes te gee nie. Sy het netnou al die gemmerbrood uit die vrieskas gehaal. Sy sal gaan aanklop, tensy die BMW nog op die oprit staan, dan sal sy verbystap.

"Reg so, Pappa?" vra sy vir die portret.

Dis kompleet of hy knik.

Haar ma het haar middagkoffie gekry. Sy kyk televisie – 'n film oor ysbere en sneeujakkalse.

"Ek stap gou oor na Ragel wat by mevrou Visser huur. Moeder onthou haar. Haar kind is dood."

"Het jy haar gekies?"

Marta knik.

"Goed, gaan nou."

"Ek sal nie lank wegbly nie."

"Bly so lank soos jy moet. Ek sal myself betyds toilet toe neem."

Marta soen haar ma op haar voorkop.

"Dankie, Moeder."

Sy het lanklaas vir haar dankie gesê.

Hetta glimlag en Marta glimlag terug.

Sy maak seker dat Hetta haar selfoon byderhand het voor sy loop. Sy loop anderkant om, nie by die Swanepoels verby nie. Dit spaar haar die verleentheid om deur meneer Swanepoel by die tuinhekkie voorgekeer te word. Hy sal haar vra waarheen sy op pad is. Vir ander stoepsitters waai sy asof sy vir die oefening loop. By hom sou sy nie kon verbykom nie.

Daar staan verskeie voertuie in die pastorie se voortuin. Sy loop vinniger. Daar is geen teken van die BMW by die Visser-huis nie. Miskien is hulle uit en dan klop sy verniet. Sy kan aanstap, maar sy is nou hier. Amper begeef haar moed haar toe sy die voorhekkie oopstoot. Maar sy stap die paar treë voordeur toe, en hoewel sy niemand tuis verwag nie, klop sy hard met die koperklopper.

Die deur vlieg feitlik onmiddellik oop.

"Ek het jou gesê, ek sien nie kans nie!" Ragel skrik toe sy sien dis nie die persoon wat sy verwag het nie.

"Ek het 'n entjie gaan stap, toe dag ek ek kom kyk hoe dit gaan," sê Marta verleë.

Ragel het gehuil en haar gesig is besmeer met grimering.

"Hy is pas hier weg," sê sy.

"Moet ek liewer gaan? Ek wil nie lastig wees nie."

"Nee, kom in. Ek maak koffie." Sy trek Marta aan haar hand na binne. "Asseblief."

Hulle stap deur kombuis toe. Die reuk van uie wat gebraai het, hang in die lug. Gebruikte skottelgoed staan in die opwasbak opgestapel, wynbottels en vuil glase op die tafel. Ragel maak die ketel vol en skakel dit aan. Sy maak plek op die tafel, skuif twee bekers met koue bruin vloeistof in, eenkant toe.

"Ons wou koffie drink, toe stry ons."

Marta knyp oë toe vir die deurmekaarspul in die kombuis. Sy sit die broodjie op die tafel neer. "Dis gemmerbrood – tuisgebak," sê sy.

"Baie dankie, ek hou van gemmer."

Ragel sukkel om koffiebekers, melk en suiker reg te sit. Marta moet haar arms vou om nie in te gryp nie.

"Ons kan sitkamer toe gaan," sê Ragel.

"Die kombuis is goed."

Hulle sit, bekers stomende koffie tussen hulle – die gemmerbrood ongesny.

"Hy wou hê ek moet vanaand saam met hom teruggaan."

"En jy kan nie?"

"Ek kan nie die kinders los nie."

"Hy mis jou by die huis."

"Ek weet nie. Ek weet nie of dit weer gaan werk nie."

"Miskien moet hy vir 'n vakansie kom."

"Hy sal hom verveel. Hy was verveeld – die paar dae."

"Ek verstaan nie verveling nie. Ek het altyd te veel om te doen." Marta keer haarself voor sy kla.

Ragel roer haar koffie om en om. "Ek het hom gesê die kinders het my nodig. Toe sê hy, wat van die ander kinders vir wie ek vroeër klas gegee het. Hy kan nie glo dat hulle my nie so nodig het nie. Ek moet jou wys wat ons Woensdag gedoen het."

"Wys."

"Dis in die sitkamer – renosterplakkate. Hulle is so oulik, ek wil die hele lot by Sanparke gaan voorlê."

"Doen dit."

"Stephan kan nie verstaan nie."

"Hy ken hulle nie."

"Ons kan nie meer met mekaar kommunikeer nie." Ragel se oë raak vogtig. "Hy is nie meer lief vir my nie. Dis my skuld. Ek het hom getoets en getoets." Sy stut haar kop in haar hande, haar skouers ruk, trane drup in haar koffie.

Marta weet nie wat om te doen nie. Gewoonlik is sy besig met hul hare. Sy was en sny en blaas droog. Sy sit krullers in. Sy kam en borsel. Haar hande raak aan hulle. Sy streel hul skouers, druk liggies om te troos.

Dié keer sit sy aan die ander kant van die tafel. Daar is 'n kloof tussen haar en Ragel, 'n verdriet wat soos die son van die maan verskil. Ragel en Stephan was getroud. Hulle het 'n kind saam gehad en die kind is dood. Marta het haar pa vasgehou terwyl hy sterf. Sy was 'n kind toe dit gebeur het. As gevolg daarvan moes sy vinnig grootword. Nou, ná agtien jaar, is dit makliker om haar pa te onthou. Nee, niks wat sy sê, sal Ragel troos nie.

Sy haal 'n skoon snesie uit haar handsak en gee dit aan.

"Dankie," prewel Ragel. Sy bedaar en vee haar trane af.

Marta gee nog 'n snesie aan.

"Ek is bang hy ry te vinnig," sê Ragel.

"Soos ek mans ken, ry hulle altyd te vinnig en kom tog veilig by hul bestemming." Marta weet sy jok. Die enigste mans wat haar al iewers heen aangery het, is haar pa en meneer Stals – albei versigtige bestuurders.

Ragel hou vir 'n oomblik op met huil en bars dan weer in trane uit.

"Ons kon nie saam slaap nie," snik sy. "Ek was dié keer reg – hy nie."

Marta het nie eerstehandse kennis van dié sy van die liefde nie. Wat sy daarvan weet, het sy in die salon aangehoor. Die res is boekkennis. Maar dis genoeg.

"Wees geduldig," sê sy, "volgende keer gaan dit beter."

"As daar 'n volgende keer is!"

"Daar sal wees," sê Marta. "Gee hom 'n kans, gee jouself ..."

En skielik bly sy stil. Dis wat haar ma vir haar gesê het oor Gunther. *Gee hom 'n kans, gee jouself nog 'n kans.*

Dis toe dat Ragel se selfoon lui en sy daarna sit en staar asof dit 'n ratelslang is.

"Antwoord," sê Marta en stoot die foon na haar kant toe.

"Dis Stephan," fluister Ragel.

"Dan moet jy juis antwoord."

Ragel tel die foon op.

"Stephan?"

Marta hoor hom. Hy klink berouvol.

"Ek luister," sê Ragel.

Sy staan op en stap uit – die foon teen haar oor.

Marta druk die kombuisdeur toe, tap water in die opwasbak en begin solank was. Sy is hartseer omdat Ragel hartseer is, maar ook omdat sy iets mis. Kan dit 'n man en 'n kind wees of is dit iets anders?

Nee, beywer julle allereers vir die koninkryk van God en vir die wil van God, dan sal Hy julle ook al hierdie dinge gee.

Is dit haar antwoord – Gunther se versie wat deur haar kop flits?

"Dis 'n uitstekende aanbod," sê Ciska. "Jy moet jou besig hou en dis iets wat jy met jou BMus kan doen."

Gunther waardeer dit, maar hy het verroes en tyd om te oefen is min.

"Hoe meer ék daaraan dink, hoe meer besef ek wat ek alles vergeet het."

Die Swanepoels sit op die stoep en koffie drink en koek eet. Dis die laaste helfte van die sjokoladekoek wat Marta gebak het.

"Marta bak lekker," sê Gideon.

Hy het ná ete gaan rus en sy hare skeef geslaap.

Gunther glimlag oor die kaal kol tussen die dik grys hare op sy pa se agterkop.

"En nou – as jy so 'n skaapagtige uitdrukking op jou gesig kry?"

"Dis van angs oor die orrel," antwoord hy vinnig.

"Ja, jy't jou nou 'n ding op die hals gehaal." Gideon sny vir hom nog 'n skyfie koek.

"Jy kan nie kop uittrek nie, Riëtte reken op jou," sê Ciska.

"Ek skat so."

"Sy het vandag hier en daar 'n noot misgevat," brom Gideon, koek-krummels om sy mond.

Ciska lyk geamuseerd. Sy dink nie veel van haar man se musiek-aanvoeling nie, maar sy stry nie met hom nie.

"So sorg die Here," sê sy, "dat daar altyd iemand is wat kan oor-neem. Ek was so dankbaar toe Riëtte ingewillig het om my by die orrel op te volg. Sy het toe al 'n paar keer vir my ingestaan – en nou is sy van plan om die mantel op jou te laat val."

"Dis tydelik, Mamma, glad nie permanent nie."

"Jammer ek kan nie vir jou 'n paar lesse gee nie."

"Gelukkig hoef jy nie in die kerk te sit en luister na sy foute nie." Sy pa knipoog vir sy ma. Hy bedoel dit skynbaar as 'n grap.

Gunther dink nie dis snaaks nie. Hy gaan beslis nie onvoorbereid speel nie. Hy wil ernstig hieroor praat, maar soos die Here dit wil hê, word die gekorswel tussen hulle op 'n ander manier kortgeknip.

"Kyk wie kom hier aangestap!" roep sy pa uit.

"Gaan haal haar, Gunther, nooi haar vir koffie."

Gunther het nie aanmoediging nodig nie. Hy spring op en drafstap hekkie toe.

Dis Marta. Sy loop koponderstebo en dit lyk nie vir hom of sy hulle op die stoep sien sit het nie. Toe sy opkyk, sien hy haar trane.

"Marta?"

Dis asof sy eers wil verbysteek, maar sy gaan staan en vee met 'n snesie onder haar oë. "Hooikoors," sê sy en maak 'n gebaar na die margriete op die sypaadjie.

Hy wil haar teen die nuuskierige oë van sy ouers beskerm. Hy stap uit en gaan staan langs haar. "Is jy haastig?"

"My ma is alleen by die huis."

"My ouers vra of jy wil koffie drink en 'n stukkie van jou sjokola-dekoek eet? Dis baie lekker."

"Ek het nou net by Ragel koffie gedrink."

"Was jy daar?"

"Ja, ek wou gaan hoor hoe dit gaan."

"Iets verkeerd?"

"Ek is jammer vir haar, dis al."

"My ma het my vertel – van die kind."

Gunther hoor sy pa se voetstappe nader kom. "Gunther," sê hy. "Gunther, wat staan julle op die sypaadjie en praat? Kom nader."

"Marta is haastig om huis toe te gaan."

"Middag, Meneer."

"Dag, Marta."

"My ma is alleen."

"Ek stap saam met jou," sê Gunther voor sy pa by haar begin aandring.

"Dankie, dis gaaf van jou."

"Ons verstaan," groet die ou man. "Totsiens, Marta."

"Totsiens, Meneer."

Marta waai vir Ciska, al kan Ciska nie goed sien nie.

Hulle loop in stilte tot by Marta-hulle se hekkie.

"Dankie dat jy saamgestap het."

Sy nooi hom nie in nie. Hy neem aan dis badtyd en kosmaaktyd vir haar ma.

"Gaan jy saans ook kerk toe?" vra hy.

"Ek gaan selde kerk toe."

"Jy was vandag daar, toe't ek aangeneem jy gaan."

"Waar't jy my gesien?"

"Jy't in een van die agterbanke gesit. Ek't omgekyk, toe sien ek jou."

"O."

"Johan sê my saans kom so min mense kerk toe hy hou Bybelstudie in die konsistorie."

"Ek was nog nie daar nie."

"Oor jou ma?"

"Ja."

"Ek wil jou iets vra. Ek wil jou uitnooi om Maandagaand saam met my te gaan. Die Bezuidenhouts het my vir ete genooi en ek moet 'n metgesel bring. Ek ken net vir jou. Ek bedoel, ek vra jou omdat ek jou graag wil vra."

"Vir ete by die Bezuidenhouts?" Marta het lanklaas 'n man so verleë voor haar sien rondtrap.

"Dit sal gaaf wees as jy kan saamgaan."

"Goed, ek sal kyk of ek iemand kan kry om by my ma te bly, dan laat weet ek jou."

"Dis jammer jy kan nie Bybelstudie toe kom nie."

"Ek het haar vanmiddag alleen gelos, ek kan dit nie vanaand ook doen nie."

"Dienende Marta – dis jy."

"Wat van jou wat vir predikant wil studeer?"

Sy stoot die hekkie net ver genoeg oop vir haar om te kan deurstap. Maar sy loop nie dadelik nie, sy staan nog.

"Het tannie Riëtte jou toe gevra of jy in haar plek sal orrel speel?" vra sy.

Die vraag kom so onverwags, hy is onkant gevang.

"Hoe weet jy?"

"Sy was hier vir haar hare, met verbande om haar tenniselmboë. Dis so erg soos vir my om erge artritis in my vingers te kry. Toe sê ek vir haar jy's hier. Sy was so bly."

"Mensig, Marta, wat sal ons doen sonder jou helpende hande?"

Hy het dit as 'n grap bedoel. Maar sy lag nie, sy lyk afgehaal.

"Ek sal jou betyds laat weet of ek môreaand saam met jou kan gaan."

Sy draai om en stap voordeur toe.

Twintig

Maandagoggend agtuur bel Ragel vir Marta om te hoor of sy 'n afspraak vir haar hare kan maak.

"Was en blaas, ek wil Clanwilliam toe ry om kunsbenodigdhede vir Woensdag te koop."

Emma het pas ses pakke bevrore hoenderporsies by haar afgelaai wat sy dadelik wou skoonmaak en insout om in die loop van die dag in die oond gaar te maak. Sy sal dit vier keer moet doen, want sy het nie 'n groot genoeg oond nie.

Maar sy wil nie vir Ragel afjak nie.

"Oor 'n halfuur, 'n uur? Ek verwag niemand anders nie."

"Ek sien jou oor 'n uur."

Marta sit die telefoon op sy mikkie terug en stap ingedagte na die ander kant van die huis. Ragel is soos daardie wrak wat een jaar in die baai uitgespoel het en stuk vir stuk opgetel moes word. Sy het ondersteuning nodig – en die hoenders kan hierdie keer wag.

"Wie was dit?" vra Hetta wat in die kombuis vir haar ontbyt sit en wag.

"Ragel – sy wil hê ek moet haar hare kam."

"Dis oor gister. Sy wil met jou praat."

"Miskien."

Marta sit die hawermoutpap in die mikrogolfoond. Sy het gister nie veel vir haar ma vertel nie, net dat Ragel se man terug is en sy alleen was en dankbaar was vir geselskap. Dit het Hetta aan die praat gesit. Sy het nie verwyt nie, maar die bitter ondertone was onmiskenbaar daar.

"Alleenheid is 'n straf," het sy gesê. "Vra my, ek weet. Hannah skryf sy sit ook."

Marta het Hetta se twee boesemvriendinne onthou – Jana en Hannah, wat saam met haar op bestelling klere gemaak het en truie gebrei het. Jana is verlede jaar oorlede en Hannah woon in Kimberley by haar seun.

"Moeder moet haar 'n slag bel en gesels."

"Eers vir Maria. Die oproepe is duur."

Marta wou skuldig pleit. Maar sy het Maria belowe om niks te sê oor hul voorgenome kuier nie. Dit was al amper donker in die televisiekamer. Sy het opgestaan, die gordyne toegetrek en die ligte aangeskakel.

"Die gordyne moet gewas word," het sy gesê.

"Het jy hulle nie die afgelope week gewas nie?"

"Nie hierdie kamer s'n nie."

"Waar is die TV se remote?" het Hetta gevra.

Marta het dit vir haar aangegee. "Moeder kan bel. Ons telefoonrekening is nie so hoog nie," het sy gesê.

"Ek voel altyd so lastig."

"Moeder is nie lastig nie, Moeder kuier dan saam in die salon."

"Nee, hulle wil my nie daar hê nie."

"Hoekom sê Moeder so?"

"Hulle vra hoe dit met my gesondheid gaan, en verder niks."

Toe het Marta liewer die gesprek stopgesit deur die televisie se afstandbeheerder vir haar ma aan te gee. Hetta het die televisie aangeskakel. Hulle het na die nuus gekyk en daarna saam met Lynette Francis gefokus op arbeidsonrus.

Laasnag het Marta die gedeelte in Matteus 6 oor die sorge van die lewe 'n paar keer deurgelees en besef dat sy geseënd is. Sy het haar pa verloor. Maar hulle kon afskeid neem terwyl Hetta en Maria-hulle met die doodstyding tevrede moes wees. Sy het Deon nie regtig verloor nie, want hulle was nie 'n paartjie nie. Die Here skuld haar niks, want sy kan werk en kop bo water hou. Sy skuld Hom haar tyd en haar gebede. Probleem is, hoe gaan sy dit regkry by alles wat sy reeds moet doen?

Kyk hoe lyk haar dag vandag. Dis die gewone dinge plus die hoenders, plus Ragel. Haar pa het daaraan geglo om die dag met 'n stewige ontbyt te begin en die tafel is gedek. Sy sit 'n bakkie hawermoutpap op elke gedekte plek neer. Die wasmasjien raas al weer asof sy nate lostrek.

"Hy raas vandag kwaai," sê Hetta.

"Ek sal oom Hannes vra om te kom kyk."

Marta hou haar hand vir haar ma wat die tafelgebed moet doen.

"Seën die kos wat ons eet aan ons liggame, seën ook die hande wat dit voorberei."

"Amen," sê Marta en stoot die stroop na Hetta toe.

"Jy moet liewer vir Gunther vra om na die wasmasjien te kyk."

"Ek kan nie."

"Hoekom nie?"

"Dis nie sy werk nie."

"Hy het die stofsuier reggemaak."

"Dit was 'n guns. Ek wil hom nie gunste vra nie – en hy moet orrel oefen."

"Waarvoor?"

"Vir die kerk. Moeder weet van tannie Riëtte."

"Sy sê sy vergaan van pyn."

"Sy moet rus en Gunther is die enigste een in die dorp wat kan orrel speel."

"Hy en sy broer kon van kleins af musiek maak."

Klink amper soos 'n kompliment, dink Marta, maar sê liewer niks.

Die ketel kook en sy staan op om tee te maak. Sy het vanoggend vroeg muffins met korrelkonfyt gebak. Uit die hoek van haar oog sien sy hoe haar ma een oopbreek en met klontjies botter geniet.

Nou, sy moet nou praat.

"Gunther het my genooi om vanaand saam met hom by die Bezuidenhouts te gaan eet," sê sy.

Hetta verstik amper aan haar muffin.

"Maar gaan!" roep sy uit.

"Wat van Moeder?"

"Vra vir Dania, betaal haar dubbel as dit moet."

"Weeksaande is goedkoper as naweke." Marta sit die teepot op die staander.

Hetta vee haar hande aan haar servet af. Sy bring hulle biddend voor haar saam.

"Dankie, Here," sê sy.

Marta staan verstar. Sy het haar ma nog nooit so iets sien doen nie.

"Wat?" vra Hetta. "Ek het gebid en my gebed is verhoor. Mag ek nie dankie sê nie?"

Gunther en Ciska is besig om musiekboeke uit te soek. Mevrou Volker het hom vanoggend vroeg gebel om hom daaraan te herinner dat sy negeuur vir hom by die kerk wag sodat sy die orrel se nukke aan hom kan verduidelik. Sy het klaar met Johan en koster Olwagen gereël dat hy 'n ekstra sleutel kry.

Die telefoon lui op die agtergrond.

"Ek gaan gou antwoord," sê Gunther.

Maar voor hy die boeke op sy skoot kan toemaak, raak die telefoon stil.

"Jou pa," sê sy ma.

"Nou't hy sy koerant gelos en van die stoep af ingekom."

"Hy's nuuskierig, wil altyd weet wie bel."

"Netnou is dit weer nie vir hom nie."

"Maak nie saak nie." Sy bepaal haar aandag weer by die musiekboeke. "Die Händel is ook kerkmusiek, moenie dat iemand jou iets anders vertel nie. Dit gaan oor die boom waarvan die kruishout gemaak is. Ek het die Duitse woorde van die lied. Dis so aangrypend mooi, jy kan dit Kersfees vir iemand gee om te sing."

"Ek weet nie of ek Kersfees nog gaan speel nie."

"Jy en Riëtte moet vooruit beplan."

"Ek sal dit aan haar oorlaat."

Op daardie oomblik loer sy pa om die deurkosyn. "Vir jou," sê hy kortaf. "Antwoord volgende keer self!"

"Moenie jou aan hom steur nie," paai Ciska toe die sifdeur hard toeklap.

Eendag sal ek en my pa met mekaar moet praat, dink Gunther toe hy die telefoon in die gang optel. Seker mevrou Volker wat die tyd wil verander.

"Môre, Gunther."

Dis Marta. Sy klink sag en ver en hy hou asem op.

"Môre, Marta, het jy besluit?"

"Ek wil graag ..."

"Jou ma?" Sy keel trek toe, hier is 'n verskoning aan die kom.

"Sy is tevrede dat Dania haar geselskap hou. Baie dankie, ek neem jou uitnodiging aan."

Amper sug hy van verligting reg in die telefoon se mondstuk.

"Ek kom laai jou kwart voor sewe op – as jy nie omgee om in my pa se bakkie te ry nie."

"Ons kan met my kar ry."

"Dis darem nie reg nie."

"Goed, jy kom laai my op, tensy jy probleme het – dan ry ek."

"Dankie, Marta."

Hy sit die gehoorstuk sag op die mikkie terug.

Sy is 'n dorpsmeisie met 'n haarkapperdiploma, maar haar hande staan vir niks verkeerd nie. Sy werk in die huis en tuin, sy pas haar ma op en sy dien die gemeenskap. Volgens sy ma is sy 'n goeie mens. Sy pa is beïndruk omdat sy tuin maak en een keer haar huis se dak geverf het. Sy ma het hom vertel dat sy haar en Hetta se klere self maak en nog nooit 'n huishulp gehad het nie.

Sy is vir hom breekbaar mooi.

Wel, die eerste stap is gedoen. Hy het Marta gekies as metgesel vir die aand – en sy het sy uitnodiging aanvaar. Dis twintig voor nege. Hy moet liewer die pak boeke by sy ma gaan kry en kerk toe stap. Hy beplan 'n lang oefensessie vir vandag.

"Dis Marta, sy's reg vir vanaand," sê hy toe Ciska vraend opkyk.

"Baie goed! Nou kan julle mekaar leer ken. Jy wil mos?"

"Maar sê nou sy wil mý nie leer ken nie?"

"Sy het ja gesê vir julle eerste afspraak."

Ciska se oë vonkel. Wil sy hom en Deon so graag getroud sien? Het sy net 'n romantiese siel? Of hou sy so baie van Marta?

"Ek gaan laat wees vir mevrou Volker," sê hy, raap die boeke op en gee Ciska 'n soentjie op haar voorkop. "Hou duim vas."

"Dit sal goed gaan."

Haar glimlag spreek van diepe tevredenheid.

Sy pa laat sak sy koerant toe hy by die voordeur uitstap.

"Dankie dat Pappa die telefoon geantwoord het."

"Gaan sy vanaand saam?"

"Sy gaan."

"Geluk, man."

"Pa, maar ek het 'n probleem met vervoer. Die kar is nog nie reg nie en …"

"Jy kan die bakkie kry. Ek was hom vir julle."

"Pa moenie moeite doen nie – ek sal hom was as ek terugkom van die kerk af."

"Dan's dit middagete en hy kort 'n was. Gee my iets om te doen."

"Dankie, Pa."

Gunther stap flink in die kort tuinpaadjie af. Sy pa hou hom dop. Hy is bewus van die ou man se kyk tot hy om die hoek is.

Voor Marta se huis staan 'n nuwe kombi geparkeer. Seker 'n kliënt wat wil hare sny? Hy is nie jaloers nie, hy wonder net.

Marta hang die handdoek om Ragel se skouers. Die gesig wat in die spieël na hulle weerkaats word, is skraal en gespanne.

"Het jy laasnag geslaap?" vra Marta.

Ragel skud haar kop. Sy pers haar lippe opmekaar.

Marta laat dit daar. Sy kam Ragel se hare, lig dit met haar vingers. Dis nie nodig om so gou al weer te sny nie. "Geniet jy jou kort hare?"

"Dis makliker."

"Dit pas jou. Wat sê Stephan van jou hare?"

"Hy was eers verbaas, toe sê hy dis mooi."

"Goed as hy ook tevrede is."

Marta skakel die haardroër aan. Sy sal Ragel nie uitvra oor die telefoongesprek gister tussen haar en haar man nie. Dit was so uitgerek, Marta kon die skottelgoed was en afdroog. Daarna het sy net gegroet en huis toe gekom.

"Ons gaan sukkel," is al wat Ragel gesê het.

Sy kan dit sien aan die manier hoe Ragel na haarself in die spieël kyk – met leë oë.

Die droër raas. Marta werk flink, tevrede met haar handewerk. Sy het goed gesny. Ragel behoort die styl maklik self te hanteer. Nogtans het sy die afspraak gemaak. Om watter rede? Soek sy iemand om mee te praat?

Toe hulle klaar is, bied Marta vir Ragel 'n koppie tee aan. Sy is onseker.

"Ek moet ry as ek vandag nog inkopies wil doen," sê sy.

"Het jy vanoggend ontbyt gehad?"

"Net koffie, ek was nie lus vir eet nie."

"Ek het muffins gebak. Dis vars. Toe, jy moet jou kragte opbou."

"Stephan kom eers volgende naweek weer. Ons het besluit om mekaar ruimte te gee. Tienie kom vanmiddag. Sy sal heelweek by my bly en help met die sopkombuis. Ek is so moeg."

"Moet jy vandag Clanwilliam toe?"

"Dis om weg te kom van die huis af. Dis nog so vol van ons mislukking."

"Sulke goed kom nie oornag reg nie."

"Veral as jy 'n jaar lank uitgestel het en alles vererger het."

"Kom saam kombuis toe – as jy nie omgee om in die kombuis te sit nie. Dan gee ek jou iets om te eet. Jy het nog nie my ma ontmoet nie."

"Is jy seker? Pla ek nie?"

"Ek gaan netnou die sopkombuis se hoenders gaarmaak, dan sal ek nie my kombuis vir jou aanbeveel nie."

Marta stap vooruit. Sy trek 'n uur van die tyd wat sy vir die hoenders opsy gesit het, af. Dis nou Ragel s'n.

Hetta sit by die tafel en lees die Sondagkoerant wat Yvonne gister in Lambertsbaai gekoop het en vanoggend vir hulle gebring het in ruil vir Marta se kaaskoekresep. Haar dogter en skoonseun kom vanmiddag die Volvo haal en sy wou iets maak wat hulle nog nie geproe het nie.

"Moeder, dis Ragel," sê Marta.

Hetta kyk op, sy druk haar bril 'n slag reg en glimlag. "Goeiemôre. Jammer ek het nie 'n handdruk vir jou nie, ek sukkel met rumatoïedartritis. Maar ek is bly om jou te ontmoet. Sit gerus, ek wil jou iets wys."

Marta glimlag. Dis Hetta Koster op haar beste en Ragel hou dadelik van haar. Terwyl Marta tee maak en muffins in die mikrogolfoond opwarm, gesels Hetta en Ragel oor kuns. Hetta vra en Ragel antwoord. Toevallig is daar 'n artikel oor Suid-Afrikaanse landskapskilders in die koerant se bylaag. Marta sien vlugtig hoe geduldig Ragel vir Hetta wag om soontoe te blaai.

"Wil Moeder ook 'n koppie tee hê?"

"As dit nie te veel moeite is nie?"

"Niks moeite nie."

Marta kan al in haar slaap tee maak en vanaand sal sy met meer as net tee bedien word. Dit is iets wat nie elke dag gebeur nie en sy weet nog nie eens wat om aan te trek nie. Dat Hetta so lekker kan kuier met 'n vreemdeling is ook nuut. Hulle gesels oor Ragel en Emma se kunsklasse, die dorp en die skool, hoe dit vandag is en hoe dit in die ou dae was. Ragel eet 'n muffin en geniet dit. Dis asof sy 'n ruk lank vergeet wie sy is. Sy lag selfs en vertel vir hulle van haar ouma Ragie en haar plaaskombuis, van hoe daar altyd potte kos op die stoof staan en stowe het.

Die tyd stap aan en dit maak Marta benoud. Sy moet voor vanaand vier oondbakke vol hoenderporsies gaarmaak en as sy nie klaarkry nie, sal sy nie kan uitgaan nie.

Ragel vertel van haar wit kat en haar skool op die dorp, van hoe gelukkig ouma Ragie met bordspeletjies was en altyd eerste by die wenpaal aangekom het. Sy verduidelik hoe haar ouma haar geleer het om tolletjiebreiwerk te doen wat baie makliker was as gewone breiwerk.

Marta gesels eers saam, maar toe sy sien hoe die horlosie se wysers aanskuif, raak sy kriewelrig. Sy maak die teegoed bymekaar en gaan pak dit in die opwasbak. Die plastieksakke met hoenderporsies in die groot skottel lyk vir haar soos 'n berg. Sy voel lus en haal die kombuisskêr uit die laai en sny die sakke oop. Maar sy kry dit reg om om te draai en weer by die tafel te gaan sit.

Ragel vertel dat haar ouers vroeg oorlede is en dat sy van laerskooldae af by haar ouma en oupa op die plaas gebly het. Haar niggie Tienie, wat tien jaar ouer as sy is, is ook soos 'n ma vir haar.

"Jy kry goeie plaasvervangers," sê Ragel.

"Ek hoor jy het 'n kindjie aan die dood afgestaan?" vra Hetta en sit haar verwronge handjie op Ragel s'n.

"Hy sou die 6de September drie jaar oud gewees het," sê Ragel en haar stem raak weg.

Marta se hart wil breek. Dis hoekom Ragel so ontwrig is en Tienie moet kom en Stephan nie kan nie. Ragel en Stephan se kind verjaar oor minder as twee weke en sy bekommer haar oor hoenders.

"Ons onthou maar die datums," sê Hetta.

"Ja," sê Ragel.

"Sy eerste verjaardag in die hemel," sê Hetta.

Ragel glimlag effentjies.

Hulle drie sit 'n ruk lank in stilte. Hetta het die manier om mense met die hemel te troos. Almal wat sterf, gaan volgens haar hemel toe. Hulle is gelukkig daar, gelukkiger as wat hulle op aarde was. Marta se pa is baie gelukkig in die hemel. Hetta het Marta daarmee probeer troos, maar sy was hartverskeurd by die gedagte dat haar pa nie na haar verlang soos sy na hom nie. Veel later eers het sy uitgemaak dat sy verkeerd is, want in die hemel is daar nie meer trane nie. En haar pa kan nie help hy is daar nie. Aan Ragel se effense glimlaggie kan sy sien dat Ragel ook nog te veel verlang. Maar om nou oor dié dinge te praat sal ure in beslag neem. Trouens, hulle kan die hele dag hier sit en redeneer. Dan moet sy vannag die oond aansit vir die hoenders en hoop daar is nie 'n kragonderbreking nie. Die kombuishorlosie was nog nooit verkeerd nie.

"Dis tienuur," sê Marta desperaat.

Ragel skrik en spring op. "Sal julle my verskoon? Ek moet ry as ek wil inkopies doen."

"Jy moet weer kom kuier," groet Hetta.

Marta het nie bedoel om Ragel op te jaag nie, maar tienuur is laat en die hoenders moet gaargemaak word.

Ragel soen Hetta op haar wang. "Ek wil heeltyd vir Tannie sê Tannie herinner my aan my ouma Ragie. Ek was baie lief vir my ouma, sy was 'n lieflike mens."

"Ag, dit is 'n mooi kompliment," sug Hetta.

"Ek stap saam voordeur toe." Marta klink vir haarself haastig.

By die voordeur draai Ragel om. "Jy sal nie kan dink hoeveel hierdie uurtjie vir my beteken het nie. Jou ma is my ouma Ragie uitgeknip en jy maak fantasties lekker muffins. Dankie vir my hare. O, ek het vergeet om te betaal."

Dit het Marta nie eens agtergekom nie. Sy voel skuldig genoeg oor haar ongeduld. Die uurtjie wat vir Ragel soveel beteken het, het haar naderhand op hete kole laat sit.

Ragel haal 'n honderdrandnoot uit haar beursie. "Ek het ongelukkig nie kleingeld nie."

Nou moet Marta eers studeerkamer toe om kleingeld te kry. Haar gesig wys seker wat sy dink, want Ragel keer. "Ek kom tog weer voor die einde van die week, dan kan ons dit uitwerk."

"Tagtig rand vir 'n was en blaas," sê Marta. "Ek skuld jou twintig."

"Jy skuld my niks." Ragel lyk asof sy wil huil. "Julle mense, julle is almal so goed." Sy gee die laaste tree na die deur asof sy blind is en sukkel dan om dit oop te kry.

Goed, is hulle goed? Marta staan 'n oomblik verstom oor Ragel se woorde voor sy haar met die Yaleslot help en saam met haar na haar kombi toe stap. "Ry versigtig," vermaan sy en wag tot Ragel wegry voor sy omdraai en huis toe loop, al vinniger om by die ellendige hoenderporsies uit te kom.

Een en twintig

"Ek is nie honger nie, Marta. 'n Gekookte eiertjie en 'n snytjie brood is oorgenoeg," sê Hetta halfses toe Marta begin groente skil.

"Moeder kan een van die hoenderborsies kry en groente."

"Asseblief nie van daardie hoender nie – ek ruik hom al heeldag. Ek sal 'n appel eet vir vitamiene. Gaan nou, gaan bad, was jou hare en maak jou mooi."

"Dis halfses."

"Nou ja, dan het jy nie nodig om te jaag nie. As jy halfsewe reg is, kom sit jy by my en *Sewende Laan* kyk."

"Ek sal so klaarmaak dat ek die eiers kan kook."

"Los die eiers, Dania kan dit doen. Haal net vir haar ook een uit en genoeg brood."

"Dania kom eers halfsewe. Sal Moeder nie honger word nie?"

"Marta, jy is so begaan oor klein dingetjies, jy sal die groot dinge misloop."

Dit klink bekend. Waar het haar ma dit gehoor of het sy dit self uitgedink?

Marta klem haar vuiste. Verstaan Hetta nie? Sy moes vandag jaag om een van die groot dinge af te handel – die hoenderporsies wat sy vir die sopkombuis belowe het. En haar ma moet eet. Maak nie saak of dit hoender en groente of eiers en brood is nie. Sy moet daarvoor sorg. Gelukkig het sy vanmiddag kans gekry om te stryk en die strykgoed hang netjies oor die wasgoedstaanders.

Sy bêre die halfgeskilde groente in 'n plastiekbak in die yskas en haal twee eiers uit.

Amper sit sy hulle te hardhandig in die bakkie neer.

"Deksels!"

Hetta hoor gelukkig nie. Sy is in haar rystoel die gang af. Marta leun teen die kombuiskas. Haar kop sing. Sy weet nie of sy nog lus is om uit te gaan nie.

Die Bezuidenhouts is welgestelde mense, baie van die dorpenaars is afhanklik van hulle. Herman besit die algemene handelshuis en Bakker huur sy winkel by hulle. Hulle koop brood by Bakker, maar Andrea ry Clanwilliam toe vir haar hare. Die kere dat sy by Marta uitkom, is sy so vol bestellings sy maak haar op haar senuwees. Weet hulle dat Gunther haar saambring? Sal sy goed genoeg wees?

Haar nuwe langbroek en die hemp met die rosepatrone, lê op die bed en wag. Die sandale wat sy verlede jaar gekoop het en so selde gedra het, lyk of dit vanoggend nog op die skoenwinkel se rak gestaan het. Sy het spandabelrig gevoel toe sy dit gekoop het en vanaand is sy bly sy het.

Marta tap die bad vol warm water en gooi badskuim in. Sy was haar hare voor sy inklim en lê 'n paar minute lank om te ontspan. Dit werk nie – haar hart klop net vinniger. Sy voel moeg toe sy haar afdroog.

"Dis Gunther wat jou kom haal, nie Deon nie," sê sy vir haarself in die spieël. "Dis nie nodig om op hol te gaan nie."

Die twintig minute wat sy bestee om haar lang hare te versorg, is genoeg om haar gedagtegang te verander. Sy dink aan Herman Bezuidenhout se ma en pa. Tannie Alida en oom Maans het, toe sy op skool was, elke Kerstyd bome vol geskenkies kom opmaak. Die pakkies is gemerk met name en elke kind in die skool het een gekry. Daar was altyd lekkers en koekies in die pakkie, maar nie elke jaar van dieselfde soort nie. Dit het raaispeletjies afgegee wat vroeg in die jaar begin het. Hulle het ook die boekpryse vir die skool se prysuitdeling geskenk en die sportterrein se pawiljoen laat oprig. Herman, Nico en Lydia was hier op skool en het hier matriek gemaak. Wat tannie Alida en oom Maans betref, het die dorp 'n toekoms gehad. Hulle was goeie mense.

Maar tannie Alida is drie jaar gelede oorlede en oom Maans is in die ouetehuis in Lambertsbaai, so deurmekaar hy dink soms hy is Napoleon. Marta sny ook sy hare vir twintig rand 'n keer. Hy gee haar altyd te veel en weier dan om kleingeld te neem. Partykeer is sy verstand glashelder en dan gesels hulle oor die dorp en die plaas en haar pa wat volgens oom Maans 'n wiskunde-genie was.

Marta besluit om aan oom Maans te dink as Herman en Andrea haar intimideer.

Haar hare lyk goed, los en lig tussen haar skouerblaaie. Sy wend haar grimering sorgvuldig aan, kies die goue oorringe wat Maria vir haar gekoop het, sit hulle in en haal hulle weer uit. Geen juwele nie, net haar horlosie. Amper vergeet sy haar naels! Gelukkig is daar oorgenoeg tyd om die ou naellak af te haal en nuwes aan te verf. Sy pak 'n paar goedjies in haar handsakkie en gaan sit op die bed.

Here, help my om nie aan tafel te giggel en dom dinge te sê nie.

Eindelik het sy moed om vir haar ma te gaan wys hoe sy lyk.

Sy gaan staan in die televisiekamer se deur en wag tot daar 'n advertensiepouse is voor sy instap en voor die skerm stelling inneem.

"Ek sien jou," sê Hetta. "Baie mooi en tien jaar jonger."

"Goed genoeg vir die Bezuidenhouts?"

"Beter as hulle."

"Ek is op my senuwees."

"Jy gaan jou nie deur hulle laat afskrik nie. Jy is 'n Koster en ons Kosters is slim, al is ons arm."

Hiervoor moet Marta buk en haar ma 'n drukkie gee. Iemand toeter in die straat, 'n kardeur klap en 'n rukkie later volg die koperklopper teen die voordeur.

"Dania, wat aangeland het – dis hulle manier," sê Hetta.

Marta gaan maak oop en dit is toe sy. Meneer Stals toeter weer en trek weg, maar net ná hom hou meneer Swanepoel se bakkie stil. Die deur gaan oop en Gunther kom aangestap.

"Te oud vir my, maar nie te lelik nie," sê Dania ewe.

As Gunther dit moes gehoor het, skaam Marta haar bloedrooi. "Ouma Hetta kyk *Sewende Laan*," sê sy. "Gaan soontoe."

Nog drie tellings en Gunther staan op die boonste stoeptrappie. Dania is reg. Hy is nie lelik nie.

"Is ek laat?" groet hy haar.

"Nee, jy's vroeg." Sy beduie in die rigting van die sitkamer. "Kan jy 'n oomblik sit? Ek gaan gou vir Dania 'n paar instruksies gee."

Gunther sit op die punt van die stoel. Die sitkamer is so netjies en skoon en goed bewaar, dit voel of hy in die vertoonvenster van 'n meubelwinkel uit die vyftigerjare beland het. Die meubels is van goeie hout, nie antiek nie – eerder outyds. Die koperornamente blink soos goud. Liewe aarde, dit word seker elke week opgevryf.

Bokant die kaggel hang 'n geweefde mat met 'n prent van 'n goue koets wat deur twee skimmelperde getrek word, 'n koetsier op die bankie en 'n man en meisie in Victoriaanse klere op 'n oop sitplek. Regs van hom is twee van Emma van Velden se pogings, 'n familie-portret en vier trouportrette. Marta het 'n suster en drie broers, maar hy weet nie wie is wie nie.

Vir Marta herken hy wel – ook op haar suster se troufoto. Dis soos sy gelyk het toe hul ma Deon gedwing het om haar volkspele toe te vat. Sy was 'n lewendige meisietjie, nie so teruggetrokke soos nou nie. Maar sy het mooi geword en vanaand is sy pragtig sag en vroulik. Hy wou haar netnou komplimenteer. Toe gee sy hom nie kans nie. 'n Praktiese meisie met min sin vir die romantiese, dis Marta Koster.

Daar lê 'n spesiale uitgawe van die Bybel op die koffietafel. Hy wil dit gaan optel om in te blaai, toe sy agter hom praat.

"Ek's reg om te gaan," sê sy.

Hy staan op. "Ek dink ek moet eers jou ma gaan groet."

"Die nuus begin nou-nou."

"Dan moet ons gou maak."

Marta loop saam met hom in die gang af. Hulle stap vinnig tot by die deur en gaan dan rustiger in. 'n Advertensie vir 'n nuwe selfoon vervaag en word gevolg deur die horlosie en die nuus se kenwysie.

"Naand, Tannie."

Sy kyk na hom asof sy hom nie herken nie, glimlag dan. "Naand, Gunther."

"Ons ry nou."

"Geniet dit en ry versigtig."

"Dankie, Tannie. Naand, Dania."

"Naand, Meneer." Sy giggel.

"Totsiens, Moeder." Marta soen Hetta nog 'n keer.

"Julle beter roer voor die kos koud is," sê Hetta.

Gunther glimlag, hy kyk na Marta en sien sy glimlag ook. Hulle stap voordeur toe.

Marta sluit en gooi die bos sleutels in haar handsak. Hy verbeel hom hy ruik katjiepiering.

Die stoeplig brand en hulle kan goed sien waar om te loop. Hy hou nogtans sy arm vir haar. Sy neem dit nie. Die bakkie staan oop. Geen mens wat in die omgewing woon, sal meneer Swanepoel se bakkie steel nie – miskien 'n inkommer van een van die groot stede af. Maar dié kom selde hier en hulle soek nie sulke lendelam voertuie nie.

Gunther hou die deur vir Marta oop. "Hy's vanoggend gewas."

"Dankie," sê Marta.

Gunther loop om. Toe hy inklim, sien hy sy sukkel met haar sitplekgordel. Hy buig oor en help haar. Sý ruik na katjiepiering. Dis haar parfuum en sy gunstelinggeur. Sy vingers raak aan haar vingers. Die uitwerking is onverwags opwindend.

"Dankie," sê sy weer.

"Niks te danke nie."

Gunther maak die handrem los, maar sukkel om die bakkie se sleutel in die sleutelgat te kry. Hy skakel aan, gee te min petrol en laat die enjin vrek. Dis moeilik. Gee hy te veel, oorvloei dit. Die vergasser moet ingestel word en hy sal sy pa daarmee help as hy die ou man kan oortuig dat hy in staat is om dit te doen.

Maar sal hy hier sit en sweet van angs met Marta Koster langs hom.

Here, ek weet dis 'n ou kar wat skaars kan loop, maar ek wil asseblief nie tot skande kom voor Marta nie. Help my dat ons wegkom. Dankie, Here.

Versigtig nou. Hy gee net genoeg petrol en hulle trek so glad weg asof hulle in 'n nuwe Jaguar ry.

"Ek en Deon het albei in hierdie bakkie leer bestuur en ons rybewyse gekry," sê hy toe hulle 'n ent gevorder het.

"Hy ry nog lekker," sê Marta.

"Vir sy ouderdom."

"Jou pa en sy bakkie pas so goed bymekaar, ons ken hom nie as hy in sy Cadillac ry nie."

"Daai Cadillac was nog my oupa Gunther se kar. Ek wou hom koop, toe gee my pa hom vir my."

"Dis gaaf van hom."

"Die ratkas sal oorgedoen moet word, groot skade daar. Ek vat hom sommer na Rusty toe. Wat hy nie kan nie, sal niemand anders kan doen nie."

"Hy's baie goed met karre."

"Ek sal hom help."

"Miskien nie."

Gunther voel gesteurd. "Hoekom nie? Dink jy ek kan nie?"

Die Bezuidenhouts se hoofpoort doem wit voor hulle op. Daar is nie hekke nie, die hekke kom nog. Hulle ry deur.

"Hoekom mag ek nie vir Rusty help nie?"

"Hoekom is Herman se perde nog uit?"

"Stalknegte staak seker."

"Of hulle is laat."

Die volgende hek in die volgende poort is toe. Daar is 'n interkom by die hekpaal en Gunther het te ver stilgehou om die knoppies te druk. Hy stoot agteruit, trek nader en pons die kode in. Hulle wag.

"Hoekom mag ek nie vir Rusty help nie?" vra hy weer.

"Jou musiek," sê sy. "Jy kan …"

Haar stem word gesmoor deur Herman wat oor die interkom vra of hy kan help.

"Ons is hier."

"Ons maak oop."

Die swaar ysterhekke skuif baie stadig oop.

"Hier glip tien skelms saam met ons in," sê Gunther. "Wat van my musiek?"

"Jy kan jou hande seermaak as jy aan karre werk en dan sal jy nie kan speel nie."

"Jy's reg, weet jy." Hulle ry deur. "Maar ek hou daarvan om met my hande te werk."

Daar is ligte in die tuin. Toe hulle om die laaste draai kom, gly nog 'n hek oop en gaan daar soveel ligte aan, die huis se wit mure weerkaats in Gunther se oë.

"My donkerbril vergeet," brom hy.

Marta reageer nie eens met 'n giggel nie. Sy sit versteen. Hy skakel die bakkie af reg by die voorstoep. Die huis troon bokant hulle uit.

"Hulle het aangebou vandat ek twee jaar gelede hier was. Wanneer laas was jy hier?"

"Nog nooit," sê Marta tot sy verbasing.

"Het jy nie met Lydia gespeel nie?"

"Sy was vier jaar ouer as ek."

"Ek vergeet kort-kort ons ouderdomme. So, jy ken nie vir Herman en Andrea nie?"

"Hulle kom soms hare sny, maar ons is nie huisvriende nie."

"Ek sien Herman net nou en dan. Op skool was ons boesemvriende."

"Op julle motorfietse."

"Onthou jy?"

"My broers Willem en Hendrik, het ook oor motorfietse gekerm, maar my pa wou niks weet nie."

"Myne was 'n oue van Herman. My pa het ook niks daarvan gehou nie, Deon het toe al met die bakkie gery."

"Hy wag vir ons."

Marta maak 'n beweging met haar kop in die rigting van die stoep waar Herman groot en breed voor die deur staan, geklee in 'n kortbroek, kortmouhemp en kort stewels.

"Elke keer as ek hom sien, is Herman korter en breër," sê hy vir Marta. Sy ontspan nog nie. Hy kan dit hoor aan haar laggie.

Hy klim uit, waai vir Herman oor die dak van die bakkie en loop om om vir Marta oop te maak. Hy wil weer haar hand vat, maar sy laat hom nie toe nie. Hulle klim die trap half ongemaklik, so los van mekaar.

"Goeienaand, Juffrou," sê Herman.

Hy hou sy kop skeef sodat hy kan sien wie die meisie is, maar hy gee haar nie kans om te reageer nie. Hy vou sy arms om Gunther en gee hom 'n druk wat hom na asem laat snak.

"Yes, my ou maat!" roep hy uit.

"Dis Marta," sê Gunther.

"Marta?"

"Koster."

"O, ons háárkapper. Welkom by die Bezuidenhouts, Marta."

Bespeur Gunther 'n tikkie neerbuigendheid? Hy kan nie te lank daaroor tob nie, want Andrea verskyn ook op die stoep. Sy bestorm hom, knoop haar dun armpies om sy nek en gee hom 'n klapsoen voor sy op Marta fokus.

"My jinne, ons het gewonder wie is die meisie wat dit reggekry het om Gunther te vang! Hallo, Marta! Hoe gaan dit met jou ma?"

Marta kry ook 'n druk wat sy ooglopend net verduur. Sy kry ook nie kans om op die vraag oor haar ma te antwoord nie. Herman en Andrea stap dadelik vooruit en hy en Marta moet volg.

Alles in die huis is groot, selfs groter as laas keer.

Die portaal is so groot soos sy pa-hulle se sitkamer en eetkamer tesame. Die beeldhouwerk wat hulle begroet is skrikwekkend nakend, en die kas daarnaas 'n ontwerpersnagmerrie. Hulle moet met 'n steil trap afdaal na die sitgedeelte waar swart leerbanke en glastafels hulle begroet. Die kaggel is so groot soos 'n kamer en die skilderye is duidelik spesiaal gemaak om by die dekor te pas. Gunther hou nie van die kamer nie. Dit herinner hom aan die ruskamer op Stockholm-lughawe, waar hy eenkeer gestrand geraak het omdat hy sy oorklimvlug verpas het.

Op die bank teen die muur sit twee jongmense verstrengel en kyk na 'n popkonsert op 'n reuse-televisieskerm. Die jongman wikkel hom uit die meisie se omhelsing los. Hy groet en word voorgestel as "ons seun, Herman". Dis hy, besef Gunther, wat die plaas in sy pa se afwesigheid moes oppas. Hy het 'n stewige handdruk en baie selfvertroue. Die meisie is Bianca. Hulle maak hulle uit die voete.

"Waar's die remote!" roep Andrea hulle agterna. Dit lê op die bank en sy sien dit. "Toe maar, ek het dit!"

Die twee het nie eens omgekyk nie. Herman sug. Sy sokkies het afgesak. Dit lyk of Andrea se rekstofrok haar knyp. Gunther en Marta is te netjies uitgevat. Hulle gaan sit. Marta kruis haar bene en vou haar hande op haar skoot. Andrea het nie skoene aan nie. Sy vou haar bene onder haar in en glimlag vir Gunther op 'n manier wat hom ongemaklik maak.

"Wie het dit nou kon dink," sê sy. "Gunther Swanepoel en Marta Koster. Wanneer het julle besluit?"

"Ons is net vriende," sê Gunther. Hy kyk na Marta, wat lyk of sy swaar asemhaal, haar lippe styf.

"Ou-kei," sê Andrea.

"Hoe gaan dit met jou?" vra Herman.

"Baie goed," sê Gunther.

"Wanneer gaan jy weer oorsee?" vra Herman.

"Ek is terug – permanent," sê Gunther.

"Lucky girl, hè?" vra Andrea.

Tien uit tien vir Marta. Sy antwoord nie, sy glimlag soos 'n madonna. Herman spring op. "Wat drink julle?"

"Wat het jy?"

Hy tel op sy vingers af, wyne van bekende kelders. KWV-brande-
wyn, Skotse whiskey, Duitse bier, vrugtesap. Gunther kies 'n Zandvliet
Chardonnay, Marta aarbeisap. Die aand neem sy loop.

Ná die aanvanklike stramheid gesels hulle en vertel mekaar van
wonderlike plekke waar hulle al was. Herman en Andrea, wat die wê-
reld vol toer, dink die Addo-park, waar hulle pas uitgespan het, is 'n
belewenis. Gunther vertel van sy week in 'n Bedoeïene-kamp in die
duine van die Buraimi-oase, waar dadels op groot skaal verbou word
en die dorpie Ai Ain onder hoë palms rus. Marta luister. Sy speel met
haar glas, haar vingers liggies op die lang steel.

"Hoe gaan dit met jou pa?" vra Gunther vir Herman.

Herman lyk somber. "Die oukêrel is so mal soos 'n haas, en dit pla
hom nie. Pla my."

"Hy's nou permanent onder versorging," sê Andrea.

"Waar?"

"Lambertsbaai, hy hou van die see. Sit op die stoep en kyk, te ge-
vaarlik om hulle op die strand los te laat."

Dit skok Gunther dat sy vriend so oor sy pa kan praat – ongevoelig
en hard. Hy onthou oom Maans as 'n sagte mens, die tannie 'n moeder
vir almal.

"Jou pa is nie altyd deurmekaar nie," sê Marta uit die bloute.

"Ja, en hoe weet jy?"

"Ek sny sy hare een keer 'n maand. Ons gesels."

Herman frons. "Wil jy vir my sê jy kommunikeer met my pa?"

"Ons praat oor die ou dae. Hy onthou baie goed wat in die verlede
gebeur het."

"En hy's glashelder?"

"Hy's nie mal nie. Hy vergeet soms wie hy is, maar hy's nie mal nie."

"Bel my as hy weer oukei is. Dit sal my dag maak – een logiese
gesprek met my oukêrel."

Marta belowe sy sal. Sy is ernstig, al lyk dit of Herman die spot dryf.

Gunther is bly hy het haar saamgebring.

Twee en twintig

Die aand rek uit en Marta wens naderhand hulle kan huis toe gaan. Herman en Andrea is nie sulke slegte mense nie. Soms klink dit net asof hulle te veel geld het. Hulle deel uit en gee vir die armes, maar bestee nog meer aan reise en kuns. Sy wil hulle van Ragel vertel en doen dit toe nie. Die stukkies kuns wat sy in mevrou Visser se huis gesien het, het haar oortuig. Maar Ragel sal vir hierdie mense eers 'n volwaardige uitstalling moet wys. Sy oorweeg nog toe Gunther haar voorspring en vir Andrea vra of sy gehoor het van die portretkunstenaar wat op hul dorp kom aansterk het ná 'n ramp haar getref het.

"Nee, is haar uitstalling gesteel?"

"Haar seuntjie is omgery en op slag dood."

"Verskriklik." Andrea se lippe is wit. "Dis waarom ek nie van vinnige karre hou nie."

"Die meisiekind wat die kar bestuur het, kon nie te vinnig gery het nie. Dit was in 'n gewone dorpstraat."

"Ag, dis so vreeslik. Skilder sy nou?"

"Ek weet nie, maar sy help Emma met die kinders se kunsklasse."

"Dis dapper van haar."

"Jy sal haar sien, as jy môre sopkombuis toe kom."

"Ek het ons kok gevra om my hoenders te kook, ons maak groente ook. Maar ek sal nie bedien nie. Nog te pap ná Addo."

Andrea gaap – haar belangstelling in die kunstenaar het skielik verdamp. Marta se rug voel of dit wil afbreek van al die regop sit. Andrea hang soos 'n vlermuis aan haar stoel se hoë rugleuning – altans so lyk dit vir Marta. Dis elfuur. Marta is lus en kyk met groot gebaar op haar horlosie.

Wat is dit dat die tyd haar vandag so aanjaag?

Gunther het pas vir Herman vertel dat hy vir predikant wil studeer. Herman lag nie, hy kan dit net nie glo nie. "Jy, wat so baie games kon uitdink toe ons laaities was!"

"Ek het tot inkeer gekom in Seoel toe ek daar in 'n huiskerk was. Ons hier besef nie wat vryheid van geloof beteken nie."

"Wil jy teruggaan en sendingwerk doen?"

"Nee, ek wil my eie mense leer om te waardeer wat hulle het."

"Oor sewe jaar?"

"Dalk minder, ek het met die proffies gepraat oor my BMus en kerkmusiek."

"Hy speel volgende Sondag orrel in mevrou Volker se plek," sê Marta. Sy is self verbaas om te hoor hoe trots sy klink.

"Gunther, jy maak my skaam," sê Herman.

Hul likeurglasies is leeg. Herman vou sy arms op die tafel. Sy oë is rooi.

Eindelik kyk Gunther op sy horlosie. "Mensig, dis tien oor elf!"

Van elfuur af moet sy Dania dubbel betaal en die arme meisie moet môre skool toe.

"Ons moet gaan," sê Gunther.

"Wat het geword van deurnag kuier?" vra Herman.

Hy sukkel half aan die slaap uit sy stoel.

"Iets van die verlede." Gunther draai na Andrea. "Dit was 'n heerlike, gesellige aand en die kos was uit die boonste rakke. Dankie, Andrea."

Marta se voete is geswel. Sy wens sy kan kaalvoet loop soos Andrea.

Gelukkig dra sy 'n langbroek en net sy weet. Hulle soengroet op die stoep. Dis die eerste keer in haar lewe dat sy Herman en Andrea soengroet. Maar dit voel reg ná die wyn en die ete en die einde van die aand. Sy belowe Herman om hom te bel as sy pa helder is.

"Ek is Maandag die 3de September weer daar."

Gunther slaan die deur van die bakkie hard toe. Hy gaan klim aan die ander kant in. Die enjin het koud geword en dit neem 'n tydjie om die bakkie aan die gang te kry. Sy kan voel hoe Gunther ontspan toe dit eindelik vat.

"Ons het bietjie laat gekuier," sê hy toe hulle by die hoofhek uitry.

"Ons kon nie juis onbeskof wees en vroeër loop nie." Marta voel tevrede, sy het nie 'n enkele foutjie gemaak nie.

Toe hulle by die huis kom, staan meneer Stals se Toyota voor die deur. Hulle hou skaars stil of Marta spring uit. Met haar skoene in die een hand trippel sy oor die klipperige sypaadjie na hom toe. Hy draai die ruit aan sy kant af.

"Meneer Stals, ons sou haar gebring het."

"Ek het my besig gehou met verslae by die skool, toe ry ek hierlangs. So ses minute gewag."

"Dankie, Meneer. Ek gaan roep haar."

Die grond voel koel onder haar voete, die stoep koud.

Gunther bly agter. Hy staan en praat met meneer Stals. Dania sit en televisie kyk, nog helder wakker. Dis 'n musiekprogram en die kwaito is nie te sag nie. Sy sou Hetta nie kon hoor nie, nie so nie. Marta onderdruk die ontevredenheid. Sy haal geld uit en betaal vir Dania.

"Het Juffrou dit geniet?" vra Dania vrypostig.

"Baie, ons het lekker geëet en lekker gesels."

"O, die ryk mense."

Marta loop saam met haar hekkie toe. Gunther en meneer Stals praat oor die skool se Kersspel. Hulle spreek af om mekaar die Woensdag te ontmoet. Toe die Toyota wegry, draai Gunther na Marta. Hy vat haar hande en glimlag. Sy kom agter dat sy heelwat korter as hy is, veral kaalvoet.

"Baie dankie dat jy saamgegaan het."

"Dankie dat jy my genooi het."

Dit lyk of hy haar gaan soen en skielik wil sy hê hy moet. Maar hy doen dit nie.

Gunther parkeer die bakkie onder die afdak in die agterplaas. Hy loop om die huis en sluit die stoepkamer se deur oop. Hulle het vir hom die stoeplig aangelos en hy sluip deur die binnedeur in die gang af na die voordeur sodat hy die lig kan afskakel. Iemand roer in sy ouers se kamer. Hy hou asem op en loop op sy tone terug stoepkamer toe. Daar is 'n badkamer met 'n stort en toilet en hy hoef dus nie weer terug te sluip badkamer toe nie. Hy gaan sit op die bed en trek sy skoene uit.

Marta was vanaand perfek. As hy aan haar dink, kry hy 'n warm gevoel in sy borskas. Sy het Herman darem op 'n mooi manier oor oom Maans vasgevat. Herman en Andrea het meer probleme as wat hulle wil laat blyk. Geld is besig om hulle te verander. Dit maak hulle – nes hul huis – groot en leeg. Maar al is hy arm en Herman ryk, hulle het iets gemeen. Hulle kan nie met hul onderskeie vaders kommuni-keer nie. Gunther besluit om 'n daadwerklike poging aan te wend om tyd saam met sy pa deur te bring, dalk selfs te gaan visvang. Hy wil Marta ook beter leer ken. Hy sien haar môre by die sopkombuis, maar eers moet hy gaan oefen.

Die orrel is soos 'n steeks muil. Mevrou Volker reken dit moet ge-stem word, hy dink dit behoort herstel te word. Hy sal met Johan gaan praat. As hulle nie nou werk maak daarvan nie, sit hulle binne 'n paar jaar met 'n duur en tydrowende restourasieproses. Hy sal Johan wys wat aangaan. Dat mevrou Volker dit kon volhou, is merkwaardig. Die orrel is 'n muil wat jou onverwags kan skop.

Hy kan hóm skop dat hy Marta nie nag gesoen het nie. Dis omdat hy verleer het hoe om by 'n meisie aan te lê. Vroumense was een van die risiko's wat hy ná sy ontmoeting met die boodskapper uitgeskakel het. Die Bybelversie wat hy sy motto gemaak het, bied hom geen ander uitweg nie. Hy moet eers die koninkryk soek en dan sal hy die res ontvang, alles wat hy nodig het – 'n goeie vrou ook – soos Marta. Gunther dop op die bed om en slaap. Hy droom van Marta, hard aan die werk, altyd besig, glimlaggend agter die sopkombuis se kospotte. Sy stofsuig die salon, sy sny hare, die oumense van Lambertsbaai se ouetehuis sit en wag, 'n lang tou. Oom Maans is ook daar. Sy kry nie kans om te rus nie, sy kyk verlangend oor die see. Sy verf haar huis se dak rooi en die mure wit. Sy pluk mandjies vol katjiepierings in haar tuin.

Die volgende oggend word hy kwaai aangesê om dadelik op te staan. Dis Eva met sy koffie en besluit.

"Jy slaap in jou klere. Waar was jy gisteraand?"

"Hoe laat is dit?" vra hy vervaard.

"Sesuur. Ons moet die groente kook."

Gunther kreun en draai op sy ander sy. "Ek sal jou betaal, Eva. Maak my agtuur wakker." Hy plak die kussing op sy kop. Sy gewrigte voel stywerig, sy arms moeg.

Eva sit die skinkbord op die bedtafel neer, sy klik met haar tong en loop.

Toe hy weer wakker word, is die kamer vol lig. Daar dryf 'n vlieg op sy koue koffie en iewers speel 'n radio kliphard. Hy val uit die bed, stort en trek vinnig aan.

Dis Eva wat radio luister. Hy sit die skinkbord op die kombuistafel neer.

"Daar's 'n vlieg in my koffie."

"Jy wil mos rondloop."

"Ek het by Herman gaan kuier, dis al."

"O, dis soos die ou dae toe julle heelnag uitgebly het en julle pappa kwaad gemaak het."

"Is hy hier?" vra Gunther.

"Nee, hy't Clanwilliam toe gery."

"Jy moenie vir hom vertel ek slaap laat nie."

Sy lag en gooi vars koffie in 'n beker. Hy gaan sit by die kombuistafel en doop 'n beskuit, twee beskuite. Die wyn en kos van gisteraand het hom dors gemaak. Wil hy eendag in soveel luuksheid woon, soveel goed besit? Nee, sy hoofdoel is die evangelie, eenvoudig en reguit. Hy vra nog koffie, vat die beker saam en gaan klop aan sy ma se deur. Sy is bly om hom te sien.

"En toe? Was dit lekker?"

"Ja, baie aangenaam. Het ek julle nie wakker gemaak nie?"

"Jy't niks gepla nie. Jou pa het nou wel kort-kort opgespring as hy iets hoor wat soos die bakkie klink. Hoe laat het jy toe ingekom?"

"So byna middernag."

"En Marta? Wie't by Hetta gebly?"

"So 'n oulike tiener – Dania – 'n susterskind van tannie Dora. Toe ons daar aankom, wag meneer Stals voor die hekkie in sy Toyota."

"Hoe gaan dit met die ryk mense?"

"Goed, maar hul rykdom dryf hulle om te toer. Dan los hulle die plaas vir 'n voorman of vir klein Herman en kom altyd terug na moeilikheid. Maar hulle is gawe mense."

"Besit omtrent die dorp."

"Dis húl probleem, ek moet oefen." Gunther soengroet sy ma. "Ek wil nog gesels, maar ek moet twaalfuur terug wees vir die sopkombuis."

"Voor jy gaan!" keer Ciska. "Deon het gebel – hy en Chanté kom die 10de September. Hulle wil die wêreld hier rond deurkyk op soek na 'n geskikte plek vir die troue. Die datum is 1 Desember."

"Waar bly hulle? Hier?"

"Ek sal plek bespreek by die pastorie. Chanté sal nie hier inpas nie."

"Chanté het al in 'n tent in die woestyn geslaap – nie vir haar plesier nie, om arm kindertjies teen tuberkulose en kindersiektes in te ent. Mamma sal van haar hou."

"Ek hou van Marta," sê sy ma dubbelsinnig.

Marta is nie gewoond aan laat aande uit nie. Sy kan tot lank ná middernag haar liefdesverhale lê en lees, maar om heelaand regop te sit en jou woorde te tel terwyl jy met glase wyn en ryk kosse gevoer word, is iets wat sy nie ken nie. Sy voel vandag of sy siek is – en dors! Sy kan ook nie bly lê nie. Sesuur is laat vir haar.

Buitendien hoor sy al haar ma in die huis rondsukkel. Soggens wag Hetta gewoonlik vir haar om haar badkamer toe te neem, maar vandag het sy seker besef dat haar verpleegster nie beskikbaar is nie. Marta sug. Wat sal in elk geval van Hetta word as sy nie meer na haar kan kyk nie? Sy doen dit selfs as sy siek is – en dit gebeur selde aangesien niemand hulle kan help nie en sy dan maar 'n pynpil drink en aangaan.

Sjoe, sy het vandag ook een nodig.

Andrea erken ruiterlik dat sy nie sonder hulp kan huishou nie. Wat doen sy heeldag? Lê langs die swembad of in die winkels rond as sy en Herman nie iewers heen toer nie? Nee, dit is 'n ander lewe. Dankie tog sy en Gunther is nie getroud nie, anders moes hulle weer vir Herman en Andrea uitnooi.

Wat verbeel sy haar alles? Sy is nie eens verlief op hom nie – al het sy gisteraand een romantiese oomblik beleef. Amper het hy haar gesoen. Sy dink hy wou, maar toe onthou hy seker daardie keer toe hulle nog tieners was en sy hom 'n stamp gegee het.

Sjoe, as sy nie nou iets soos tee en mentblare drink nie, word sy naar.

Wat 'n gedoente! Haar nuwe langbroek en hemp lê op die stoel, nie netjies in die kas opgehang nie. Sy gryp die broek en hang dit op. Die hemp en onderklere gaan wasgoedmandjie toe. Marta het lanklaas so vinnig gestort en aangetrek. Haar ma het nie koffie gekry nie en sy gaan haar met vrae bestook, maar daar is nie uitkomkans nie. Hoe gouer sy dit agter die rug kry, hoe beter. Dis tog nie só laat nie.

Maar Hetta sit al ewe ongemaklik op die bed haar bloese en vasknoop. Sy konsentreer so op die takie, dit lyk of sy seerkry.

"Moeder?"

Marta verwag verwyte, maar toe Hetta opkyk, glimlag sy.

"Julle het laat ingekom gisteraand!"

"Ons kon nie wegkom nie. Ek is jammer."

"Moenie jammer wees nie." Hetta klap op die bed langs haar. "Kom sit, vertel my alles. Het hy jou gesoen?"

"Nee, Moeder, hy het my nie gesoen nie."

Marta knoop Hetta se bloese toe en haal die romp wat daarby pas, uit die kas.

"Ek kan nie nou sit nie, ons ontbyt is laat. Die hoenderstukke moet stadig opgewarm word. Staan so bietjie op dat ons die romp aftrek. Ek moet die sous maak, halftwaalf moet ek by die saal wees."

"Was dit darem lekker?" Hetta lyk asof sy 'n klap gekry het, maar sy is ten minste klaar aangetrek.

"Dit was interessant. Ek gaan gou die oond aansit."

Sy is halfpad in die gang toe sy omdraai. "Moet ek Moeder in die stoel help?"

"Gaan, gaan eers dat ek my asem terugkry."

Nou ja, ten minste gee dit haar kans om gouer die kombuis reg te ruk. Dit lyk op die oog af netjies. Dania het getrou aan haar aard die skottelgoed net gewas en nie afgedroog nie. Daar is 'n vadoek oor die borde en koppies in die droograk. Marta haal die vadoek af. Haar skerp oë sien dadelik die eiergeelstreep oor die een bord. Sy pak al die skottelgoed terug in die opwasbak, spuit seep oor en tap warm water in. Is dit waarvoor sy Dania betaal, vir halwe werk?

Haar mond wat vanoggend al so droog was, is nou nog droër.

Sy skakel die ketel aan, sluit die agterdeur oop en gaan pluk 'n hand vol vars mentblare vir haar tee. Deksels, sy het vergeet om die oond aan te sit.

Kop hou, dink wat jy doen.

Hoenderaftreksel vir die sous!

Sy haal dit uit die yskas, gooi dit in 'n pot op die stoof, meng die sampioensop met water, roer en roer. Beelde van gisteraand se ete doem voor haar op. Elegante glase op die tafel, Andrea se ringe, die jongmense wat voor die televisie gesit en soen het, die sagte uitdrukking op Gunther se gesig toe hulle laataand afskeid geneem het.

Sy skrik toe sy sien die skottelgoedbak is so volgetap, dit wil oorloop. *Dink, Marta, dink.*

Dis selde dat sy haar dag so deurmekaar begin. Maar sy is so moeg, vandag kap sy om.

Drie en twintig

Toe Gunther en Eva by die sopkombuis aankom, is die deure oop en helpers beweeg in en uit. Emma en Johan se viertrek staan onder 'n boom geparkeer en langsaan, 'n oulike rooi Mazdatjie. Groepies hongeriges vergader onder die bome en groet vriendelik, party wil dadelik hand bysit en help. Maar Eva verseker hulle dat dit nie nodig is nie. Die gaste mag in elk geval nie instap voor Dominee hulle nie nader geroep het en die tafelgebed gedoen het nie. Dis 'n reël.

Gunther wonder of Johan vandag teenwoordig gaan wees. Verlede keer het Emma die gebed gedoen, maar sy het hom gevra of hy kans sien.

"Laat my eers toe om tuis te voel," het hy toe gekeer.

Hy dra die groot pot met groente en Eva die kleiner een. Op haar aanbeveling het hulle die sakke bevrore groente net halfgaar gekook.

"Dan sit ons dit by die saal op die branders en stowe dit stadig, anders word dit pap en onsmaaklik."

Hy moet kyk waar hy trap, dis hoekom hy Marta se stem hoor voor hy haar sien.

"Die lepels is nie skoon gewas nie, regtig!"

Sy het 'n voorskoot aan oor 'n ligte somerrok. Haar hare is kunstig gevleg en vasgesteek. Sy staan met 'n hand vol opskeplepels en lyk erg ontsteld.

"Moenie die oonde te warm maak nie, hoender kan vreeslik uitdroog," keer Emma.

"Wie het gehelp met die opwas?"

Gunther sit die pot op die gasstoof neer. Marta het hom nie gesien nie, want toe hy opkyk, is sy weg.

"Steek aan die plaat, laat ons begin, anders bly die groente halfgaar."

"Is dit nog groente?" vra Emma en lig die deksel.

"Ons het hulle eers net skrikgemaak."

"Heeltemal reg."

"Hier's vir jou vuurhoutjies."

"Ek gaan maar loop," sê Eva. "Jou ma is alleen by die huis."

"Dankie, Eva."

Hy trek 'n vuurhoutjie om die gasstoof aan die gang te kry.

"Nog iets wat ek kan doen?" vra hy in die algemeen.

"Niks op die oomblik nie. Hoe gaan dit met die orrel?" vra Emma.

"Nie goed nie. Maar ek sal nie moed verloor nie. Is Johan vandag hier?"

"Hy kom."

"Dis baie kos," sê hy, "meer as laas keer."

"Hoop dis genoeg."

"Ek neem aan die nuus trek en dan daag daar vandag meer gaste op?"

"Nes jy gesê het."

Waar bly Marta? Hy wil vir haar hallo sê, vra of sy goed geslaap het. Hoop nie sy het by die agterdeur uitgeglip nie!

Twee vreemde vroue dra groot oondbakke aan. "Middag, mevrou Van Velden," groet hulle tegelyk.

"Charmaine en Angela! Dankie! Waar is mevrou Bezuidenhout?"

Gunther hou die oonddeur oop en die bakke word netjies ingestoot.

"Sy's bietjie moeg, Mevrou. Hulle het gisteraand onthaal. Klein Herman sal die bakke twee-uur kom haal. Hy wag in die kar. Ons moet vinnig maak."

"Sê vir haar dankie." Emma kyk die twee agterna tot hulle uit is. "Andrea help tog op haar manier."

Gunther sê nie dat hy en Marta die gaste was nie. Dis duidelik dat Marta niks laat val het nie. Beter so, anders is dit weer die nuus van die week. Hy besluit daar en dan om haar te gaan waarsku.

"Verskoon my, ek gaan net gou water drink," sê hy en stap kombuis toe. Marta het 'n paar blou plastiekhandskoene aan en sy is by die opwasbak besig om 'n yslike lepel met staalwol te skuur.

"Hallo, Marta."

Die lepel val in die opwasbak en hy voel soos 'n vark.

"Jammer, ek wou jou nie skrikmaak nie."

"Ek was ingedagte."

"Sal jou nie vra waaraan jy gedink het nie."

Sy bloos pragtig.

"Liewer nie."

"Wat maak jy?"

"Skrop die vieslike lepels en daai vurke voor dit in die kos gedruk word."

"Is dit so vuil?"

"Nie meer nie."

Hy vat 'n vadoek wat eenkant lê. "Ek droog vir jou af."

Hy haal een van die blinkgeskuurde vurke uit die afspoelwater.

"Dankie." Sy laat die seepwater uitloop en vee die wasbak uit.

"Hoe gaan dit vandag met jou?"

"Bietjie moeg."

Sy trek haar plastiekhandskoene uit, sit hulle eenkant neer en was haar hande met skoon water. 'n Haarlok het losgekom en hang langs haar wang af. Sy is vir hom so mooi hy vergeet om die vurk wat hy in sy hand het, af te droog.

"Ek het dit geniet gisteraand – in jou geselskap."

Sy kyk na hom, 'n klein glimlaggie om haar mondhoeke.

"Ek dink nie ek het veel te sê gehad nie."

"Jy het."

"Julle het die hele wêreld vol gereis, ek nie."

"Dis herinnerings. Beste is hier en nou," sê hy.

Sy hande jeuk om die los hare vir haar vas te steek. Miskien kan sy gedagtes lees, want sy doen dit self. Die manier hoe sy haar arms lig is so grasieus, hy moet wegkyk voor hy 'n sonnet begin voordra.

"Andrea se kombuishulpe het haar bydrae kom aflewer. Sy het glo laasnag gaste gehad, nou rus sy."

"Weet hulle dis ons?"

"Nee, nie een van hulle het by die tafel bedien nie."

"Pak hulle hier." Sy gooi 'n skoon vadoek oop.

Hy paar hulle af – 'n vurk en 'n lepel en 'n vurk en 'n lepel. Hy maak vir haar 'n netjiese ry.

"Soos splinternuwes," sê hy.

"Ons gaan nie vir hulle sê ons was die gaste nie," sê sy.

"Nee, ons sal nooit die einde hoor nie."

Hulle staan langs mekaar en kyk na die perfekte skoon vurke en opskeplepels. Hy kry die geur van haar katjiepiering. Hul skouers raak. Hy voel lus om sy arm om haar te sit en haar teen hom vas te druk – sy verlore ribbebeen, sy ander helfte. Maar hy is bang hy verjaag haar.

"Is dit waar julle twee duifies wegkruip?"

Yvonne staan in die deur, hande in die sye. Die oomblik is verby.

Die ete is drieuur afgehandel, maar die opruimwerk hou hulle besig tot vieruur. Gelukkig het Yvonne haar tergery vroeg-vroeg laat vaar. Hulle is besig en dis nie goeie maniere om hard met mekaar te lag en te gesels terwyl hulle ander met kos bedien nie. Selfs Yvonne weet dit. Tot Marta se verligting moes sy vroeg huis toe.

Emma was te besig om aanmerkings te maak en Johan was weer net betyds om die tafelgebed te doen en Lambertsbaai toe te jaag, waar een van sy bejaarde gemeentelede siek lê.

"Die tannie se dogter het spesiaal gebel en gevra ek moet kom. Jammer, ek kan nie help skottelgoed was nie."

"Jou beurt kom weer," het Emma gesê en haar ken gelig sodat hy haar totsiens kon soen.

Dit is vir Marta so mooi om te sien hoe lief hulle vir mekaar is en hoe hulle altyd mekaar in ag neem. Gunther is so 'n man, het sy besluit. Hy is behulpsaam en vriendelik, anders sou hy nie hier gewees het nie. Buitendien hou mans gewoonlik nie van vrouewerk nie, maar Gunther het geen saak daarmee nie. Hy is so handig, hy mors nie 'n druppel as hy opskep nie.

Sy het gesorg dat sy nie altyd langs hom werk nie, maar sy was die hele tyd bewus van sy teenwoordigheid. Hy het 'n sagte manier met die minder bevoorregtes en oues van dae en hy doen sy deel – selfs toe hulle die bakke en potte moes skoonmaak en die meeste helpers dan haastig raak om huis toe te gaan.

Op die ou end is almal weg en net Marta, Tienie, Emma en Gunther bly agter om die laaste takies te verrig. Tienie was op haar dag ook predikantsvrou en sy en Emma het heelwat gemeen. Hulle gesels so dat hulle hul nie veel steur aan Marta en Gunther wat saam-saam die kombuiskaste en tafels skrop nie.

Nog nooit was 'n vieslike werkie so mooi nie. Hulle gesels nie eens veel nie, maak net hier en daar 'n aanmerking oor 'n vetkol of 'n taai streep en wens mekaar geluk met 'n nuwe blinkskoon oppervlak.

Hulle is nog besig met die laaste afronding toe Emma ingedraf kom.

"Ek wou die voordeur sluit, toe sien ek Marta se Mazda en jou pa se bakkie staan nog hier. Wat maak julle?"

"Ons het die rakke 'n slag vir jou afgevee."

Emma lyk verbaas. "Maar dis nie nodig nie. Valery-hulle kom skrop Saterdag."

"Sê tog net vir haar om weg te bly van die kaste."

"Die oonde is 'n groot genoeg werk."

Nie soos Valery kan kul nie, dink Marta en tel die stapel afdrooglappe wat sy wil gaan was, op.

"Waar gaan jy met die lappe?"

"Ek was hulle vir jou en dan bring ek hulle Vrydag."

"Wat sal ek sonder haar doen," sê Emma en kyk na Gunther. Hy staan so en glimlag van oor tot oor, hy lyk skoon skuldig. *Is dit net ek wat so dink*, wonder Marta. *Of is hy besig om iets weg te steek?*

Emma frons en kyk vraend van hom af na haar. Om op 'n onuitge-spreekte vraag te antwoord is altyd gevaarlik, dus draai Marta om en lig die deksel van een van Andrea se bakke.

"Klein Herman het toe nie Andrea se bakke kom haal nie," sê sy.

Emma is vies. "Hy doen dit nooit en hier het al van haar goed weg-geraak."

"Moet ek bel?" vra Gunther.

Emma kyk op haar horlosie. "Dis amper vieruur en jy gaan wag. Ek sal dit saamneem huis toe, dan bel ek van daar af. Partykeer is ek sommer lus en bel nie, sodat hy sy les kan leer, die mannetjie."

"Ek kan dit vir jou soontoe neem," sê Gunther.

"Nee, dan verwag hulle dit elke keer."

"Goed, dan dra ek dit vir jou kar toe."

Marta druk die vadoeke teen haar bors vas. Sy kyk hoe hy die swaar bakke oplig. Hy het 'n kortmou-T-hemp aan en sy spiere bult. Dis nie die eerste keer vandag dat sy bewus raak van sy spiere nie. Dit pla haar, want 'n paar dae gelede het sy nog uitgesien na Deon se arms om haar – nou wens sy Gunther wil haar vashou.

"Hy is regtig 'n aanwins," sê Emma en kyk hom agterna.

Marta knik net. Sy vertrou nie haar stem nie.

In die ou dae was die poedingbakkies altyd te klein en hoewel hy nog lief is vir soetgoed, het hy intussen agtergekom dat te veel koek en poeding nie goed is vir sy middellyf nie. Gunther wil nee dankie sê vir nagereg, maar Eva het 'n malvapoeding gemaak en sy dra dit trots tafel toe.

"Ek moet weer begin draf," sê hy toe sy pa vir hom 'n dubbelporsie aangee.

"Julle het mos landloop gedoen in die ou dae."

"Toe was ons fiks."

"En altyd honger."

Sy ma gooi vla op haar klein skeppie poeding en gee die vla vir sy pa aan. "Ek kon vir jou 'n baksteen met suiker op gee en jy sou dit eet, so lief vir suiker."

"Te veel dadels het my soettand versadig," sê Gunther. "Jy kry hulle daar oorkant met neute in en met sjokolade om en in vreeslik baie van die gebak."

"Ek het gehoor die Moslems breek hulle vas met dadels?"

"Mamma is reg." Hy kyk na die bak poeding voor hom en voel moedeloos.

Ciska het Eva aangesê om vanaand groot te kook omdat Gunther nie vir middagete tuis was nie en sy doodseker is hy sal nie van die sopkombuiskos wil eet nie. Maar Gunther het lekker weggelê aan 'n hoenderborsie en groente wat Marta vir hom ingeskep het. Eva se bobotie is heerlik, maar te veel is gewoon te veel. Die poeding is ook veels te veel, maar hy sal dit moet eet, anders beledig hy vir Eva.

"Het julle gedraf daar in Doebai?" vra sy pa.

"Dis gewoon te warm buite, maar ons het gesandski en gewaterski – veral saans as dit begin koeler raak. Ek dink ek moet vanaand begin oefen."

"Sorg dat jou kos eers sak."

"Sal my so 'n uur of twee gun, dan doen ek dit, begin klein en later draf ek om die dorp."

"Hoekom jou so moor?" vra Ciska.

"Hy het mos nou 'n meisie wat hy wil beïndruk," sê sy pa.

"O, Marta!" roep Ciska so hard Gunther is seker Eva hoor in die kombuis.

Hy reageer liewer nie. Om te stry is om dit alles net te vererger, en ja, hy dink aan haar, aan Marta Koster. Hy wil hê sy moet van hom hou en jongmeisies hou nie van dik mans op pad na hul middeljare nie. Marta is geen uitsondering nie. Sy is kieskeurig, dis hoekom sy nog nie getroud is nie. En sy is lojaal teenoor haar ma. Marta sal nie vir tannie Hetta in die steek laat vir enige man wat haar pad toevallig kruis nie. Gideon hou sy bakkie vir Ciska om nog te skep. "My meisie het nie meer illusies nie."

"Kom nou, Swanie," sê sy ma. "Jy is vir my nog net so aantreklik soos vyftig jaar gelede. Ons het ook gewaterski, onthou jy?"

Gunther glimlag. Hulle het vergeet van hom. Hulle kyk vir mekaar – sy mooi ma met haar blou-blou oë en pienk wangetjies, haar hare en hande altyd so netjies versorg, sy wat die gehore van Milaan met haar heuningsoet stem tot trane gedwing het, maar nie geskroom het om haar belowende sangloopbaan vir haar jeugliefde te verruil nie.

Sy pa se dik grys hare is platgedruk op sy kroontjie en hy het vanoggend weer nie geskeer nie. Sy skouers is geboë en hy trek sy nek effens skeef, die een skouer hoër as die ander een. Die hand waarmee hy die leë bakkie aangee, is vervorm, die litte dik van artritis, die vingernaels nie naastenby so skoon en netjies soos Ciska s'n nie. Hoe duidelik sien Gunther nou die verskil tussen hulle twee – sy ma en pa. Sy is van hoë afkoms, verfynd en afgerond, hy van die werkersklas, sy pa en oupa eenvoudige vissers. Maar eens op 'n tyd het hulle gewaterski. Eens op 'n tyd was hulle jonk en avontuurlustig, sy ma dalk nog meer as sy pa. Sy het immers kans gesien om liefde bo roem te kies, 'n skrale bestaan bo oorvloed. Tog was hier altyd genoeg.

"Jy was so perfek op jou ski's, die mense het saamgedrom op die strand om jou te sien."

"Jy was so waaghalsig, die mense was bang om te kyk."

"Sal ons dit nou weer waag?"

"Absoluut nie."

Ciska neem die bakkie en skep. Daar speel 'n ondeunde glimlaggie om haar mond.

"Net so, dankie!" keer sy pa.

Sy gooi vla oor en gee dit vir hom aan. "Gunther, vir jou ook nog?"

Hy stoot sy bakkie na die middel van die tafel. "Liewer nie."

"Hy moet nog die meisie oortuig dat hy oor vyftig jaar steeds aantreklik sal wees."

"Ek moet haar oortuig dat ek aantreklik genoeg is. Punt."

"Sy hou van jou, Gunther."

"Ek het gedag sy hou van Deon."

"Miskien omdat jy agter hom geskuil het."

Gunther frons, hy dink na. Wat sy pa so pas gesê het, maak sin. Deon het altyd die voortou geneem. Maar dis omdat hy hom toegelaat het. Alleen in Seoel kon hy onder Deon se skaduwee uitkom en sy eie plek vind.

"Hy's my broer," sê hy eenvoudig. "Ek bewonder hom."

"Volg dan sy voorbeeld en kom tot rus."

Vir die eerste keer in sy lewe beskou Gunther dit nie as 'n belediging nie, maar 'n yslike kompliment.

"Pa, ek weet ek was baie besig met baie dinge en ek gaan nou weer begin draf, maar dié keer sien ek die wenstreep en dit gaan nie Deon se streep wees nie, ook nie my eie nie."

Gideon sit sy lepel in sy poedingbakkie neer.

"Jy verwys na jou nuwe beroep, nie waar nie?"

"Ja, Pa. Ek behoort nie meer aan myself nie, ek behoort nou aan Jesus."

"Ek sien, ek verstaan."

Maar Gunther kry die gevoel dat sy pa nie regtig verstaan nie, nie regtig sien nie.

Ciska se mond bewe, sy lyk na aan trane en hy wil haar nie ontstel met 'n lang redenasie nie. Om in sy pa se kop te klim en sy gedagtes te lees, is menslik onmoontlik, maar om in elke gesprek teen 'n misverstand te stuit, is hartseer.

"Wil julle koffie drink?" vra sy ma, haar hand op die klokkie.

"Nee dankie, Vrou. Ek gaan vars lug soek."

Sy pa staan op en stap uit. Gunther en sy ma kyk hom agterna. Toe hy buite hoorafstand is, sê Ciska. "Jou pa het sy eie stryd. Wees maar geduldig."

Gunther knik. Hy is lief vir sy pa. En die liefde is geduldig.

Vier en twintig

Woensdagoggend toe Marta die voordeur oopmaak en die koel lug teen haar gesig voel, bly sy in verwondering staan. Die voëltjies sing en die eerste strale van die son raak-raak aan die rankroosheining waar klein wit rosies oopgaan. Die briesie kom skuur teen haar soos 'n lui kat. Sy het 'n besem saamgebring om die stoep te vee. Maar sy doen dit nie, sy staan en asem die vars lug in.

Dit het laasnag gereën – nie veel nie, net genoeg om die tuin te troos. Dis hoe sy vanoggend voel. Getroos.

Dankie, Here, bid sy in haar gedagtes, *dat ek dit gister so naby aan Gunther kon oorleef. En vandag het ek werk om my mee besig te hou – vyf haarafsprake. Die potte is geskuur en weggepak. Emma was so genadig, sy het my by Vrydag se poeding ingedeel. Sewe pakkies jellie.*

Marta vat die besem vas, sy begin die stoep vee. Haar gedagtes hou nie op nie. Maar dis nie blote gedagtes nie, dis 'n gesprek met Jesus. Sy vertel Hom wat sy vir die dag beplan het.

Tannie Riëtte kom eerste vir 'n was en blaas. Sy moet vanmiddag by die Tygerberg-hospitaal inteken vir die operasie Donderdagoggend vroeg. Tannie Riëtte se broerskind kom haar haal om haar soontoe te neem. Sy sal drie dae in die hospitaal moet bly en vir maande daarna aansterk voor sy weer kan orrel speel. Sy is bang vir die operasie. Maar dit sal 'n sukses wees. So glo sy, ten spyte van haar vrees. Ná haar kom Ragel se niggie Tienie. Tienie het liefde nodig om Ragel te kan help en Ragel het liefde nodig om haar hartseer te verwerk. As sy klaar is, moet Marta langsaan na Ciska toe gaan. *Miskien sien ek vir Gunther, miskien nie. Hy is op sy senuwees oor Sondag se orrel speel. Net sy beste is goed genoeg, sê hy. Hy oefen van vandag af twee uur elke oggend, elke middag en elke aand. Almal wat gister opgeskep het, is van plan om Sondag kerk toe te gaan. My ma sê ek moet ook en ek dink ek sal.*

Marta skud die skoppie met sand in die blombedding uit. Sy gaan bêre die besem in die kombuis. Sy tap water in die gieter om die stoepplante nat te maak en stap uit. Iemand kom straataf gedraf.

Toe sy kyk, sien sy dis Gunther in 'n frokkie en 'n kort drafbroekie. Hy gaan staan voor die tuinhekkie en waai vir haar. Sy waai terug. Hy sit sy hand op die hekkie en glimlag so mooi vir haar, haar hart maak 'n bokspring – nie omdat sy verlief is nie. Dis omdat sy nie gewoond is daaraan dat gespierde mans vir haar glimlag nie.

Haar voete loop vanself hekkie toe.

"Draf jy van vandag af?" vra sy.

"Ja, ek wil fiks word vir die Twee Oseane – en vir daardie orrel. Ek gaan ekstra breinselle nodig kry en nog tien vingers."

"Sal dit help as jy nou begin draf?"

"Slim jy. Wil jy môre saamdraf?"

"Nee dankie, ek het genoeg om my aan die gang te hou op my eie werf."

"Ek gaan nog een keer om die blok, dan kry ek my musiektas. Is jy seker jy wil nie saamkom nie?"

"My eerste kliënt is netnou hier."

"Geniet dit."

"Jy ook."

Sy staan en kyk hoe hy wegtrek en al vinniger draf. Hy draai om, hardloop agteruit en waai vir haar. Sy het nie geweet hy is so goed gebou nie. Vanoggend voel dit of sy in 'n droom leef. Sy dink sy is verlief.

"Wou hy nie inkom nie?" vra haar ma toe sy die voordeur agter haar toemaak.

Hetta sit in haar rystoel in die portaal en sy het natuurlik gesien hulle praat by die hekkie.

"Dis toevallig dat ek buite was toe hy hier verbydraf."

"Hy wou inkom."

"Hy's op pad huis toe en dan gaan hy orrel oefen."

"Sal nie verbaas wees nie as hy sewe keer om die blok hardloop omdat hy jou graag wil sien."

Marta sal nie sê dat hy haar saamgenooi het nie.

✿

Gunther het 'n sleutel vir die kerk se sydeur. Dit draai maklik in die slot, maar die deur is van swaar kiaathout en sit vas. Hy moet krag gebruik om dit oop te kry.

"Met die skouer," het mevrou Volker gesê. "Skouer hom."

Ai, Tannietjie – geen wonder jy't seergekry nie.

Die deur gee te skielik mee. Dit maak 'n geluid soos lug wat ontsnap.

Binne is dit koeler as buite. Eers tref die koelte hom, toe die gewyde stilte, daarna iets soos 'n sagte suising.

Die asem van God, sy heilige teenwoordigheid?

Die binnedeur kerk toe staan oop. Gunther vertoef in die boogingang. Hy kyk hoe die lig die houtbanke en pilare liefkoos, hoe fyn stof deur sonstrepe dwarrel en op die banke neersif.

"Ja, dis hemelsmooi," het mevrou Volker gesê. "Dis hoekom ek nie kon wegkom nie. Ek sal dit mis om alleen hier te kan wees, die Vader se stem te hoor, Hom te antwoord met my musiek." Sy het na Gunther gedraai en reguit na hom gekyk. "Miskien wil Hy hê ek moet dit deel of selfs weggee?"

Hy het sy arm om haar skraal skouertjies gesit en haar 'n drukkie gegee.

"Sodra Tannie beter is, kom Tannie terug."

Haar pruimgesiggie het oopgebars in 'n breë glimlag.

Vandag het hy hierdie alleenplek by God dalk nodiger as sy. Hy wil ure lank bid, maar hy moet ook oefen en 'n paar los skroewe probeer vasdraai. Hy sal van nou af tot Sondag elke dag hiernatoe kom, die Here weet.

Die lig val van die oostekant af deur die vensters. Dit maak gekleurde blokke teen die oorkantste mure. Gunther verwonder hom daaraan. Hy kon van jongs af nie sy oë van die kleurespel afhou nie. Die mure wat die ruimte omsluit, het met hom gepraat, dit het hom ingesluit soos die arms van God. Maar hy het altyd weer vorentoe gekyk, op na die kunstig gekerfde preekstoel waar die dominee gestaan het. Toe hy klein was, het hy niks eens gehoor nie, net gekyk, sy kop agteroor om beter te kan sien. Later, nadat sy ma vir hom verduidelik het wat daar staan, kon hy die goue krulletters op die purper fluweellap lees, die woorde *God is liefde* in goud geborduur.

Hy is liefde, Hy is.

Gunther buig sy hoof net waar hy staan.

Taek Geun het vir hom 'n lys name ge-epos: *Please pray for these our brothers and sisters suffering in jail, they need your prayers.*

Dit het gisteraand gekom. Hy sal die lys vir Johan gee dat hy dit vir die gemeente se gebedsgroep kan gee, of vir die hele gemeente.

"Here, ons het vryheid om openlik te aanbid, om vir U geboue soos hierdie op te rig met vensters wat die lig inlaat en deure wat kan oopstaan. Hier staan 'n orrel, die gemeente kan hardop sing, U loof en prys. Hulle kan mekaar in u Naam groet en saamkom in groot groepe, terwyl ons broers en suster soos fluisterende muise en rotte in gangetjies moet wegkruip. Hulle is ook u kinders, verlos hulle asseblief van hul vervolgers."

Hy staan nog 'n rukkie voor hy in die paadjie afstap. Die mat verdof sy voetstappe. Hy voel of hy op lug loop.

Hul gesin het altyd reg voor gesit, by sy ma wat agter die orrelbankie langs hulle ingeskuif het. Sy ouers is getroue kerkgangers, opregte gelowiges. Hy en Deon het met huisgodsdiens grootgeword, hulle moes gereeld kerk toe gaan. Hulle hét, blymoedig. Tog het hulle albei 'n tyd van afvalligheid beleef. Jonk en voortvarend en te slim vir die predikers wat hulle voorgegaan het, het hulle alewig te min uit die boodskap gekry, later liefs in kafees gesit en filosofeer saam met ander jongmense wat minder geweet het en minder omgegee het.

Wanneer hulle hier tuis was, het hulle – uit respek vir hul ouers – saamgekom kerk toe.

Dis in Seoel dat hy tot inkeer gekom het en sy siel ondersoek het. Een van sy studente, Min Ju Lee, kon nie glo hoe onverskillig die Westerse migrasiewerkers oor hul godsdiens was nie. Sy het geskok uitgeroep: "Why you say you believe? You do not!"

Dit het Gunther aan die dink gesit. Daarna het hy met Taek Geun bevriend geraak, intensief Bybelstudie gedoen, lang gesprekke gevoer, vrae gevra, antwoorde gesoek.

Nou is hy terug waar hy gedoop en aangeneem en voorgestel is. Hy het selfs twintig jaar gelede 'n paar keer die orrel bespeel. Maar toe was dit makliker.

Hy klap die deksel op, skakel die orrel aan en selekteer die registers, druk 'n paar klawers, stel weer vas watter pype vals is of selfs glad nie werk nie. Hy weet waar die deur is wat hom toegang tot die orrelkas gee, maar hy het nie die sleutel nie en dis ook goed so. Hy sal homself vasknoop voor hy daar iets wys word. Die enigste fout wat hy dink hy kan herstel, is een van die pedaalklawers wat slap hang. Gedweë pak hy sy bladmusiek op die staander voor hom. Elkeen kry sy eie werk in Jesus se kerk, en hierdie taak sal hy so goed moontlik moet verrig.

Johan het vir hom 'n lysie gegee. Hy begin met Lied 197, 'n maklike melodie, behalwe dat hy dit moet transponeer, omdat die voetregister gepeper is met dooie note. Mevrou Volker het laggend verklaar dat sy sommige note eenvoudig oorslaan. Sy pa het gedink sy vat mis omdat sy nie kan nie. Al die tyd is sy 'n planmaker en 'n talentvolle orrelis. Sy het die toestand van die orrel verskeie kere onder die kerkraad se aandag gebring, maar die herstelwerk word telkens uitgestel. Een keer het hulle wel 'n stemmer gehuur wat nie sy werk behoorlik gedoen het nie, en haar taak vir haar nog moeiliker gemaak het.

"Soms wil ons die Here dien, ons wil ons beste vir Hom gee." Maar dis asof ander ons dit nie gun nie," het sy gekla. "Buitendien, dis 'n pragtige orrel en ons moet hom red."

Gunther het haar belowe dat hy alles in sy vermoë sal doen om dit reg te kry.

Marta gee tannie Riëtte 'n drukkie, versigtig om haar nie seer te maak nie.

"Ek is seker die operasie sal 'n sukses wees."

"Dankie, my kind, en dankie vir my hare."

"Sal dominee Tannie gaan besoek?"

"Ek verwag dit nie. Tygerberg is ver. Maar hy het belowe."

"Ek sal bel om te hoor hoe dit gaan. Ek kan nie juis wegkom met Moeder nie."

"Ek verstaan, ons verstaan almal jou omstandighede. Nou ja, ek moet gaan, seker maak of my tassie behoorlik gepak is."

Hulle stap saam hekkie toe. Ragel se niggie Tienie Brodie het pas aangekom.

Marta stel hulle voor. "Tannie Riëtte is ons orrelis. Sy gaan vanmiddag Tygerberg toe vir 'n operasie môre."

Tienie verneem besorg of dit ernstig is. Hulle gesels 'n rukkie en dan vertrek Riëtte en dis Tienie se beurt om gepamperlang te word.

"Hoe gaan dit met Ragel?" vra Marta toe Tienie met klaar gewaste hare voor die spieël sit.

"Op en af. Ek is bekommerd."

"Sy't Maandag hier gekuier en jy's reg – sy is op en af."

"Jy moet bid vir haar en Stephan."

"Ek sal," sê Marta met die borsel in die een hand en die droër in die ander.

"Hulle sal mekaar weer vind, ek glo dit," sê Tienie. "Hulle was die lieflikste paartjie, die gelukkigste twee mense – veral toe Frankie eers daar was. Stephan was so lief vir daardie kind, hy sou nooit toegelaat het dat iets hom seermaak nie. Toe tref hierdie ellende hulle en Ragel draai teen hom. Hy het deur hel gegaan, deur 'n tweede hel toe sy weg is. Ek gaan dit nie goedpraat nie, maar hy't troos gesoek by 'n ander vrou en dit gekry ook. Dis verby. Hy wil hom met Ragel versoen, en toe vertel hy haar. Nou weet ek nie wie sy die meeste verkwalik nie – haarself of vir hom. Die vrou was sy vennoot. Sy't intussen haar werk by die apteek bedank en hom daar ook in die steek gelaat. Dit het op die lappe gekom hoekom sy weg is en die helfte van die personeel is aan haar kant. Hy werk hom in die week gedaan, sodat hy naweke hiernatoe kan kom. Soms is ek meer bekommerd oor hom as oor Ragel. Sy pa kom oor twee weke terug van oorsee. Ek wil oop kaarte met hom speel. Sy seun het hom …"

Marta skakel die haardroër af. Dis asof sy daarmee ook Tienie se woordevloed afsny.

"Tevrede?"

"Baie tevrede. Jy sal 'n sukses wees in die stad, weet jy?"

"Ek bly hier," sê Marta.

"En jou vriend?"

"Watter vriend?"

"Die een wat so al om jou gedraai het by die sopkombuis – Gunther, wat die orrel gaan speel."

Marta voel sy word rooi. Is dit so ooglopend?

"Hy is lief vir die dorp, maar hy wil verder studeer."

"O?"

"Vir predikant."

"Ek was ook met een getroud. Dis harde werk vir die vrou ook, maar bevredigend. Jy sal hom natuurlik moet bystaan terwyl hy nog studeer."

"Ons sal sien of dit uitwerk."

Tienie rek haar handsak oop en haal haar beursie uit.

Marta kyk in die spieël. Sy sien haarself in 'n wit rok. Sy en haar bruidegom staan voor die kansel. Weerskante van hulle herken sy Maria se tweelingdogters in strooimeisierokke. Die bruidegom en sy strooijonker het nie gesigte nie. Ciska sit agter die orrel. Een van die twee moet dus Gunther wees – die ander een, Deon.

"Sewentig rand, nè?"

"Korrek."

Tienie oorhandig die geld. "Bid vir Ragel en Stephan. Net die liefde van die Here kan hul huwelik red."

"Ek sal," sê Marta met 'n vroom gesig.

Toe Tienie weg is, gaan maak sy vir haar en haar ma tee. Sy het vyftien minute om by Ciska uit te kom. Daar sal sy dalk verneem hoe dit met Deon en Chanté gesteld is.

"Uitstekend," sê Ciska toe Marta haar uitvra. "Hulle kom die 10de September om 'n onthaalplek te soek. Klink my hulle wil nou hier trou en hulle is haastig. Chanté is deur 'n groot skok met haar pa se skielike afsterwe. Sy het Deon nou elke dag nodig."

Marta veg teen die trane. Hulle het mekaar nodig en sy is 'n simpel vroumens om Deon nie die liefde van sy lewe te gun nie.

"Huil jy?" vra Ciska.

Ja, haar trane het vanself begin loop.

Sy haal 'n snesie uit en keer hulle. "Dis oor die troue, dit maak my so … bly en … hartseer."

Ciska glimlag vir Marta. Sy vat haar hand en hou dit vas.

"Ek gaan vuurmaak onder Gunther, en jy gaan my help."

Vyf en twintig

Donderdag werk Marta soos 'n esel. Sy ontvries die yskas, skrop die oond en pak die kombuiskaste reg. Besig bly, besig bly. Dit is haar motto. Van Gunther hoor sy nie 'n dooie woord nie. Sy was nie op die stoep toe hy verbygedraf het nie – ás hy verbygedraf het. Die telefoon lui nie een keer die hele dag nie. Sy verander die onderwerp as Hetta begin skimp. Negeuur die aand, nadat sy die sewe pakkies jellie vir Vrydag se sopkombuis gemaak het, val sy in die bed – te moeg om 'n vinger te verroer. Sy verbeel haar sy hoor orrelklanke en raak op haar rug aan die slaap, so uit soos 'n kers.

Vrydagoggend maak haar ma haar halfsewe wakker.

"Ek het jou gister gesê jy oordoen dit."

"Moeder, ek is vreeslik jammer. Is Moeder oukei?"

"Hoe lyk ek vir jou?"

Marta rek haar oë. Hetta is netjies uitgevat in 'n wit bloese en 'n wye blou katoenlangbroek.

"Uitstekend. Hoe het Moeder dit reggekry?"

"Stadig, maar seker. Staan op en kom maak vir ons koffie of tee. Ek kan nie die ketel hanteer nie."

Met dié laat wiel sy haar rystoel by die deur uit. Marta kyk haar agterna. Dis byna asof sy weer op die been is. En vir die eerste keer in 'n lang tyd voel Marta sorgeloos. Sy gaan was haar gesig en gooi 'n huisrok oor. Toe lui die telefoon.

Dis Emma.

"Ek wil jou 'n groot guns vra," sê sy. "Ek het probeer om jou nie te pla nie, maar ek loop my vas teen verskonings en jy is my enigste staatmaker. Yvonne het ingestem om my te help. Toe word hul Volvo gister in die Kaap gesteel, en nou is sy en Geert soontoe om hulle skoonseun te vermoor."

"Sjoe, hulle was juis nie lus om die kar vir hom te leen nie."

"SMS sy vir my: 'Sal nie voor Maandag terug wees nie, my skoonseun gaan vermoor.' Van al die verskonings wat ek nog gehoor het, is dit die wreedste. Ag, Marta, ek weet jy wil graag Sondag aan Gunther se sy wees, maar ek kry niemand om my in Yvonne se plek te help nie. Jy hoef niks te bak nie, Bakker maak vleisrolletjies en Dora koeksisters. Kom skink net vir ons, asseblief."

Waarvoor is die bohaai? wonder Marta. Kan dit vir Gunther wees?

"Is dit vir 'n spesiale geleentheid?"

"Gaan kyk op jou kerkalmanak, Martatjie," terg Emma. "Ons skink elke laaste Sondag van die maand."

"Ek en Moeder kom nie juis by die dienste nie, jy weet mos."

Marta voel soos 'n hond omdat sy haar ma voorhou, maar dis haar verskoning wat lieflik boemerang.

"Jy en jou ma kan gerus 'n slag ons rolstoelingang probeer – dit het al verjaar."

"Sy is skaam vir die rystoel, maar ek sal weer met haar praat."

"Ons sien uit na die diens. Gunther en Charles-hulle oefen tot 'n sangitem."

"Hoe gaan dit met tannie Riëtte? Ek wou nog bel."

"Baie goed. Johan was gister daar. Sy sê dankie vir die gebede."

Marta krimp ineen. Vandag misluk sy jammerlik. Sy het nie gisteraand of vanoggend gebid nie. Gister het sy nie een keer eers aan tannie Riëtte gedink nie – en sy het belowe.

"Marta, is jy nog daar?" vra Emma.

Ten minste lê sy nie in die hospitaal soos tannie Riëtte nie.

"Goed, ek sal kom," hoor sy haarself sê. "Ek sal skink."

"Dankie, Marta. Sien jou vanmiddag by die sopkombuis."

Marta sit die telefoon neer en staan nog 'n rukkie agter haar pa se lessenaar. Hy lyk vanoggend vir haar hartseer. Dalk die lig wat so skuins op sy portret val, dalk die onsekerheid wat sedert Woensdag aan haar knaag.

Sy het Deon afgeskryf en sy weet nie of Gunther regtig van haar hou nie.

"Ja, Pappa, ek sal alleen deur die lewe moet gaan. Eendag sal ek oud wees soos Moeder en iewers in 'n tehuis sit en vir almal vertel dat ek eens op 'n tyd verlief was en hard gewerk het en altyd bereid was om te help. Maar dit het my niks gebaat nie."

Haar pa antwoord nie. Hoe kan hy? Tog verbeel sy haar hy verstaan.

Sy kyk na die stapel skoon handdoeke op die hoek van die lessenaar en onthou dat sy gisteraand te moeg was om dit salon toe te vat en dat haar ma in die kombuis sit en wag vir haar ontbyt.

"Wie't gebel?" vra Hetta toe sy met die skoon handdoeke in die kombuis aankom.

"Emma wat wil hê ek moet Sondag by die kerk kom skink."

Sy sit die handdoeke neer, haal jogurt uit die yskas en sit dit op die tafel.

"Het hulle 'n spesiale diens?"

"Nee, hulle skink elke laaste Sondag van die maand. Dit beteken dat ek ná die diens nog 'n uur by die kerk sal moet bly."

"Dania moet maar hiernatoe kom as hul kerk uit is."

"Dis ver om te loop. Teen die tyd dat sy hier is, is ek amper klaar."

"Dan bly ek alleen. Dis nie so erg nie."

"Emma sê Moeder moet saamkom."

"Hoe kom ek die trap op?"

"Met die rolstoelingang by die Du Toit-straatingang."

"O, daardie …"

"Dink daaraan. Emma sê dit werk baie goed."

Marta skakel die ketel aan vir tee. Sy skep muesli en jogurt in papbakkies.

"Kom sy môremiddag vir haar hare?"

"Ja. Hoekom?"

"Ek wil haar vra hoe dit werk."

"Moeder, ek stoot Moeder se stoel teen die skuinste op en in by die deur. Dis al."

"En dan, waar staan my stoel?"

"Seker in die paadjie?"

"Waar ek in almal se pad is. En wat van die toilet? Hoe maak ek daar?"

Marta sug. Sy wil eet en klaarkry en gaan seker maak dat die salon netjies is.

"Vra vir Emma."

"Ek sal."

Gunther sorg dat hy negeuur by die huis is om die deur vir Marta oop te maak. Sy pa is doenig in die groentetuin en hy en Eva kook die vleissous vir die sopkombuis se spaghetti. Hy het onthou om sy voorskoot af te haal, maar staan nog daarmee in sy hande en vee ingedagte die sweet van sy voorkop af.

"Hallo, Gunther."

Sy lyk pragtig in haar somersrokkie – die oulikste mandjie in haar hande.

"Hallo, Rooikappie, bring jy vir Ouma eetgoed?" groet hy verspot.

"Ag, jy," sê sy verleë.

"My ma wag vir jou."

Hy hou die deur wyd oop. Die geure uit die kombuis is heerlik.

Sy snuif die lug. "Julle vleissous ruik lekker."

"Eva se resep, maar ek leer."

Hy is amper seker hy kan Marta se katjiepiering deur die uiereuke uit die kombuis waarneem. Hy klop aan Ciska se kamerdeur.

"Dis Marta, Mamma."

Ciska sit in haar stoel langs haar ronde tafeltjie. Sy glimlag asof sy hulle vir die eerste keer in jare weer sien.

"My kinders," sê sy en maak haar arms oop. "Jy lyk so mooi vandag, Marta. Lyk sy nie pragtig in die pienk nie?"

Gunther is bevrees sy ma oordoen dit, maar hy behou sy waardigheid.

"Ek wou vir haar sê."

"Wat?"

"Dit pas haar."

"Dankie," sê Marta, 'n blos op haar gesig. "Maar ek is bietjie haastig, ek verwag tienuur my volgende kliënt."

"Nou toe, laat ons was. Eva het Gunther gevra om te help sodat sy die sous kan dophou."

"Ek dink sy is moeg van heeloggend op haar bene wees."

Gunther vat die rystoel vas en stoot sy ma badkamer toe. Hy hoor hoe Marta vir Eva in die kombuis groet en dit voel so reg, dit voel of hulle saam hoort. Marta bly in die badkamerdeur staan, terwyl hy sy ma na die ander stoel oortel. Sy is nie swaar nie, maar ongemaklik.

"Marta het my verlede Vrydag alleen behartig," sê Ciska.

Sterk vrou, dink Gunther geamuseerd. Hy het al gesien hoe sy kan werk.

"Roep my as julle klaar is, dan kom help ek weer."

Hy voel skielik ongemaklik so in die badkamer saam met sy ma en die meisie op wie hy die laaste paar dae smoorverlief geraak het.

In die kombuis is Eva besig om 'n skinkbord met teegoed te dek. "As sy jou ma klaar gewas en gekam het, vra jy haar of sy wil tee drink."

"Ek sal probeer, maar sy is haastig vir haar volgende kliënt."

"Ja, jy sal moet hardloop om haar te vang, sy's altyd so haastig."

Dit werk ook so uit. Marta kan onmoontlik bly om saam met hulle tee te drink.

"Ek kan nie my kliënt laat wag nie." Sy pak haar mandjie en vou die handdoeke wat hulle gebruik het, op. "Ek moet gaan."

"Stap saam, Gunther," sê sy ma.

"Ek wou dit voorstel."

"Totsiens, Ciska."

"Sien jou Sondag by die kerk."

"Ja, laat ons hoop."

Dit maak sy hart warm toe hy sien hoe Marta sy ma met 'n soentjie op die wang groet.

By die deur draai sy na hom. "Dis regtig nie nodig om saam te loop nie."

"Nee, jy kan nie alleen nie."

"Gunther, ek doen dit al vyftien jaar lank en dis net om die hoek."

Hoogtyd dat dit verander, dink hy.

"Nes jy dit verkies," sê hy dan. "Maar ek kom vat jou en jou sewe bakke jellie twaalfuur sopkombuis toe. Geen beswaar nie."

Marta het nooit kon droom dat die sopkombuis haar so opgewonde sal maak nie. Maar sy het selfs 'n ander rok aangetrek vir die okkasie – nadat sy hóé lank voor haar klerekas gestaan het. Gunther het haar, getrou aan sy belofte, op die kop twaalfuur kom haal en daarop aangedring om die koelbokse met die poedings te dra.

"Ek is gewoond daaraan om dit self te dra," wou sy nog beswaar maak.

Maar hy het, tot Hetta se vermaak, voet by stuk gehou.

Die middag het omgevlieg en toe hy haar terugbring, het sy vir hom koffie gemaak.

"Van daardie klapperkoekies van jou ook," het hy gegrap.

Dit was so lekker om die blikke oop te maak en die koekbordjie vol te laai. Hy het dadelik een gevat en geëet.

"Vandat ek draf, voel ek nie meer skuldig oor soetgoed nie," het hy gesê.

"Ek is weer te lief vir sjokolade," het sy gesê.

"Dit lyk nie of jy baie eet nie."

"Hoekom nie?"

"Jy's so pragtig skraal."

Sy wou haarself in die koskas druk van skaamte, maar het ewe nonchalant vir hom dankie gesê.

Hulle moes die skinkbord met koffiegoed televisiekamer toe dra om by haar ma te gaan sit. Maar dit was ook lekker, want Hetta was in so 'n goeie bui, hulle het selfs oor die ou dae gesels. Gunther is halfses eers weg met die verskoning dat hy haar waarskynlik eers Sondag in die kerk weer sal sien.

"Ek en die orrel het nog 'n paar lesse om mekaar te leer, en môre is D-dag."

"Toe maar, ek gaan môre baie besig wees met almal wat Sondag wil mooi lyk."

Dis waar sy nou is, vroegmiddag in die salon besig met Tienke se krulle en gedagtes aan hom. Niemand kom agter dat sy vandag stiller as gewoonlik is nie, en dis goed so. Sy wil net mooi niks oor verhoudings sê nie, want sy is nie seker nie.

Tienke kwetter vrolik oor haar suster en dié se verloofde wat hulle Desember-kuier vervroeg het en Maandag op die lughawe sal wees. Daar is sprake dat hulle hul in Suid-Afrika wil vestig. Daaroor is Tienke baie opgewonde.

"Ons het Maria-hulle so lanklaas gesien," sê Hetta verlangend.

"Tannie moet bid, dan kom sy."

"Ek dink so, ek dink jy is reg."

"Hallo, al die dames!"

Dis Emma wat instap, reguit na Hetta, wat vir haar beurt sit en wag, en intussen die saamgesels geniet. Dis hul kuiermiddag en vandag gaan dit eens so gesellig.

Emma gee Hetta 'n stywe druk. "Johan wil vir Tannie kom kuier," sê sy. "Hy sal vroeg volgende week bel om 'n afspraak te maak."

Dit lyk of Hetta haar nie hoor nie. "Gaan Gunther Swanepoel nou hierdie Sondag die orrel speel?" vra sy.

Moeder tog, dink Marta, Gunther was gister hier en toe hét hy gesê. Maar sy hou haar mond, netnou kom dit uit dat hy hier gekuier het.

"Ek het hom hoor speel en hy mag maar," sê Emma.

"Ek sal hom graag ook wil hoor."

"Tannie kan mos kerk toe kom."

"In die rystoel?"

"Ja, Marta bring Tannie met die kar en stoot die stoel met die tuin-paadjie langs tot by die Du Toitstraat-ingang. Maklik, julle gaan by die sydeur in. Tannie Ciska kan ook nie wegbly nie. Sy kom definitief."

Hetta lyk onseker. "Is daar plek vir ons almal?"

"Beslis! Die paadjies is wyd genoeg aan die muur se kant. Oom Herkie kom gereeld op sy krukke."

"Ek kan nog loop, maar ek wil nie. Ek's bang ek val."

"Tannie loop nie, Tannie ry in die rystoel."

"Almal sal vir my kyk."

"Dan kyk hulle!"

Dis Emma se beurt by die wasbak. Hetta raak stil terwyl Emma vir Marta die prosedure by die teeskinkery verduidelik. Maklik, sy ken die kerk se kombuis. Sy hoef ook nie voor die tyd te kom nie, Emma en Rosie sal die koppies regsit.

"Wat van my as jy môre gaan tee skink?" vra Hetta.

"Moeder kom saam, en ek stoot die stoel naby die teetafel. Daar sal geselskap wees."

"As Ciska Swanepoel kan, kan ek ook," sê Hetta uit die bloute.

"Sien Moeder nou kans vir 'n geskinder?"

"Mense wat kerk toe gaan, behoort nie te skinder nie."

Daarmee is dit afgehandel. Die res van die middag moet Marta Hetta se kerkklere uitpak en wys. Sy kies drie pakkies, pas al drie aan en besluit op die een met die lang romp. Die soom is uitgerafel en een van die baadjie se knope is af. Marta was die klere en doen die herstel-werk. Sesuur hang dit netjies aan Hetta se klerekasdeur en hulle eet kaasbroodjies en kyk televisie.

Teen negeuur besluit Hetta sy moet vroeg gaan slaap om Sondagog-gend vroeër as gewoonlik te kan opstaan. Marta help haar bed toe. Sy wil seker maak dat die voordeur gesluit is, maar sy gaan staan eers op die koel voorstoep en asem die aandgeure in. Die sterre hang laag in die lug, die volmaan ook. Sy dink sy hoor orrelklanke – sag in die rigting van die kerk. Oefen Gunther of hoor sy sy musiek in haar gedagtes?

Met dié draai sy om, sluit die voordeur, skakel die laaste ligte af, gaan sit op haar bed en tik 'n SMS.

Hallo Gunther, ons gaan môre kerk toe, sal duim vashou … Sy vee die "duim vashou" uit en skryf liewer *bid dat die orrel nie nukke uithaal nie en dat jy goed speel. Geniet dit, Marta.*

Sy lees die SMS 'n paar keer deur voor sy dit stuur.

Gunther kry die SMS toe hy sy musiekboeke oppak. Die orrel dreun nog saggies. Sy hande tintel van die twee uur lange oefening – een uur saam met die voorsangers, George en Wanda, en toe nog een uur op sy eie. Die selfoon voel klein en glibberig toe hy dit optel.

Mevrou Volker het gebel en Johan en Emma het hom sterkte toegewens. Hy verwag nie veel ander oproepe nie, behalwe een. Sou Marta hom skielik wil vermy omdat hy so simpel was om haar te SMS en te vra of sy en Hetta gaan kerk toe kom? Hy kyk ingedagte na die boodskap. Seker sy ma wat wonder waar hy bly.

Hallo Gunther, ons gaan môre kerk toe, sal bid dat die orrel nie nukke uithaal nie en dat jy goed speel. Geniet dit, Marta.

Hy snak na asem, sy wange en voorkop voel warm. Dis Marta. Sy raak hom aan, sy is hier. En nou weet hy sy gee om.

"Dankie, Here!"

Sy hand bewe so dat hy sukkel om die SMS te antwoord en moet eers diep asemhaal voor sy duime stil genoeg is om behoorlik te kan tik.

Baie dankie, Martha, ek waardeer dit. Baie dankie dat jy vir my bid. Sien jou môre, Gunther. Hy lees dit oor en vee die middelste "Baie dankie" uit.

Baie dankie, Martha, ek waardeer dit dat jy vir my bid. Sien jou môre, Gunther.

Toe vou hy sy hande en bid ernstig tot sy Vader in die hemel om hom môre by te staan tot stigting van die gemeente en die ondersteuning van sy familie en vriende en veral ter wille van Marta.

"Hemelse Vader, neem my hande in u hande, ook die instrument wat so gruwelik verwaarloos is. Gee dat ons – al is ons nie op standaard nie – saam hemelse musiek maak tot eer en verheerliking van u Naam. Gee ook asseblief dat tannie Riëtte spoedig volkome sal herstel en dat die kerkraad my verslag oor die toestand van hierdie kosbare orrel ter harte neem. Ek bid dit, nie omdat ek dit verdien nie, alleen uit genade. Amen."

Hy sit 'n ruk lank en laat die stilte van die gebou hom omvou en kalmte sag maar seker op hom neerdaal. Hy weet nou dat dit môre goed sal gaan. Oor vyf of ses jaar sit hy nie meer op dié bankie nie, maar staan hy op die preekstoel. Tog is die musiek ook 'n vorm van verkondiging en dit sal geseënd wees soos elkeen wat die boodskap bring – op welke manier ook al – geseënd sal wees.

Gunther maak die orrel toe. Hy vat sy tas en die sydeur se sleutel en staan op.

Gerda Schoonraad het vroeg vandag 'n pragtige blommerangskikking gemaak. Hy staan dit en bewonder toe hy koue rillings teen sy ruggraat voel. Iemand is besig om die sydeur oop te forseer. Hy hoor dit aan die suiggeluid wat dit maak as dit van die kosyn af wegtrek. En hy het genoeg berigte van moord en doodslag op die platteland gelees om te besef dat hul vreedsame dorpie ook in gevaar is. Verskriklik dat rowers nie eens 'n kerk ontsien nie. Sal hy hulle konfronteer of self soos 'n dief hier uitsluip?

"Here, wys my wat om te doen."

"Gunther? Gunther, waar is jy?"

Die stem is onseker, byna te sag. Hy skaam hom toe hy sy pa se stem herken. Miskien is sy senuwees effens uitgerafel. Hy tree uit die skaduwee. "Hier, Pa, ek is op pad huis toe."

Sy pa sê eers niks, staan net en wag. Hy lyk vir Gunther skielik so klein. Toe hy byna teen hom is, sê hy gedemp: "Ek dag ek kan nog luister hoe jy speel."

"Ek het die orrel vyf minute gelede afgeskakel."

"O, toe sit jy en rus?"

Sy pa praat fluisterend, met respek vir die gebou, besef Gunther.

"Nee, Pa, toe bid ek tot die Here om môre my hande te wees. Die orrel is regtig nie meer wat hy moet wees nie. Ek het gevra dat die orrel ook foutloos moet werk."

"Ja," sê sy pa. "Dis goed. Dit sal goed gaan."

Toe hulle om die hoek kom by die boogingang, vloei die naggeluide oor hulle. Sy pa het die deur laat oopstaan. Die wind het 'n paar los blare na binne gedwarrel. Gunther besluit om dit te ignoreer. Hy knyp sy tas teen sy blad vas sodat sy hande kan los wees om die deur toe te trek.

"Gee die sleutel vir my," sê sy pa.

Hy doen dit en sy pa sluit.

Gunther staan en kyk. Sy hand sweet soos hy sy musiektas vasklem.

"Dankie, Pappa."

Maanlig val teen die kerk se wit muur. Dit raak aan sy pa se skouers. Sy hare is so wit soos sneeu en platgedruk op die kroontjie agter sy kop. Hy draai om en glimlag. "Ek wil dit vir jou sê, ou seun. Ek sal môre 'n trotse pa wees – en ek bid tot die Here dat ek eendag in die kerk sal sit as jy vir die eerste keer preek."

Toe loop hulle saam terug huis toe, sonder veel praat, maar met 'n gevoel van gemeensaamheid wat Gunther lanklaas tussen hom en sy pa ervaar het.

Hy is dankbaar dat dit donker is en sy trane ongemerk op sy wange kan droog word.

Ses en twintig

Marta lees Gunther se SMS vir die derde keer. Nee, sy sal nie nog een stuur nie, besluit sy. Maar sy is opgewonde. Hetta ook, dalk om dieselfde rede – oor Gunther. Dit was altyd te veel moeite om te gaan, maar skielik wil sy môre in die kerk wees. Sy het selfs vandag gesê sy wonder hoe preek Maria se Friedrich nou. Sy het hom een keer gehoor toe sy nog kerk toe kon loop en Oudominee hom 'n preekbeurt gegee het. Johan kan mos ook – as Friedrich eendag kom kuier? Marta het haar amper weer vertel dat hulle op pad is. As Maria nie die naweek bel nie, bel sy haar Maandagoggend, al kos dit haar 'n lang langafstandoproep.

Marta wil die seunskamer vir Maria en Friedrich inrig. Dit lyk nog dieselfde as twintig jaar gelede. Die geweefde gordyne, lank gelede helderrooi en bruin en geel gestreep, is bleek gewas – so ook die beddekens. Haar broers se versameling skulpe en stokke en ander opdrifsels staan in netjiese rye op die gordynkap uitgestal. Daar is foto's van sportspanne en gradeplegtighede teen die mure, 'n ou landsvlag. Marta het dit een keer afgehaal, maar die muur agter was so lelik verkleur dat sy dit weer opgehang het. Sy het die plakkers teen die kasdeure afgeskrop en die deure weer gespuitverf. Dit is blinkskoon. Die res van die kamer kort 'n goeie laag verf. Die karige meubels – twee enkelbedjies, twee lessenaars met regop stoele, 'n spieël agter die deur – lyk armoedig. Nuwe gordyne en dekens en nuutgeverfde mure sal wondere verrig.

Maar miskien is dit hul verdiende loon om in die tronkagtige kamer te kom slaap.

Miskien sal hulle dan weet hoe dit voel om 'n gevangene te wees – in slawerny gedompel.

Sy sal haar en Maria se ou kamer vir die meisies inrig. Hoewel die gordyne en dekens ook al dun gewas is, is dit goed genoeg vir die tweeling. Gelukkig kom die seuns nie saam nie, want vir hulle sou sy kermisbeddens in die televisiekamer moes maak.

Tien voor nege is te vroeg vir haar om te probeer slaap. Sy grawe vir haar 'n roman uit haar truielaai, klim in die bed, maak haar gemaklik teen die kussings en skakel die leeslampie aan. Dis toe sy die boek oopmaak om te begin lees dat sy haar Bybel op die bedkassie raaksien. Sy wil vinnig wegkyk, maar 'n verskriklike skuldgevoel oorval haar. Die Bybel lê altyd op haar bedkassie. Sy hanteer dit gereeld, lig dit op, stof dit af, belowe haarself om meer dikwels te lees wat daarin staan. Dis moeilik omdat sy nie tyd kry nie en wanneer sy tyd kry, wil sy liewer ontspan as om gedurig daaraan herinner te word dat sy tekort skiet. Sy ken die Bybel. Sy ken elke verhaal op die punte van haar vingers. Voeg daarby die antwoorde in die kategismus, die tien gebooie en die geloofsbelydenis en jy sal dink sy weet genoeg om vir haar 'n plek in die hemel te bevestig. Maar Marta is onseker. Ná al die jare se skietgebede verstaan sy steeds nie wat God van haar verwag nie. Sy kan nie Moses se wet gehoorsaam nie, dit vra te veel. Jesus ook, Hy verwag te veel van haar.

Wanneer sy die Bybel oopmaak, wag daar meesal 'n aanklag.

Te min, Marta, jy doen te min.

Maar sy gee soveel. Hoe kan dit steeds te min wees? Sy is Marta – die vrou wat kos maak en tafel dek, terwyl haar suster in die geselskap sit.

Op besoek by Marta en Maria.

Marta het dié gedeelte in die Bybel al stukkend gelees. Vanaand val dit weereens oop by Lukas 10, waar geskryf staan hoe Jesus by sy vriende Lasarus, Marta en Maria tuisgaan en Marta rondskarrel om beddens op te maak en aandete te kook terwyl Maria sit en luister wat Jesus te sê het.

Marta gee, Maria ontvang.

Natuurlik wil sy Jesus ook leer ken. Maar wanneer moet sy by sy voete gaan sit en kennis insamel? Sy moet die huis skoonhou, kos kook en klere was en stryk. Sy moet haar ma oppas en versorg. Sy moet Emma help met byeenkomste by die kerk, die oumense in die ouetehuis se hare en baarde gaan sny.

Jesus verwag van haar om 'n diensmaagd te wees – en sy doen dit. Hy verwag ook van haar om die koninkryk te soek.

Sy wil, maar dis asof sy dit nie kan raakvat nie. Gunther sal sê sy soek nie hard genoeg nie. Maar as sy heeldag in die Bybel sit en lees, gaan haar pligte haar inhaal. Die wasgoed sal nie betyds in die wasmasjien kom nie, die vleis nie op die regte tyd in die pot nie, die sop sal nie twaalfuur gereed wees vir Johan om aan te ry kerksaal toe nie. Haar ma sal heeldag ongewas in die bed bly lê.

Marta wil Jesus soos die Bybelse Marta vra of dit Hom nie hinder nie, dat sy gekies is om soos 'n slaaf te werk en niks daarvoor in ruil kry nie? Sy is die vrou wat in die deur staan en vra: "Here, hinder dit U nie dat my suster my alleen laat bedien nie? Sê sy moet my kom help!"

Die antwoord ken Marta teen die tyd uit haar kop: "Marta, Marta, jy is besorg en bekommerd oor baie dinge, maar net een ding is nodig. Maria het die beste deel gekies, en dit sal nie van haar weggeneem word nie."

Alles goed en wel, Here Jesus. Maar netnou is almal honger, dan wil hulle eet, moeg en dan wil hulle slaap. Gekookte maaltye en opgemaakte beddens val nie uit die lug nie. Iemand moet sorg!

Versigtig sit sy die Bybel op die bedkassie neer, vou haar hande saam en bid saggies.

"Liewe Here Jesus, ek verstaan wat U bedoel met die antwoord wat U vir Marta van die Bybel gegee het – dus vir my ook. U wil hê ek moet my prioriteite regkry en balans in my lewe vind. Maar dis so onmoontlik, Here Jesus. Ek wil U ken, maar ek het so ver agter geraak. Hoe sal ek ooit kan inhaal wat ek verloor het? Kan ek terugloop op my spore en alles uitwis wat gebeur het? Kan my pa weer terugkom en ek weer sorgloos en jonk wees sonder al hierdie verantwoordelikhede? Kan my drome waar word? Kan alles vir my nog uitwerk soos vir enige ander jong meisie? Ek twyfel, Here, ek twyfel."

"Jy moenie vir 'n oomblik twyfel nie, Gunther. Jy is 'n baie talentvolle pianis en jy het hard geoefen. Alles sal goed gaan." Ciska knipoog. "As Riëtte Volker dit kan doen, kan jy ook."

Gunther grinnik. "Sy en daardie orrel het saam oud geword. Ek het pas met hom kennis gemaak."

"Sy het jou gewaarsku teen sy nukke."

"Ja, maar hy ontwikkel steeds nuwes."

Ciska sit al 'n halfuur in die bed en wag vir Gideon wat nog stort. Sy trek die laken oor haar netjies reg. Gunther let op hoe skraal haar hande is, wit en dun. Hulle was so sterk, hulle kon die orrel laat praat, soms 'n geniepsige raps of twee uitdeel as hy en Deon die perke oorskry het. Nou het net die sagtheid oorgebly.

"Ek was gelukkig," sê sy dan. "Toe ek gespeel het, was die orrel in 'n puik toestand. Dis Oudominee wat gesorg het. Hy was self musikaal, kon nogal 'n paar note druk. Ek dink Johan en Emma se prioriteite lê elders."

"Ek het met Johan gepraat en hy was redelik verleë oor die sakie. Lyk my die probleem is finansies. Weet Mamma, ek het in die kort tydjie so lief geword vir daardie orrel, ek is bereid om te betaal as hulle kundige mense aanstel om die werk te doen."

Ciska kyk verbaas op. "Wat van jou studies? Jy wil volgende jaar gaan leer."

MARTA237

"Mamma moenie bekommer nie, ek het genoeg gespaar om my van 'n goeie begin te verseker. Ek sal werk soek, ek sal net twee jaar voltyds studeer."

Ciska steek haar hand uit sodat hy dit kan vat. "Ek sal vir jou bid dat dit môre goed gaan en oormôre en die dag daarna. Ek wil hê jy moet gelukkig wees."

"Ek ook, ek wil julle gelukkig maak."

Sy sê niks, maar hy vermoed wat sy dink. Sy wil hê hy moet gebalanseerd leef, liefde vind, trou en kinders kry. Hy sal haar nie vertel hoe freneties hy in 'n stadium vrou gesoek het nie, hoeveel meisies vir 'n paar maande by hom ingetrek het om net weer hul goedjies te vat en te loop nie, hoeveel keer hy met trane afskeid geneem het, selfs een keer 'n verloofring gaan koop het wat hy toe nooit oorhandig het nie. Hy het gedink hy ken meisies, maar hy maak altyd die verkeerde keuse.

Hy is so bang hy doen dit weer.

"Mamma moet lekker slaap," sê hy en gee haar die gebruiklike soentjie op haar voorkop.

"Nag, Gunther, jy ook."

Toe hy omdraai staan sy pa in die deur, geklee in 'n lang pajamabroek, sy hare nog klam van die stort.

"Daar is nog warm water," sê hy.

"Dankie, Pappa. Pa moet lekker slaap."

"Jy ook, jy het rus nodig vir môre se storie. Maar ons sal daar wees vir jou, ou seun. Net jammer Deon kan nie ook saamgaan nie. Eerste keer in jare dat jou ma dit kerk toe waag."

"Ek sal, vir die troues ook – én vir jou begrafnis."

"Waar hoor jy van my begrafnis?"

"Dit kom vinnig as jy nie nou dadelik jou pajamabaadjie aantrek nie."

Gideon sug en skud die baadjie uit. "Gunther, kry vir jou 'n vrou, dan sal jy weet wanneer jy koud kry."

Gunther kan net glimlag. "Nag, Pa."

"Nag, Gunther. Ek kom maak jou sesuur wakker."

"Dankie, Pa."

Hy sal lank voor sesuur wakker wees, maar hy gun sy pa die ple-
sier. Hy wens hy kan 'n ent gaan stap, sy kop skoon kry, kalmte kry.
Maar hy is bang hulle hoor hom uitgaan en lê wakker en wag. Om
hulle gerus te stel, stort hy en gaan dadelik kamer toe. Daar haal hy sy
skootrekenaar uit en laai e-pos af.

Taek Geun se lys name van vervolgde Christene word al langer.
Maar dié keer het hy ook goeie nuus bygevoeg. Hy het 'n lieflike
Christen-meisie ontmoet. Haar naam is Myeong Seon Park en sy het
die mooiste oë en die soetste glimlag, 'n stem soos 'n nagtegaal. Hy
gaan haal haar by haar kamer vir hul Bybelstudiebyeenkomste, dan
stap hulle. Dis wonderlik om saans as hulle terugkom, by 'n straat-
kafee te stop, tee te drink en te gesels. Sy het die kleinste handjies en
voetjies. Sy is so fyntjies en vroulik.

Gunther is opreg bly om te hoor dat Taek Geun 'n vriendin het. Hy
wens hy kan die meisie vertel hoe gelukkig sy is om hom te kry, hoe
gelukkig hulle albei is. Sonder dat hy bewustelik aan haar dink, doem
Marta voor sy geestesoog op. Hy sien haar ingetoë sit, glas in die
hand, stadig klein teugies neem van Herman se goeie landgoedwyn.
Haar hare val soos 'n gordyn oor haar skouers. Die kerslig op Andrea
se tafel versag die blos op haar wange, sy luister wat Herman te sê
het, hou haar kop skeef, 'n ligte frons tussen haar oë. Hy onthou die
eerste aand toe hulle vergadering gehou het by Emma-hulle, hoe sy
die koppies bymekaar gemaak het en kombuis toe geneem het. Sy was
vies oor haar stofsuier en hy kon dit gelukkig heelmaak. Hy dink hy
het daar 'n bietjie waardering gewen. Sy het vir hom 'n SMS gestuur
om hom sterkte toe te wens vir môre. Sy dink tog seker ook aan hom?

Gunther skryf 'n lang brief vir Taek Geun. Hy wens hom geluk met
Seon Park. Hy vertel hom van Marta.

Sewe en twintig

Hetta is stil, sy sê nie 'n woord nie. Vandat Marta haar in haar rystoel gehelp het en begin aanstap het, sit sy asof versteen. Hulle is vroeg. Hier en daar staan 'n kar geparkeer en daar is niemand wat hulle te hulp snel of 'n praatjie kom aanknoop nie. Toe Marta die rystoel aan die Du Toitstraat-kant van die kerkgebou opstoot, kom Tienke aangedraf. Sy is geklee in 'n ligte somerrok en plakkies.

"Marta! Tannie Hetta!" groet sy. "Julle het gekom!"

Kaplaks! soen sy vir Hetta en slaan dan haar arms om Marta om haar 'n drukkie te gee.

Sy ruik na vars gebakte vleispasteitjies.

"Ons is vroeg," sê Marta.

"Goed so, dan kan julle rustig instap – nie hardloop soos ek nie. Sal julle my verskoon, ek wil gou gaan stort. Ons bak al van vanoggend vieruur af. Bakker is nog besig om op te ruim."

En weg is Tienke.

"Gaan hulle betyds wees vir kerk?" vra Hetta.

"Sy's gewoond aan hardloop."

"Waarvoor so vreeslik?"

"Vir die teedrinkery ná die diens. Hulle het die worsrolletjies gemaak en sy't dit seker kom aflewer. Gee Moeder om om 'n rukkie hier in die skaduwee te sit dat ek gou gaan kyk of Emma my nodig het in die kombuis?"

"As jy moet. Onthou dat ons toilet toe gaan voor ons ingaan."

Marta los haar Bybel en handsak op Hetta se skoot en drafstap so flink soos haar hoëhakskoene haar kan dra om die hoek na die kombuisingang. Die deur staan oop en sy kan Emma en Rosie sien rondbeweeg. Tannie Dora is ook daar. Hulle gesels en lag so lekker, die warmte van hul samesyn is aansteeklik. Marta loer om die deurkosyn.

"Ek kom aanmeld vir diens," sê sy.

"Ná kerk, Marta!" raas Emma kastig.

"Het julle nie nou hulp nodig nie?"

"Als is gedoen. Rosie sal die teewater aan die kook hou en die oonde betyds aanskakel om die pasteitjies op te warm. Is jou ma hier?"

"Sy wag vir my langs die kerk. Sien julle later."

Emma tel teesakkies af terwyl tannie Dora en Rosie toekyk. Hulle het duidelik alles onder beheer. Die lang tafels in die saal staan netjies gedek met hier en daar selfs 'n bossie blomme, sien Marta toe sy verbyloop.

Die saal wat deel is van die kerk se gebouekompleks, is ruimer as die een wat die gemeente destyds by die Engelse kerk gekoop het en vir gemeenskapsdiens soos die sopkombuis gebruik. Hier kom die gemeente byeen vir byeenkomste wat uitsluitlik vir die gemeente bedoel is. Sommige besoekers verstaan nie dat die kerk en sy buitegeboue spesiaal opgepas moet word nie. Een keer het 'n besoekende gospelsanggroep hier gesing en toe is al wat leef en beef uitgenooi. Agterna het Emma gekla oor die toestand van die toilette en die vertrapping van die tuin. Koster Olwagen was ontsteld oor plasse tee en koeldrank op die saal se mooi houtvloer. Daar is toe besluit dat dit beter is om konserte en kermisse na die Engelse saaltjie te verskuif. Niemand het daaroor beswaar gemaak nie. Almal is in elk geval welkom by die Sondagdienste. Marta voel vandag tuis omdat sy laas week ook hier was en vandag spesiaal benodig word. Dit was toe nie so moeilik om haar ma saam te bring nie. Al wat hulle moes doen, was om 'n uur vroeër op te staan.

So ingedagte stap sy om die hoek dat sy nie die man sien voor sy in sy arms beland nie.

"Jammer!"

Dis Gunther in sy ligblou hemp, 'n das om sy nek, sy baadjie oor sy een arm. Vir 'n oomblik is Marta skoon verward. Hy hou haar 'n rukkie vas en dis goed. Dit voel asof sy hier hoort, in Gunther se arms.

"Amper val ons."

"Gelukkig nie."

Hy verslap sy greep. Amper beland sy baadjie op die grond. Marta wil keer, maar hy is gou genoeg om dit te gryp.

"Het jy seergekry?" vra hy.

"Nee, het jy?"

Hy skud sy kop. Sy oë is helder.

"Ek't nie gekyk waar ek loop nie."

"Ek ook nie."

"Ek't nou net met jou ma gepraat. Sy't gesê jy's kombuis toe."

"Hulle het my toe nie nodig nie."

"Jy skink glo ná die tyd?"

"Ja."

Hy kyk weg, ongemaklik. Verbeel sy haar of staan hulle en nonsies praat?

"Dit sal goed gaan met die orrel speel," sê sy met die doel om die gesprek af te sluit.

"Hoop so."

"Ek sal nie hoor as jy 'n fout maak nie."

"Ek sal vir jou speel. Ek sal weet jy luister."

"Het jou ma toe gekom?"

"Hulle is hier – sy en my pa. Hulle hou jou ma geselskap tot jy terug is."

Marta se oë rek, sy probeer om nie verbaas te lyk nie.

"Nou ja, laat ek die orrel aan die gang gaan kry."

Hy het die aantreklikste glimlag. Sy oë is die helderste blou en die haarstyl wat sy vir hom uitgedink het, pas hom uitstekend.

"Jou ma sal trots wees – ek ook."

Marta trap amper skeef toe sy vinnig omdraai en aanstap.

Wat besiel haar om altyd haar mond verby te praat? Maar miskien is dit vandag 'n dag van wonderwerke? Meneer Swanepoel, oom Ollie en tannie Olwagen staan om haar ma en Ciska se rystoele en gesels asof hulle mekaar elke Sondag by die kerk ontmoet. Marta verstom haar die meeste aan haar ma wat ewe vriendelik met Ciska praat. Toe sy naby is, sien sy dat Ciska en Hetta hande vashou. Almal kyk na haar en groet vrolik.

"Het Gunther jou gekry?" vra meneer Swanepoel.

"Hier anderkant."

"Hy't nie gesê hy soek my nie."

"Jou ma was bekommerd."

"Moeder, ek sal Moeder mos nie hier los nie."

"Maar die mense het begin aankom," sê Hetta.

"Toe gesels ons darem," keer Ciska met haar sagte glimlag.

"Tyd vir die tweede gelui," kondig oom Ollie aan en kies koers kloktoring toe.

Tannie Olwagen kyk hom agterna. "Hy is volgende Sondag twintig jaar lank koster," sê sy trots. "Tyd vlieg."

Meneer Swanepoel knik. "Ja, kyk nou vir ons en Hetta. Ons kry mekaar vandag hier ná soveel jaar, ons kan nie eens uitwerk hoe lank terug ons laas hier was nie!"

Hetta lyk so sedig dat botter nie in haar mond sal smelt nie.

Die tweede gelui bars uit die kloktoring los en almal kyk soontoe. In haar verbeelding sien Marta die klok swaai en swaai – oom Ollie met die tou stewig in sy hande.

"Sal ons ingaan?" vra meneer Swanepoel.

Gunther sit op die orrelisbankie, reg voor in die kerk. Toe die twee-
de gelui wegsterf, is dit asof kalmte op hom neerdaal. Nog 'n paar
minute, dan moet hy en die orrel lostrek en speel. George en Wanda
kom by die sydeur in en kom sit reg agter hom. Hulle fluister 'n groet
voor hulle albei in stilgebed buig. George het vroeg vanoggend die
luidsprekerstelsel 'n laaste keer kom toets. Toe hy klaar is met sy ge-
bed, fluister hy vir Gunther dat alles in orde is.

Gunther staan eerste op en gaan sit voor die orrel. Hy kan voel
hoe die gemeente vir hom kyk. Nie almal weet dat hy Ciska se seun
is wat musiek studeer het nie. Hy hoor iemand kliphard vra: "Waar is
tannie Riëtte?"

Hy maak die musiekstuk oop en speel een van Brahms se pragtige
koraalvoorspele, die heel laaste werk wat hy voltooi het voor sy dood.
Dis lieflike, strelende musiek en die orrel gedra hom soos 'n heer of
is sy 'n dame?

Ná die laaste gelui, verskyn Johan op die preekstoel. Hy verduidelik
vir diegene wat nog nie weet nie, dat mevrou Volker – tannie Riëtte
soos almal haar ken – 'n operasie aan haar elmboog moes ondergaan
en dat Gunther Swanepoel, jongste seun van hul vorige orrelis, vir
haar instaan. Dit gaan goed met tannie Riëtte en sy sal spoedig weer
op haar pos wees. Hy kondig aan dat hulle met Lied 203 begin:

Loof die Here, al wat lewe,
wil Hom dank en hulde bring –

Gunther speel uit sy hart. Die gemeente voel sy entoesiasme aan. Hul-
le sing uit volle bors. Die kerk blom van binne, musiek borrel by die
vensters uit. Hulle sing al vyf versies. Elkeen hartstogteliker as die
vorige een.

Loof Hom, prys Hom! Loof en prys Hom –
o my siel, bly Hom besing!

Johan wys vir die gemeente om te sit. Die voorsangers bly staan. Gunther speel saggies en George en Wanda sing weer die vierde vers.

Mense, soos die veld se blomme,
bloei maar vir 'n korte tyd;
ewig oor ons kleine kommer
waak Gods goedertierenheid:
Loof Hom, prys Hom! Loof en prys Hom –
ewige geregtigheid.

Toe die laaste orreltone wegsterf, is almal in die kerk stomgeslaan. Nie een van hulle het besef dat George en Wanda so mooi kan sing nie.

Johan bid: "Ons is soos veldblomme tydelik op hierdie aarde, maar terwyl ons hier is, wil ons U, soos hulle, met alles wat ons is en het, loof en prys. U oorlaai ons met u goedheid, U sorg dag ná dag vir ons. U is goed, U besluite is goed. U liefde sonder einde. Amen.

"Ons sing Lied 207 verse 1, 4 en 5: Eer aan die Vader, wat alles gemaak het."

Die lied is 'n volvoering, 'n klimaks, 'n simfonie ter ere van God. Gunther waag dit met die orrel, hy speel hard en uitbundig – en die gemeente volg hom na. Die mure van die kerk bewe soos hulle sing. Gunther speel en terwyl hy speel, dank hy God vir die wonder van 'n ongelooflike instrument, dié lendelam orrel wat vandag klink asof hy niks makeer nie.

Toe hy en George en Wanda hul pos verlaat om te gaan sit, kyk hulle vir mekaar. Daar is trane in Wanda se oë, George se wange is roesrooi en Gunther moet sluk aan die knop in sy keel.

Dankie, Here, U het ons vandag geseën met vrug op ons arbeid.

Johan kondig die skrifgedeelte aan – Openbaring 19:5–9 en Hosea 2:18–19. Bybels word uitgehaal en daar word opgesoek. Soos fladderende duifvlerke klink die geblaai.

Gunther maak syne oop en kry die regte plekke. George en Wanda deel hul Bybel.

"Die bruilof van die Lam," lees Johan. "Toe het daar 'n stem van die troon af gekom wat gesê het: 'Loof ons God, al sy dienaars, dié wat Hom vrees, klein en groot!' Ek het toe iets gehoor soos die geluid van 'n groot menigte, soos die gedruis van 'n groot watermassa en soos die gedreun van swaar donderweer. Hulle het uitgeroep: 'Prys die Here! Die Here ons God, die Almagtige, heers nou as koning. Laat ons bly wees en juig en aan Hom die eer gee, want die bruilof van die Lam het aangebreek, en sy bruid het haar daarvoor gereed gemaak. God het haar dit vergun om fyn, helder blink klere aan te trek.' Hierdie fyn klere is die regverdige dade van die gelowiges. Toe sê die engel vir my: 'Skryf op: Geseënd is hulle wat na die bruilofsmaal van die Lam uitgenooi is.'

"Tot hier in Openbaring 19. Blaai asseblief na Hosea 2:18. Ons lees twee verse: 'Ek gaan jou my bruid maak vir altyd. Ek gaan jou aan My bind deur my weldade en my goeie sorg, deur my liefde en my ontferming. Ek gaan jou aan My bind deur my onverbreekbare trou, sodat jy aan My, die Here, toegewy sal wees'."

"Kom ons bid saam."

Johan maak tyd vir stilgebed. Hy wag tot elke klein geluidjie verdwyn en elkeen wat wil, 'n hartsgebed maak. Gunther gryp die geleentheid aan.

Here, U het my uitgenooi na die bruilof, maar ook om u bruilofsgaste op te pas. Ek kan nie meer omdraai nie. U het my gebind, Here, deur u goedheid en trou. Ek wil myself geheel en al aan U oorgee.

Johan se woorde eggo syne.

"Here, ons staan verwonderd oor u liefde, oor hoe U U neerbuig na ons, oor hoe U ons so liefhet dat U ons uitnooi na 'n baie spesiale geleentheid – die bruilof van die Lam. U nooi ons almal – oues van dae, mans en vroue, ouers en kinders – U wil nie een van ons agterlaat nie."

Gunther hou sy oë toe, hy luister. Marta verskyn voor hom met haar moeë glimlaggie, haar oë wat soms so hartseer is en ander kere eenvoudig onleesbaar. Hy dink aan die oggend toe hy, sonder dat hy geweet het hoekom hy dit doen, Matteus 6:33 vir haar gegee het. Agterna het hy gewonder of sy nie dalk seergemaak sou voel nie, tereggewys omdat sy werk en werk asof sy nie op die Here vertrou nie en asof sy selde by Hom uitkom. Eintlik weet hy nie wat sy dink en hoe sy voel nie. Hulle het nog so min met mekaar gedeel en geloof is 'n sensitiewe saak.

Here, ek wil haar leer ken soos U haar ken.

"Ons is klein en onseker, ons ken ten dele, ons liefde is in baie opsigte selfsugtig en ontoereikend, ons het niks om U te bied nie. Tog wil U ons aanneem as u eie bruid. Ons staan voor U op ons knieë, ons bely ons sondes, ons dank U vir u volmaakte liefde."

Johan begin sy preek deur na die reeks van die afgelope twee maande te verwys. Dit het nie net oor die vroue van die Bybel gehandel nie, maar ook oor verhoudings tussen mans en vroue en kinders.

"God se kerk word simbolies as 'n bruid voorgestel en Hy as minnaar wat haar, wat van Hom af weggeloop het, van voor af die hof maak en van sy trou verseker. Dis nie 'n onbekende beeld nie. Ons verstaan dit, want dit gebeur dat huweliksontrou paartjies uitmekaar dryf en dat die breuk net herstel kan word as hulle weer na mekaar toe uitreik, mekaar vergewe en versorg. Hier het ons 'n unieke situasie. Die bruid het haar rug vir die bruidegom gedraai. Hy is te na gekom, maar Hy is ook die een wat uitreik en vergewe en 'n nuwe begin belowe. Gemeente, ons is die bruid en ons is ook die bruilofsgaste, ons word vergewe, ons kry blink klere en ons word na die fees uitgenooi. Ons word oorlaai met geskenke van ewigheidswaarde. God se beloftes staan vas, Hy sal getrou wees aan sy bruid, Hy sal haar met weldade oorlaai, Hy sal goed vir haar sorg, haar liefhê en Hom oor haar ontferm. Gemeente, kom ons gaan kyk na elkeen van hierdie beloftes.

"Wat beteken God se trou, wat beteken sy weldade, sy goeie sorg, sy liefde en ontferming? Is dit nie eienskappe wat Hy ook by ons wil inskerp nie? Hy het ons immers na sy beeld geskape."

Johan is 'n vurige prediker. Hy weet wat hy wil sê en die boodskap kom duidelik oor. Ten slotte kondig hy aan. "Ons sing Lied 273: Laat my met U verenig lewe, U wat die ware wynstok is. Ons sing al vier die verse. Mag dit die antwoord van u hart wees."

Ná die diens wil Marta gou by die teetafel uitkom. Van die mense in die bank kan nie wag om met Ciska te praat nie en meneer Swanepoel bied aan om Marta eers met Hetta se rystoel te help.

"Gaan jy vooruit, ek stoot haar vir jou saal toe."

Hetta aanvaar dit met dank. Gunther speel so mooi, Marta sou eerder wou sit en na hom luister, maar sy het belowe om te skink en sy maak dat sy by die sydeur uitkom. Twee mense wat van die agterkant van die gebou af aankom, trek haar aandag. Dis Ragel en 'n man. Hulle lyk nogal verdwaal. Seker vreemd, dink Marta en groet vriendelik.

Ragel skrik toe sy haar naam hoor, maar glimlag verlig toe sy sien wie dit is.

"My man, Stephan," stel sy die man voor. "Stephan, dis Marta, wat my hare gesny het."

Stephan het 'n stewige handdruk, al lyk hy vir Marta asof hy pas van 'n lang reis af teruggekom het of dalk maande in die hospitaal was en nie gesond eet nie.

"Wat van 'n koppie tee?" nooi sy. "Daar is verversings ook."

Stephan trek sy mond styf en skud sy kop.

"Ons is haastig om by die huis te kom," sê Ragel.

Hulle trap rond soos vreemdelinge doen as hulle ongemaklik is in 'n onbekende omgewing.

"Ek moet gaan skink," sê Marta. "Geniet die res van die naweek."

"Dankie."

Hulle stap aan en Marta sien hoe Stephan Ragel 'n stootjie in die rug gee. Hy is haastiger as sy om weg te kom. Sou die preek hulle ontstel het? wonder Marta. Sy het nie vanoggend aan hulle gedink nie en hulle ook nie in die kerk verwag nie. Hulle het probleme wat hul huwelik ook raak. Hulle is nie-amptelik geskei. Maar Stephan kom darem nog kuier en hulle was vanoggend saam in die kerk. Dis dalk 'n goeie begin. As hulle in die huis bly sit het, sou hulle nooit die pragtige sang en musiek gehoor het nie, ook nie die boodskap nie.

Trou, weldade, goeie sorg, liefde, ontferming.

Marta het besluit om die beloftes te memoriseer. Sy herhaal dit in haar gedagtes, sy herhaal dit al groet sy van haar kliënte op pad na die saal. Sy voel dikwels so afgeskeep, so eenkant, so uitgemergel van al die werk, skaam omdat sy nie tyd maak om die Here beter te leer ken nie. Maar vandag het sy gehoor dat Hy na háár toe wil kom, al is sy die een wat haar altyd met ander dinge besig hou. Hy wil met haar 'n verhouding aanknoop en haar versorg soos 'n bruidegom sy bruid.

Agt en twintig

Maandag die 3de September – die eerste Maandag van die maand gaan Marta na die ouetehuis op Lambertsbaai, waar die meeste van haar bejaarde kliënte beland het. Sommige het weggetrek soos mevrou Visser, wat Strand toe is, maar nege van hulle het agtergebly en heel logies op Lambertsbaai tot rus gekom. Die dorp bars vakansietye uit sy nate, maar gedurende die kwartaal is dit rustig en kan sommige wat nog mobiel is, op die strand gaan sit en die golwe dophou of na die eiland se seevoëls sit en kyk.

"Dis 'n goeie plek om te gaan rus," sê Hetta aan die ontbyttafel.

Marta weet nie of sy moet glo wat sy hoor nie. Sy is te versigtig om te vra of Hetta dink dis tyd om ouetehuis toe te trek. In die verlede het een woord in daardie rigting bittere rusies ontketen. En Hetta het juis gisteraand te kenne gegee dat sy nie vandag kans sien vir die rit Lambertsbaai toe nie.

"Wil Moeder nou vanoggend saamry of nie?"

"Gister se kerk toe gaan het my uitgeput."

"Maar ek is bekommerd oor Moeder alleen in die huis."

"Jy hoor Ciska het gesê ek kan enige tyd bel. Gunther-hulle is daar en as hulle weg is, kan sy Eva oorstuur."

"Ek bly in Lambertsbaai tot ná middagete."

"My hande is nie afgekap nie en daar is kouevleis in die yskas."

"Ek moet voor tweeuur terug wees om herderspasteie vir die sop-kombuis te maak," sê Marta gelate.

"Bring Emma die vleis?"

"Ek het haar gevra om dit langsaan af te laai."

Marta maak die ontbytgoed bymekaar en dra dit na die opwasbak. Sy is haastig, maar sal nooit 'n vuil koppie by die huis los nie.

"Terwyl jy nou soontoe gaan, wil ek hê dat jy my naam opgee."

Amper laat val sy 'n koppie. Sy sit dit versigtig neer en draai na haar ma.

"Bedoel Moeder, Moeder wil nou daar bly?"

"Ja, en daar is 'n waglys. Sit my naam op en kom sê vir my hoe lank nog."

"Is Moeder seker?"

"Ek hou jou terug, Marta. Jy werk soos 'n slaaf en jou jong lewe gaan verby omdat jy my moet oppas. Moenie dink ek voel nie skuldig nie. Soms voel ek so skuldig dat ek met jou wil baklei net om myself te regverdig. Dit is nie reg nie, ek doen jou 'n onreg aan. Jy moet trou en kinders kry en gelukkig wees. Jy moet meer tyd vir jouself hê. Moenie dink ek sien nie hoe Gunther na jou kyk nie. Ek het met die Swanepoels ook vrede gemaak, en dis hy wat my sover gekry het. Toe ek hom sien, het ek geweet, as jy een soos hy kan kry, sal dit goed gaan met jou. Jy dwing al na Deon toe. Hy is klaar gevat, Marta. Dink daaraan."

Marta byt haar lip. "Ek sal," is al wat sy uitkry.

"Wat?" vra Hetta op haar skerp manier.

"Ek sal Moeder se naam op die lys laat sit."

"En vanaand bel jy vir Maria, ek wil met haar ook praat."

Marta droog die skottelgoed af en bêre alles netjies. Sy trek die mandjie met haar haarkappersgoed nader en maak seker dat sy alles ingepak het. Dan gaan knap sy haar grimering op en vleg haar hare.

Die hele tyd maal Hetta se woorde in haar kop. Dis hoe haar ma is. Sy besluit en klaar. Destyds, amper twintig jaar gelede, was dit logies dat haar jongste dogter Pretoria agterlaat en terugkom om haar te kom help. Marta het nie net haar pa se sterwenswoorde onthou nie, dit het ook na 'n goeie geleentheid gelyk om haar eie salon in so 'n vroeë stadium van haar lewe te begin. Sy het self help breek en bou aan die kamer, self besluit watter kleur verf en hoe alles uitgelê en ingerig moet word. Hetta het betaal en haar daarna aangesê dat sy die verantwoordelikheid het om haar besigheid te bestuur. Sy skuld haar niks, maar van sakgeld moet sy vergeet.

Die dorpsmense was aan die begin traag. Die vroue het mekaar se hare gesny en gekrul, die mans het na oom Lorrie toe gegaan, wat met 'n knipper geskeer het. Dit het Marta twee jaar gekos om aan die gang te kom. En toe oom Lorrie oorlede is, het daar nog twee jaar verbygegaan voor die mans dit gewaag het om toe te laat dat Hetta se dogter hul hare sny. Vandag gaan dit beter. Sy is nou die dorp se haarkapper. Maar dis nie genoeg nie. Sy is oud voor haar tyd en sy sukkel. Soms haat sy haar lewe van werk en nogmaals werk.

Weet haar ma van die romannetjies wat haar drome voed? Sy weet van haar verliefdheid op Deon en van Gunther. Marta hou van hom. Ná gister, toe sy teen hom vasgeloop het en later na sy musiek geluister het, droom sy van maanlignagte met sterre besaai, eilande met wit strande en palmbome, sneeu in die berge, vlamme in kaggelvure en sjampanje in kristalglase. Sy droom realisties, nes die boekies beskryf. Sy droom so, sy is bang sy praat in haar slaap. Sy is verlief op Gunther Swanepoel. Simpel van haar, want verlede week sou sy alles kon gee vir sy broer.

Marta is op pad in haar rooi Mazdatjie, maar die gedagtes los haar nie. Gunther het haar darem al een keer uitgeneem – na die Bezuidenhouts se ete – seker desperaat gewees omdat hy 'n gesellin moes saambring. Sy moet onthou om Herman te bel as oom Maans vandag helder van verstand is. Sy sal oom Maans nie vra wanneer Herman hom laas besoek het nie, oumense vergeet. Sy sal hom vertel dat sy kinders hom mis. Sy hou van oom Maans, meer as van Herman. Maar Herman kan wees wat hy wil, hy verlang ook na sy pa. Wat sal háár pa van al hierdie dinge sê? Hy het altyd goeie raad gehad en niemand iets misgun nie.

Gunther het 'n afspraak met Johan. Hy het sy 1978-eksemplaar van J.A. Heyns se *Dogmatiek* in 'n plastieksak gesit en dra dit saam pastorie toe. Hy wil dit vir Johan wys en seker maak dat alles wat daarin geskryf staan, steeds van toepassing is. Gunther het die eerste twee hoofstukke deurgewerk en doktor Heyns se uiteensetting is vir hom logies. Hy wil net seker maak of hy sal baat vind daarby om dit vooruit te bestudeer. Johan het ook vir hom 'n paar boeke gegee om te lees. Maar hy wil sy voorbereiding met 'n deeglike dogmatiese oorsig begin. Die muwwe boek het hy vir tien rand by 'n straatwinkel in Stellenbosch gekoop terwyl Johan vir Emma 'n paar apteekgoedjies gaan kry het.

Eintlik het Johan hom laat kom om die probleme wat hulle met die orrel het, te bespreek. Dis omdat die musiek gister so goed geklink het, net 'n fyn oor sou die vals note kon uitken – en Johan het nie. Gunther is nie bekommerd nie. Die Here het hom gehelp om die orrel se gebreke te verbloem en die Here sal hom help om Johan te oortuig dat die orrel dringend nagesien moet word.

Dit het goed gegaan. Baie mense het hom ná die tyd gelukgewens. Maar die koppie tee wat Marta vir hom aangegee het, was die beste. Sy wil hom nie laat los nie, hy het gisteraand selfs van haar gedroom.

Gunther let op dat die margriete en gousblomme op die sypaadjies begin saad skiet. Daar is genoeg blomme, maar as jy naby kom, kan jy die skraalheid opmerk, die gebreekte en geknakte takkies, die verlepte kroonblaartjies. Die seisoen is aan die uitblom en die tekens is hier. Oor 'n week of twee gaan al die blommekykers terug huis toe en rus en vrede daal neer, maar daarmee saam kom die ewige stryd om 'n ordentlike bestaan te maak. Die kontras tussen ryk en arm verval hier nooit. Aan die een kant kry jy die Bezuidenhouts, aan die ander kant die werkers, in die middel die geduldige middelklas – deesdae uitgedun tot 'n skrale minderheid.

Daar staan vanoggend geen viertrekke op die parkeerplekke voor die pastorie nie. 'n Ouerige tuinier is besig om blare bymekaar te vee. Hy groet toe Gunther verbystap en Gunther groet ingedagte terug. Die man hou op met vee en sê sy naam hard en duidelik.

Gunther vergeet alewig dat hy hier grootgeword het en dat hier mense woon wat hom sal herken. Hy sorg dus dat hy terugdraai en die tuinier ordentlik met die hand gaan groet.

"Ek het Oom se naam vergeet," maak hy verskoning.

Die oom lag sonder tande. "Shane se pa. Julle was saam in die klas tot Shane uitgedrop het, onthou jy?"

Shane, Shane, Shane …?

Gunther breek sy kop, maar hy onthou niks.

"Shane kon mos dakke klim en locks breek."

Toe onthou hy die stoutste outjie in die klas – vol planne vir kattekwaad wat soms gevaarlik naby misdaad omgedraai het.

"Ek onthou hom. Ons het baie pret saam gehad, saam pakslae gekry ook."

"Vandag is ek spyt. Ek moes hom harder geslaan het."

"Hoe so, Oom?"

"Hy's tronk toe omdat hy sy vrou doodgekap het. Sal nie uitkom voor oor vyftien jaar nie. Ek en die tante maak die kinders groot."

Gunther word yskoud. Hulle was soms gruwelik stout saam, maar Shane kon snaaks wees ook – vol grappe en so lui om te leer. Hy het drie keer gesak en matriek deurgeskraap.

"Hy wou mechanic word," sê Gunther sag.

"Hy hét! Rusty se regterhand gewees. Daai vroumens het hom so sleg gemaak."

"Was sy ook saam met ons op skool?"

"Nee, sy't hier ingekom, kom kuier vir die Kleingelds. Toe sien sy vir Shane en toe bly sy. Eers goed gegaan, maar sy weet nie waar geld vandaan kom nie, gedag dit val uit die lug uit, wou altyd alles hê tot die buurvrouens se mans. Shane het haar uitgevang."

Gunther sien uit die hoek van sy oog die voordeur oopgaan en Johan en Ragel uitkom.

"Ek sal hom gaan opsoek," sê hy vir Shane se pa. "Waar's hy?"

"Pollsmoor. Dis ver met die bus."

"Ons sal plan maak, so gou soos ek my eie vervoer het. Rusty het onderdele bestel vir my pa se Cadillac. Ek neem die kar by hom oor, dan kan ek jou 'n lift gee."

"Ja, dit sal help. Dankie."

Shane se pa snuif. Hy vat die werfbesem en vee en vee. Johan en Ragel loop tot by die stoeptrap. Gunther ontmoet hulle halfpad.

"Môre, Gunther," groet Johan.

Ragel lyk asof sy gehuil het, sy glimlag moeilik. Hy maak of hy haar trane nie raaksien nie en groet gewoon.

Sy sit 'n dapper masker op. "Ek voel sleg omdat ek so lanklaas by jou ma was. Sê vir haar ek is jammer."

"Ek sal. Jy moenie wegbly omdat ek my intrek geneem het nie."

"Dis nie dit nie." Sy kyk weg. "Dankie, Johan."

Johan wil nog iets sê, maar dit lyk of hy hom bedink.

Sy loop so vinnig weg, Shane se pa moet uit haar pad spring.

Toe sy buite hoorafstand is, sug Johan asof sy hom uitgeput het.

"Hartseerstorie," sê hy. "Maar kom ons stap in. Ek het 'n man in Stellenbosch ontdek wat vir ons na die orrel sal kyk. Ons moet besluit wanneer jy beskikbaar is en dan bel ons hom weer."

"Enige tyd," sê Gunther. "Ek lees deesdae heeldag."

"Of oefen orrel. Moet sê ék kon niks verkeerd hoor nie."

"Julle orrel is oorwerk, dit val uitmekaar."

"Jy's reg, ek het jou verslag gelees. Tannie Riëtte het ook al gekla – toe was daar nie geld nie. Ek het Vrydagaand die hoofraad byme-kaargekry en hulle oortuig om van die gebouegeld los te maak. Kom ons bel die man en maak 'n afspraak."

Nadat hulle hul in Johan se ruim studeerkamer tuisgemaak het, leun Gunther vooroor. "Ek hoor by jou tuinier hy is Shane Hendriks se pa, en Shane sit in die tronk vir moord."

"Jy lyk vandag vir my so mooi," sê ouma Miemie vir Marta. "Jy lyk anders."
"Ag nee, Oumatjie, ek lyk nes ek gister gelyk het."
"Jy't 'n blos op jou wange en 'n glinster in jou oë. Ek is seker … " Ouma Miemie bly dramaties stil. Sy gee vir Marta 'n roller en 'n haarnaald aan voor sy met haar slotsom uitkom. "Ek is seker, jý is verlief."
Marta kan nie keer nie, sy bloos bloedrooi.
"Jy ís verlief!"
Ouma Miemie is absoluut in die kol en Marta gaan nie stry nie.
"Dink Oumatjie nie dis hoogtyd nie?" vra sy.
"Dit is en ek het daarvoor gebid. 'n Oulike meisiekind soos jy kan nie deur die lewe gaan sonder 'n goeie man nie. Is hy goed?"
"Baie goed, Oumatjie."
Ouma Miemie se kraalogies skitter ondeund. "Mag ek vra wie?"
Dis waar Marta die streep trek. "Nee, Oumatjie. Dis nog my geheim."
"Jy moet my vertel dat ek vir die Here kan dankie sê."
"Die Here weet wie hy is."
"Ek wil ook weet."
"Ek sal hom vir Oumatjie kom wys sodra ek die verloofring aan my vinger het. Dan bring ek hom."
"Belowe?"
"Belowe."
Marta sit die laaste roller in, druk wattemoffies op die oumatjie se pienk oortjies en vra haar om dit vas te hou sodat sy die haarnet netjies kan opsit. Sy laat sak die haardroër versigtig en skakel dit aan.
"Jy laat my nie hier uitbraai nie!" gil ouma Miemie oudergewoonte.
"Ek sal nie."

Marta sit die oumatjie se selfoon op haar skoot, pak haar skêr en kam in 'n sakkie en rits dit toe.

"Waar gaan jy nou heen?"

"Gou oom Maans se hare sny – net twintig minute. Bel my as Oumatjie benoud raak."

Voor ouma Miemie nog 'n beswaar kan uitdink, is Marta uit by die deur op pad na oom Maans. Hy sit oudergewoonte met sy rug na die deuropening en staar deur die venster. Sy loop tot langs hom voor sy praat.

"Oom Maans, dis Marta."

Hy kyk op, sy liewe gesig die ene besorgdheid.

"My dienende Martatjie, hoe gaan dit?"

"Baie goed en met Oom?"

"Helder vanoggend. Hoe gaan dit met jou moeder?"

"Goed. Sy het besluit om hier te kom bly."

"Eindelik 'n nuwe gesig in die eetsaal. Wanneer kom sy?"

"Daar is nog te veel name op die waglys – miskien eers volgende jaar."

"Dis nou September, volgende jaar is om die draai."

Marta is in haar skik. Hy is vanoggend by sy volle positiewe – nes sy vir Herman belowe het. "Sal ons Oom gou netjies maak?"

Die ou man se hare het nie veel gegroei nie, net 'n paar wolletjies in die nek. Hy vat-vat aan die nekhare. "Ja, asseblief. Dis so lastig, dit raak al aan my boordjie. Alida het nooit daarvan gehou nie."

Marta hang die mantel om sy skouers. "Ek was in die week by Herman en Andrea," sê sy terloops.

"Kan nie onthou wanneer laas ek hulle gesien het nie, Herman kom nooit meer hiernatoe nie."

"Hulle was met vakansie Addo-park toe. Nou's hulle terug. Herman het gesê ek moet hom bel as ek Oom weer sien, dan klim hy dadelik in sy kar en kom hiernatoe."

"Moet ons nou 'n afspraak maak?"

"Buig Oom se nek so bietjie, asseblief."

Oom Maans buig gedweë. Die haartjies in sy nek is so yl, Marta moet fyn kyk of sy vergeet een.

"Herman kom nie meer hier nie," herhaal hy.

"Oom, hy's bang Oom is strand toe en dan weet hy nie waar om Oom te kry nie. Sal ek hom gou bel en sê Oom is beskikbaar?"

"Sê hy moet voor teetyd hier wees, dan kan ons op die stoep sit."

Marta haal haar selfoon uit haar sak en soek Herman se nommer. *Jy beter antwoord*, dink sy toe die foon lank lui. Oom Maans kyk afwagtend na haar. En Marta stuur een van haar skietgebedjies op.

Asseblief, Here, laat die oom se seun sy selfoon antwoord.

Haar laaste woorde is skaars uit of Herman sê kortaf: "Ja."

"Herman, dis Marta. Ek is hier by jou pa. Hy wil jou uitnooi om by hom te kom tee drink."

Sy hou die foontjie by oom Maans se mond en fluister: "Toe, oom Maans, vra hom."

"Ons teetyd is elfuur, Hermanus. Jy beter vir jou roer as jy betyds wil wees. Dan gesels ons 'n slag. Of is jy baie besig?"

Herman praat so hard, Marta hoor hom sê: "Pa, ek maak gou hier klaar, dan kom ek. Bly net so, ek is nou-nou daar."

Toe Marta die selfoon by oom Maans oorneem, het Herman klaar afgelui.

"Ek is bly jy's hier om my hare te sny. Ek wil nie lyk asof ek nie meer omgee hoe ek lyk nie."

"As ek hier klaar is, lyk Oom so aantreklik, Clint Eastwood kan gaan slaap."

Sy knip 'n paar los haartjies langs sy slape af, maak sy wenkbroue netjies en prys hom omdat hy glad geskeer is.

"Dis weer een van die nursies wat geskeer het. Hier doen hulle omtrent alles vir jou. G'n wonder ek word lui nie, sit heeldag op die stoep."

"Vandag mag Oom gaan sit en uitkyk na wanneer Herman-hulle kom. Sal Oom my solank verskoon? Ouma Miemie wag vir my."

"Altyd besig." Hy haal sy beursie uit. "Jou geldjie."

Marta bêre haar skêrtjie. "Los, Oom. Ek het vandag te min gedoen vir betaling."

Hy haal 'n vyftigrandnoot uit. "A nee a, die arbeider is sy loon werd." Sy soek na haar beursie om kleingeld te kry en hou die dertig rand na hom uit.

"Wat is dit?" vra hy.

"Oom se kleingeld."

"Hou die kleingeld," sê hy beslis.

"Dankie, Oom."

Dis 'n speletjie. Hy gee altyd te veel. Sy haal altyd die kleingeld uit en hy sê altyd sy moet dit hou. 'n Goeie mens, dink Marta, bly 'n goeie mens.

"Moet ek saam met Oom stoep toe stap?"

"Gaan liewer en gaan help vir Miemie Jooste voor sy jou bel. Ek skuifel maar so aan."

Hy staan moeilik op, vat sy kierie en gee treetjie vir treetjie agter Marta aan. Sy beduie vir die matrone wat in haar kantoortjie langs die voordeur sit, dat oom Maans vir sy seun op die stoep gaan sit en wag.

"Verpleegster Marais is buite. Sy sal hom dophou." Matrone staan op en gaan voordeur toe om oop te sluit. "Waarheen is Oom so haastig op pad?"

Marta het buiten ouma Miemie nog drie koppe om af te handel. Sy kan nie vertoef nie.

Nege en twintig

Teen twaalfuur pak Marta haar goedjies en wil uitstap toe die matrone haar voorkeer.

"Kyk wat het jy nou weer in jou oorywerigheid aangevang." Sy wys deur die glasdeur na die geboë figuurtjie wat op die stoep sit.

Oom Maans!

"Was Herman nie hier nie?"

"Nie 'n teken nie."

"Het Matrone hom gebel?"

"Ek het, maar ek kon nie een van hulle in die hande kry nie – nie die seun nie, ook nie die skoondogter nie. Hy weier om eetsaal toe te gaan, bly op die stoep sit."

"Ek sal met hom praat."

Marta het moeite om haar humeur te beteuel. Wat gaan aan met Herman en hoekom het hy nie laat weet dat hy nie meer kom nie? Sy is haastig om by die huis te kom om die herderspasteie vir die sopkombuis aan die gang kry, en nou word hierdie probleem weer hare. Maar skielik herinner die figuurtjie in die rystoel haar aan haar eie ma wat so dikwels alleen en sonder geselskap sit. Het sy onthou om te eet? Wat doen sy op hierdie oomblik? Sit sy en slaap voor die televisie of staar sy deur die venster na die leë straat, haar ore gespits vir die gedreun van die Mazda?

Marta gaan staan langs oom Maans. Hy sit, turend in die verte, sy koue tee langs hom.

"Oom, Oom moet gaan eet."

"Nee, ek wag. As ek eetsaal toe gaan, kry Alida my nie."

"Dis Herman wat kom kuier."

"Alida sê sy wil haar moeder se trourok dra. Ons trou in die Engelse kerksaaltjie."

Marta sit haar hand op oom Maans se skouer. Die teleurstelling het hom weer heeltemal deurmekaar.

"Oom, hoe lank sit Oom al hier?"

"Heeldag, ek wag vir haar."

"Oom wag vir Herman. Hy kom kuier."

"Hermanus Gerhardus Wynand Bezuidenhout? Weet jy van Slagtersnek? Dis ons geskiedenis. Ek is nie skaam nie. Ek wag vir hulle om my te kom uithaal."

"Miskien moet Oom eers eet en rus. Straks kom die kinders ná ete." Matrone staan op 'n veilige afstand – aan weerskante van haar twee moeë verpleegsters. "Oom moet kom, die eetsaal wil toemaak."

Maar oom Maans skop vas. "Ek sit hier."

Matrone sug hoorbaar. "Verpleegster Bettie, gaan haal sy kos in die kombuis. Miskien kry hy lus as hy dit sien."

Marta gee oom Maans 'n drukkie. "Hulle sal nou-nou hier wees," troos sy.

Hy glimlag op sy deurmekaar manier, sy oë dof.

Matrone glimlag ook, maar stram. "Ons wil hom nie ontstel nie."

"Ek bel dadelik vir Herman."

Marta pluk haar selfoon uit en stap na die verste hoek van die stoep. Wonder bo wonder antwoord hy. "Ja."

"Herman, dis weer Marta. Waar bly jy?"

"Ons is op pad. Klein Herman bestuur."

"Hoekom het jy nie laat weet nie?"

"Ons het 'n elektriese … gehad, gedag … opklaar. Elke keer … nog iets voorgeval. Toe besluit ek … liewer as ons aan die ry is. Herman, dis 'n pad nie 'n renbaan nie! Kan … vir my pa gee?"

Marta moet haar ore spits om te hoor. Oral mis sy woorde wat sy self moet invul.

"Ek is bevrees nie."

"Hoekom nie?"

"Die lyn is sleg. Jou pa sal nie kan uitmaak wat jy sê nie. Ek kan skaars hoor."

"Stel hom gerus. Seun en … kleinseun kom kuier. Kook …"

Dis nie Herman wat die oproep onderbreek nie, dis 'n swak selfoonverbinding.

Marta probeer weer bel en sy kom nie deur nie. Matrone en haar helpers het verdwyn. Sy en oom Herman is alleen en sy kan nie langer vertoef nie. 'n Angstigheid oor haar ma het haar beetgepak, 'n dringende behoefte om by haar te gaan sit en vir haar te sê hoe lief sy vir haar is en hoe dit geen moeite is nie, maar 'n plesier om haar op te pas.

Sy sit haar selfoon in haar handsak, tel haar mandjie met haarkappersgoed op en stap na die oom.

"Oom Maans?"

"Ja?"

Hy kyk na haar asof hy haar nie sien nie, maar iemand wat agter haar of langs haar staan.

"Ons het nou net gepraat – Herman is op pad."

"Hy's dood."

"Oom se seun. Hy't gebel. Onthou Oom?"

"Marta, is dit jy?"

Is hy aan die regkom of nie? Marta kan nie sê nie.

"Ja, Oom?"

"Sit hier langs my, dan wag ons saam."

"Oom, ek kan ongelukkig nie – my ma is alleen en ek moet twee groot herderspasteie gaan maak."

"Jy het altyd die kos gemaak, elke keer as Jesus en die dissipels kom kuier het. Jou suster kon haar nie van Hom af wegskeur nie. Hy't jou ook gevra om by hulle aan te sluit, maar jy was bekommerd oor die maaltyd, ongelukkig omdat sy jou nie help nie."

"Ja, Oom."

Sy stry nie met hom nie. Hy het haar al 'n paar keer aangesê om nie soveel tyd in die kombuis deur te bring nie, meer in haar binnekamer. Sy maak of sy vir hom luister en bring vir hom blikke vol tuisgebakte koekies om hom gelukkig te maak. Hy is oud, sy vergewe hom soos sy haar ouers vergewe het wat haar en haar suster so laat doop het. Hulle is sestien jaar uitmekaar en sy is die een wat op die ou end geterg is – Maria veilig getroud in Pretoria. Eers was sy "O, die liewe Martatjie", toe die dienende Marta na aanleiding van een van Oudominee se preke. Elke keer as sy in trane kla, was haar ma bloot verontwaardig.

"Marta is julle ouma aan my kant se naam en Maria julle ouma aan julle pa se kant. Dis familiename om op trots te wees."

"Het julle nooit daaraan gedink dat julle ons belaglik maak nie?"

Haar pa het dan ingegryp met: "Goeie Bybelse name wat ook familiename is, is nooit belaglik nie. Wees jy maar fluks en getrou soos Marta. Maria is ons gelukkige predikantsvrou en jy is ons vlytigste meisiekind."

Daarmee was dit uit en gedaan – geen gestry nie.

Marta buk oor oom Maans, soen hom op sy voorkop.

"Totsiens, oom Maans."

Die verpleegsters kom met die kostrollie uit en sy sluip weg. Sy is kwaad vir Herman en haastig om by die huis te kom.

Die Swanepoels is vir middagete aan tafel toe die oproep van Rusty se garage af deurkom. Die Cadillac se koppelaar het aangekom en as daar geen ander foute opduik nie, behoort die ou lady teen môreaand se kant rybaar te wees. Hy sal die insleeptrokkie stuur om haar te kom haal teen geen ekstra koste nie.

"Rusty sal dit wel iewers by sy prys inwerk," sê Gideon. "Hy kla hoeka die boere betaal hom nie."

"Hy lyk vir my baie besig," sê Gunther.

"Hy sukkel met werktuigkundiges, kort-kort vingeralleen."

"Ek dag werk is skaars op die dorp."

"Werk is skaars, maar sodra Rusty een opgelei het, gaan soek hulle groener weivelde."

Gideon skep vir hom nog bredie. "Eva ken haar slag met bredie, dink jy nie ook so nie?"

Gunther dink aan Shane. Shane het nie groener velde gaan soek nie. Hy het toegelaat dat die groen duiwel van hom besit neem – miskien met reg. Gunther was ook al jaloers en hy het een of twee afjakke beleef. Einste Marta Koster het hom jare gelede tot in sy siel gekrenk toe hy haar wou soen en sy hom weggestamp het. Hy was nog heeltyd bang dat sy die voorval van destyds net so goed soos hy onthou. Maar gister by die kerk toe sy per ongeluk in sy arms beland het, het sy hom nie weggestamp nie. Sy het hom moed ingepraat.

"Hoe sou jy sê?"

"Ekskuus, Pa, ek het nie gehoor nie."

"Ek wil in die garage gaan rondhang terwyl Rusty die ou lady oopmaak."

"Sal Rusty dit toelaat?"

"Ek het vir hom skoolgehou en ek stel so belang in enjins, ek kan help."

"As ek nie nou my hande moet oppas nie, sou ek gaan help het."

"Dis jou kar. Maar ek wil dit vir jou in 'n goeie toestand afgee."

"Ai, Pa. Ons moet 'n prys maak."

"Moenie weer daarmee begin nie."

"Een van die dae moet Pa vir Mamma Kaap toe vat."

"Dan leen ek die kar by jou."

"Wat van Sondae?" vra Ciska. "My stoel sal nie hou as julle my elke Sondag in die straat af stoot nie."

"Sondae ook – vandat jou ma jou hoor speel het en vrede gemaak het met Hetta, mis sy niks."

"Kerk toe en na Deon-hulle se troue."

"Kom hulle nog volgende week?"

"Die 10de." Ciska vou haar servet op. "Onthou my om Ragel te bel en te vra of sy môre kom lees. Ons het haar en haar man gister by die kerk gesien."

"Hulle het skaars gegroet," brom Gideon.

Gunther onthou die ongelukkige, bleek gesiggie van vanoggend.

"Vergeet ek om vir Mamma te sê ek het haar vanoggend by Johan raakgeloop. Sy't nie gelukkig gelyk nie."

"Was sy alleen?"

"Ja."

"Hy moes natuurlik terug om te werk."

"Sy't gesê ek moet verskoning maak dat sy nie verlede week vir Mamma gelees het nie."

"Is dit al?"

"Sy het gehuil."

"Arme Ragel. Dit is nie 'n maklike pad wat sy moet loop nie. Maar sy moet – die hele ent. Daar is nie kortpad nie."

Gunther kyk na sy goeie ma. Sy gee om vir Ragel, al kan sý fisiek nie loop nie en al is sy dalk op 'n moeiliker pad.

"Ons kan bid," sê hy.

"Ons kan. Sy is 'n mooi mens."

"Toe ek haar die eerste keer sien, het ek gedink sy sal 'n goeie vrou uitmaak vir een van my seuns," sê Gideon uit die bloute.

"My man, dis nie wat ek bedoel nie."

"Maar gister, toe ek Marta so bekyk, dag ek Deon het nou sy bruid en as Gunther na sy pa aard, is hy nie blind vir ware skoonheid nie. Het jy gesien hoe mooi lyk Marta in haar kerkrokkie?"

Tot sy groot verleentheid sit Gunther sy mes en vurk te hard op die bord neer, en gryp te oorhaastig na sy servet. Sy pa lag in sy keel en sy ma strek haar hand oor die tafel om hom liggies aan te raak.

Al wat hy nou moet doen is om Marta te vra en te hoop sy sê ja.

Marta ry by die viswinkel aan. Sy koop vars vis en sit dit in die koel-
boks wat sy saamgebring het. Toe sy op die grootpad buite die dorp
is, sit sy haar voet hard op die petrolpedaal neer. Dis kwart oor twee
en sy het haar ma belowe sy is voor twee-uur tuis. Alles Herman se
skuld. Wat besiel hom om so onverskillig te wees? As gevolg van hom
is sy vandag net so skuldig soos hy en net so lafhartig. Sy het Hetta
nie gebel om te sê sy ry nie. Miskien moet sy nou – nie dat sy 'n voor-
stander is van bestuur met 'n selfoon teen die oor nie. Die rit is kort,
maar sy sal goed twintig minute op die pad wees, tensy sy die petrol
nog dieper intrap.

Sy is in haar skik met die karretjie wat maklik spoed optel van
honderd tot honderd en vyftig kilometer per uur.

Marta, dis 'n pad, nie 'n renbaan nie!

Sy grinnik. Dis nie net Herman wat weet hoe om 'n kar teen 'n hoë
spoed op die pad te hou nie, sy kan ook. Jammer sy sal nie soos 'n rooi
tsunami by hulle verbyjaag nie, hulle is seker lankal by die ouetehuis.
Hoop oom Maans was reg vir hulle. Dis die laaste keer dat sy met hul
familiesake deurmekaar raak.

Met haar een hand op die stuurwiel grawe sy in haar handsak op
soek na die selfoon en kry dit. Sy kyk vlugtig af om die nommer te soek.

Dis al. Die volgende oomblik swaai die stuurwiel skerp, die wiele
lig en die kar keer om en om met 'n geknars en 'n geskeur van metaal
en van glas wat breek. Sy klou aan die stuurwiel, sy druk haar rug teen
die leuning was. Sy hou asem op. Sy wil nie sien nie. Sy knyp haar oë
toe en sy kan hulle nie weer oopkry nie. Sy weet nie waar sy is nie,
alles om haar word pikswart. Dit duur 'n ewigheid.

Toe sy haar oë weer oopmaak, kyk sy vas teen skerwe glas wat soos
stalaktiete oor haar voorkop hang. Glasstukke oral. Alles is rooi en
swart. Sy kan voel hoe haar oogbolle in haar oogkasse draai. Heen en
weer en op en af en op. Die dak is teen haar kop en sy kan nie haar
arm lig nie. Wat het sy aangevang? Het daar 'n bok voor haar in die
pad gespring of was daar klippe wat sy nie raakgesien het nie of 'n
ander voertuig?

Sy kan nie roer nie, sy kan nie haar skouers of haar arms roer nie.
Hoe gaan sy haarself hier uitkry? Iemand sal moet help.

Sy maak haar oë toe.

Here, wat nou? My ma sit by die huis en wag.

Iemand klop teen die ruit, sy gesig hang onderstebo.

Dis Herman Bezuidenhout. Waar kom hy vandaan?

Sy hoor sy stem baie dof en ver.

"Marta! Marta, is jy oukei?"

Iets soos bloed stroom warm teen haar slape af. Sy glo nie sy is
oukei nie.

Hy praat met iemand anders. "Moet haar hier uitkry. Bring daai
domkrag. Wat 'n gemors."

Iemand vloek vreeslik.

"Watch you taal."

"Maar shame, Pa."

Marta forseer haar oë oop, sien deur 'n rooi gordyn sy is vasge-
druk. Soos 'n sardientjie in 'n blikkie, dink sy, en giggel tot sy begin
stik aan die vloeistof in haar keel. Smaak souterig en sy kan dit nie
uitspoeg nie. Dit loop by haar mond uit en in haar nek af. Dis bloed.
Sy het seergekry, maar sy voel niks. Iets druk op haar bors, haar hande
klou aan die stuurwiel. Sy was in 'n ongeluk, sy wat so goed bestuur en
elke tweede jaar 'n bonus van haar versekering kry, was in 'n ongeluk!
Arme Mazdatjie is nog nie eens afbetaal nie.

Help, help, probeer sy roep. Maar daar is geen geluid nie – net 'n
vreemde geroggel.

Toe raak sy so benoud, sy kan nie asem kry nie.

Sy moet loskom, uitkom.

Help my, Here, help my.

Glas breek aan haar regterkant. Ja, dis haar regterkant.

Twee mans … Dis Herman Bezuidenhout en seker sy seun. Waar
is die meisie wat om sy nek hang?

Die gekap hou op. 'n Hand grawe stukkies glas uit na buite. Dit
skraap haar kaal arm. Die res van haar lyf het geen gevoel nie.

"Sy bloei. Kyk al die bloed!"

"Ek sien. Kap so, kap daar. Deksels, Herman, nie daar nie. Kap waar ek vir jou wys."

"Ja, Pa. Ek sien."

"Hier, hierso ... Nee!"

"Dis blerrie ... te naby aan haar gesig."

"Wat doen jy nou?"

"Pa kan oorvat, dan gee ek instruksies."

Marta kan nie sien nie. Alles is swart en rooi. Sy wil iets sê, maar geen klank kom uit nie, net borrels by haar mond. Wat is dit? Haar keel brand, sy wil hoes.

"Marta! Marta, bly kalm, ons het jou nou-nou uit. Bly kalm."

'n Groot hand op haar skouer.

"Ons sal haar nie hierdie kant toe kan uithaal nie, Pa. Die gat is nie groot genoeg nie. Hulle sal die dak moet oopsny."

"Dêmmit."

My mooi rooi karretjie, flits dit deur Marta se kop, *sonder 'n dak en met stukkende ruite.*

"Ons moet wag vir die ambulans en die brandweer – shame. Ek gaan my water haal. Miskien wil sy ..."

Dis die seun. Sy stem raak weg.

"Marta, luister, hulle is nou-nou hier. Ons is naby die dorp, hulle het gesê hulle kom dadelik. Ambulansmanne sal weet wat om te doen en die brandweermanne en die dokters. Ons gaan jou hospitaal toe vat. Dan was hulle die bloed af en werk die snye toe, gee jou iets vir die pyn. Ons het hulle gebel, heel eerste. Toe ons die ongeluk sien, toe bel ons hulle."

My ma, dink sy. *Julle moet haar laat weet.*

Moeder.

Verbeel sy haar of het sy die woord gesê?

Marta hoor die sirene voor alles om haar weer invou en sy wegsmelt in sagte swart fluweel en niks meer weet nie.

Dertig

Gunther lê op die bed en kyk na die dak, hy oorweeg dit om Marta te bel. Hy wil 'n afspraak maak, hy wil haar uitneem vir ete, haar in die oë kyk, met haar gesels. Ongelukkig ken hy nie die dorpe hier rond nie. Hy weet nie waar om 'n oulike eetplek te kry nie. In Stellenbosch sal hy wel oor die weg kom, elke tweede winkel is 'n restaurant. Maar dis te ver. Marta sal nie haar ma vir die hele dag alleen wil los nie. Miskien moet hy sy geheim met Johan van Velden of Herman Bezuidenhout deel en hulle vra om hom raad te gee. Hy wil Marta verras en net die beste is goed genoeg vir haar. Sy is Lambertsbaai toe. Sy gaan elke eerste Maandag van die maand om die oumense in die ouetehuis se hare te doen. Gewoonlik maak sy teen tweeuur se kant klaar. Hetta gaan saam, dis vir haar ook 'n uitstappie. Dit sal nie help om nou huis toe te bel nie. Daar is niemand tuis nie. Die selfoon sal hy ook eers los, ingeval sy op pad is. As hulle teen halfdrie of drie-uur terug is, bel sy in elk geval om te hoor of die vleis vir die herderspasteie gekom het. Emma het dit vanoggend hier kom aflaai en hy sal dit graag soontoe oorvat. Dan kan hy aanbied om te help uie skil en kap – sy werk so hard en altyd alleen.

"Haar naam is nie verniet Marta nie," het sy ma vanoggend met teetyd gesê. "Sy ís ons dorp se dienende Marta. Miskien doen sy te veel, maar miskien is dit vir haar soos 'n uitvlug, die heeldag se gewerskaf in die huis en tuin. Hier is nie veel afleiding vir jong, werkende meisies soos sy nie."

"Het sy nie vriende nie?"

"Sy het – almal wat by haar hare laat doen, is haar vriende, ook Emma en Johan en die susters van die gemeente."

"Mans?"

Sy ma het geglimlag. "Ou wewenaars is ook mans. Maar as dit al is wat oorbly, sal sy liewer nie trou nie. Sy't dit gesê, nie ek nie. Marta is nog jonk genoeg om te droom. As Hetta Lambertsbaai toe trek, sal sy hier verkoop en elders haar heil gaan soek. Jy kan gerus vir haar gaan kuier. Praat met haar, leer haar ken. Sy is 'n pragtige mens. Sy sal 'n goeie predikantsvrou uitmaak."

Sy ma is reg, hy hou soveel van Marta, hy wil haar graag leer ken. Maar sal hy haar sy vrou kan maak?

Skielik en onverklaarbaar pak 'n dringendheid hom beet, 'n beklemming wat hy net kan toeskryf aan die besef dat daar min tyd oor is. Hy wil die res van sy lewe aan die verkondiging van die evangelie wy en hy is drie en veertig. Hy sal vyftig wees teen die tyd dat sy studies voltooi is. Hy wil trou, hy wil 'n huis bou en 'n gesin vestig. Hoekom het hy so lank geneem om te besluit, so lank sy lewe op 'n tydelike basis gebou, 'n toekoms geleef wat planloos verskuif het van een stad en een land na die ander? Wat het hy gesoek of wat het hy gedink? Dat alles sal gaan stilstaan die dag as hy tot verhaal kom? Nee, die lewe gaan voort, dit jaag by hom verby en hy het niks op aarde wat saak maak nie – nie eens die versekering dat hy 'n maat aan sy sy gaan hê nie. Gunther raak so benoud hy kan nie asem kry nie. Die evangelie is die begin van sy nuwe doelgerigte bestaan. Dit sal die volgende paar jaar sy lewe oorheers, maar hy wil Marta nie verloor nie.

Saam, Here, ons sal U saam dien.

Iewers in die huis lui die telefoon. Die skril klanke laat Gunther regop sit. Moet hy hardloop en gaan antwoord? Hy swaai sy bene van die bed af. Sonder dat hy dit beplan het, beland hy op sy knieë. Hy vou sy hande saam en maak sy oë toe. 'n Vrou verskyn voor hom. Sy is so ver en klein, hy kan nie met sekerheid sê wie dit is nie. Die telefoon raak stil en die stilte is goed. Dit voer hom sagkens na die troonkamer waar hy sy hemelse Vader ontmoet.

"Here, U weet wie die vrou is, maar ek hou van Marta, meer as wat ek hardop wil toegee. Sal sy my 'n kans gee? Ek is moeg vir alleen wees, ek soek 'n maat wat U saam met my sal dien. Marta is altyd so besig. Ek sal vir haar tyd maak, Here, ek sal sorg dat sy nie gedurig so besig hoef te wees nie."

"Gunther!" Dis sy pa wat aan sy kamerdeur klop.

Gunther sluit sy gebed af met 'n vinnige: "Dankie, Here."

Toe hy regop kom, val die boek wat hy gelees het voor sy aandag begin dwaal het, met 'n slag op die vloer. Die deur gaan oop en sy pa staan in die opening en hou aan die deurkosyn vas asof hy swaar kry om regop te bly.

"Wat is dit, Pa?"

"Slegte nuus."

"Is dit die kar? Is die koppelaar nie die regte een nie?"

Sy pa skud sy kop. "Dis Herman Bezuidenhout. Daar was 'n ongeluk op die Lambertsbaai-pad. Hy wil hê ons moet langsaan toe loop en vir Hetta gaan sê Marta het seergekry."

Gunther verstaan nie. Hy glo nie hy het reg gehoor nie.

"Wat?"

"Die kar het gerol. Dis ernstig."

Dit voel asof daar 'n aasvoël teen sy bors vasgevlieg het. Hy ruk repe vleis tussen sy ribbes uit, sy hart word stukkend geskeur. Hy sê die eerste simpel woorde wat in sy kop kom. "Was tannie Hetta dan nie saam nie?"

"Marta was alleen in die kar. Gaan praat met Herman, hy kan verduidelik."

"Waarvandaan bel hy? Van die huis af?"

"Van die hospitaal in Clanwilliam. Hulle wag vir 'n ambulans om haar Tygerberg toe te neem. Hy en klein Herman het haar gekry."

"Ek moet haar sien."

"Jy kan die bakkie vat en ry. Weet nie of hy jou betyds daar gaan bring nie."

"Ek sal Johan vra."

"Ons moet eers langsaan na Hetta toe."

"Dit sal goed wees as Johan ook kan saamgaan."

Gunther se hele lyf bewe, sy mond is droog, sy hart klop te vinnig. Hy loop teen die buffet in die eetkamer vas. Die telefoon is in die gang. Hy gee 'n lang tree en gryp dit.

"Herman!"

Herman vertel hom dat hy en klein Herman op pad Lambertsbaai toe 'n pap wiel gekry het en moes stilhou om die band om te ruil. Hulle het die Mazdatjie soos 'n pyl uit 'n boog sien aankom, maar hulle nie daaraan gesteur nie, tot die karretjie skielik by hulle verbygerol het. In 'n film sou dit dalk snaaks kon wees, maar dit was werklikheid. Die karretjie het oor die aarde geskuif en met 'n slag op sy dak te lande gekom. Hy en klein Herman was besig om die gereedskap weg te pak, maar het alles gelos en gehardloop, en in die hardloop die nooddienste op Lambertsbaai gebel. Marta het baie bloed verloor, 'n paar snye in haar gesig opgedoen, ribbes gekraak en 'n arm en 'n been gebreek, maar sy is buite gevaar. Haar karretjie is afgeskryf. Hy en Andrea het besluit dit sal beter wees as sy Tygerberg toe verskuif word. Hulle ken 'n ortopeed en 'n internis daar wat haar goed sal versorg.

Gunther het Herman nog nooit so 'n lang storie hoor vertel nie. Dit klink soos iets wat met iemand anders gebeur het – nie met Marta nie. Hoe kan dit sy wees? Marta ry nie vinnig nie, of ry sy vinnig?

"Is jy seker dis Marta?" vra hy en besef onmiddellik hoe onnosel hy klink.

"Ek is jammer. Ons het Maandag gesien hoeveel jy vir haar omgee en sy's 'n oulike meisie. Andrea het agterna vir my gesê julle is die perfekte paartjie."

Marta!

Dit dring tot Gunther deur. Marta was in 'n verskriklike motor-
ongeluk, sy is erg beseer. Enigiets kan verkeerd gaan. Hy sluk swaar
aan die knop in sy keel. Hy wil skreeu, maar hy bedwing hom.

"Ons kom dadelik," sê hy.

"Sy word volgepomp met pynmiddels, maar sy is by haar bewus-
syn en bekommerd oor haar ma. Ons wag vir 'n ambulans, die heli-
kopter is nie beskikbaar nie. Volgens die dokter hier is daar net ligte
harsingskudding, maar ons vertrou nie die skanderingsresultate nie."

"Dink jy ons sal dit maak as ons oor so 'n halfuur Clanwilliam toe
ry? Ons moet by tannie Hetta aangaan om vir haar te sê en iemand
kry om by haar in te trek vir die nag. Ek glo nie sy sal saamkom nie."

"Gee my jou selfoonnommer, dan hou ons julle op hoogte."

Hulle ruil nommers uit en groet. Gunther wil iets sê waarmee hul-
le Marta kan moed inpraat, maar Herman het klaar die verbinding
verbreek. Toe hy die telefoon neersit, onthou Gunther dat klein Her-
man 'n jaagduiwel is en dat Andrea niks van vinnige karre hou nie.
Miskien moes hy hierdie ongeluk gesien het om hom af te skrik. Maar
hoekom ten koste van Marta?

"Wat sê hy?"

Gunther se pa lê sy hand vertroostend op sy rug.

"Dit klink nie goed nie."

Eva staan aan die onderpunt van die gang agter haar teetrollie. Sy
lyk geskok, haar oë groot, haar gesig dun.

"Stoot maar deur, Eva, ek dink Mevrou het nou 'n koppie tee nodig."

"Jy moenie worry oor die rys nie," sê Eva vir Gunther.

"Marta moes herderspastei maak."

"Ek sal nou dadelik begin."

"Dankie, Eva, baie dankie. Ons moet met haar ma gaan praat. Ons
moet eers die predikant bel dat hy saamgaan, sal Pappa dit doen?"

Eva se oë rek nog groter. "Sy weet nog nie van haar kind nie?"

Ciska steek albei hande na Gunther uit. "Die Here sal julle nie in
die steek laat nie," sê sy en beduie vir hom om te sit en eers soet tee te
drink vir die skok.

"Dankie, Mamma."

"Johan is op pad," sê sy pa. "Hy sal saamgaan na Hetta toe, en hy't aangebied om jou Clanwilliam toe te vat. Gee hom tien minute."

Om predikant te wees, dink Gunther, is om 'n vriend in nood te wees. Gunther sluk die tee so vinnig hy brand sy mond. Hy stort binne vyf minute, trek 'n skoon hemp en jean aan en steek sy selfoon in sy sak. Hy staan op die stoep toe Johan voor die hekkie stilhou.

"Emma is vooruit," sê hy. "Sy't tannie Hetta gebel onder die voorwendsel dat sy vergeet het om die speserye vir die vleis te gee. Ons loop gou om die hoek."

"Eva het aangebied om die pasteie te maak."

"Dis baie gaaf van haar. Emma wou sommer self inspring."

Emma se kar staan voor die Kosters se deur.

"Ek het 'n goeie vrou, 'n vrou duisend," sê Johan. "Hulle is meer werd as pêrels, my vriend, en Marta is een van hulle."

Gunther is versigtig met sy gevoelens oor Marta, maar hy sê wel: "Ek weet en ek is bang ek verloor haar voor ek dit vir haar kon sê."

Johan sit sy arm om hom. "Wees gerus. Die Here het julle nodig vir sy werk hier op aarde."

Emma maak die voordeur oop. "Tannie Hetta was so bekommerd oor Marta, ek moes haar vertel."

"Hoe hanteer sy dit?"

"Nie goed nie. Kom doen vir haar 'n gebed."

Tannie Hetta sit in die televisiekamer in haar rystoel, 'n nat sakdoekie in haar klein handjies vasgeklem. "Ek wou nie vandag saamgaan nie, ek wou nie. Maar ek het nie geweet nie."

Johan kniel voor haar en neem haar hande in syne. "Tannie sou dit nooit vooruit kon sien nie, nie een van ons kan in die toekoms sien nie. Een ding waarop ons kan staatmaak, is God se beloftes. Hy sal ons nie in die steek laat nie, wat ook al gebeur, Hy is ons Vader en Tannie moet dit nie vergeet nie."

"Ek was smoorkwaad toe sy nie opdaag nie en toe sy nie haar selfoon antwoord nie. Ek het haar verwens omdat sy vry is om te kom en te gaan soos sy wil, en sy is nie. Sy het haar lewe vir my opgeoffer."

"Tannie, ek is seker sy het dit met liefde gedoen."

"Ja, vir haar pa."

Johan ignoreer haar laaste aanmerking. Gunther hoor wat sy sê, maar hy verstaan dit nie en miskien het hy verkeerd gehoor. Tannie Hetta skud net haar kop en bars in trane uit. Emma vryf die skewe ruggie, maak susgeluidjies soos 'n ma vir haar baba, sê saggies vir Johan. "Ek sal hier bly, ry julle maar."

"Tannie Hetta, kan ons julle in die gebed opdra?"

Hetta knik. Johan kies sy woorde versigtig en vra die Vader om Marta en Hetta en almal wat vir Marta lief is deur hierdie moeilike tyd te dra en sy genesende hand nie net na Marta uit te steek nie, maar ook na hulle almal.

Hy groet Hetta met 'n sagte handdruk en Emma met 'n soentjie.

Die gedagte kom weer by Gunther op. Saam in diens. Johan en Emma is liefdevol, onselfsugtig en vrygewig. Hulle is saam in God se diens. Dit is sy droom vir hom en Marta ook.

Johan het sy viertrek voor die Swanepoels se huis parkeer. Hulle gaan maak gou 'n draai in die huis en groet vir Ciska en Gideon. Eva het koue water en vrugtesap in 'n koelsak gepak. Nes Ciska slaan sy haar arms om Gunther en gee hom 'n drukkie.

"Ons sal die Here bid dat Hy haar gou-gou gesond maak."

Johan ry stadig deur die lui dorpstrate. Dis laatmiddag – tyd vir die kinders om van die skool se sportaktiwiteite af huis toe te gaan. Hulle stap die strate vol en skop selfs 'n sokkerbal vooruit. Johan blaas nie die toeter nie, hy draai af om hulle te vermy.

Gunther wil sê hulle moet leer om nie in die straat bal te skop nie. Maar hy los dit toe hy onthou dat hulle dit self gedoen het. Kinders word avontuurlustig gebore, nuuskierig en leergierig. Hulle soek en gryp wat hulle kan kry. Dit duur meesal jare voor hulle Matteus 6:33 verstaan: "Nee, beywer julle allereers vir die koninkryk van God en vir die wil van God, dan sal Hy julle ook al hierdie dinge gee."

Eers dan begin die grootwordproses. Gunther dink aan sy wilde jong dae en die onverantwoordelike dinge wat hy op pad na die meer in Seoel aangevang het. Hy onthou partytjies en drank en maklike meisies, 'n sedige gesig vir sy ma as sy hom uitvra oor sy lewe oorsee. Hy het geld verkwis, hy het hom besig gehou met leë plesier tot hy die koninkryk ontdek het. Sal God hom nou alles gee wat hy nog nodig het, kan hy dit verwag? Hy is te skaam om te erken dat hy arm, ellendig en eensaam is.

"Vandag is 'n dag van kontraste én eendersheid," sê Johan. "Ragel Naudé het vanoggend haar hart by my kom uitpak. Haar seuntjie wat dood is, se geboortedag is die 6de September. Haar man wil hê sy moet die geleentheid gebruik om terug te gaan huis toe. Sy kan nie. Die verhouding tussen haar en haar man het ontspoor. Tannie Hetta en oom Arend was onafskeidbaar. Hy was 'n getroue eggenoot en liefdevolle vader. Marta was hul laatlam en sy lieflingkind, hy het haar glo te veel bederf en Hetta wou wal gooi. Marta moes van kleins af met die huiswerkies help, maar sy het in die proses baie geleer – ook om verantwoordelikheid te dra. Sy versorg haar ma nou al vyftien jaar."

Tannie Hetta is duidelik afhanklik van haar en dankbaar, maar daar is iets wat Gunther hinder. "Ek hoor Marta se pa het in haar arms gesterf," sê hy. "Is dit waar?"

"Hy het en hy't haar met sy laaste asem laat belowe om haar ma op te pas."

"Lyk my tannie Hetta dink sy doen dit omdat hy haar gevra het. Sal jy iemand vyftien jaar lank oppas as jy nie vir haar omgee nie?"

"Marta doen dit en sy kla nie, maar dit is veel gevra," sê Johan. "Baie gaan kla by háár, bieg, huil, vra raad. Jy weet mos wat gebeur met jou as 'n haarkapper aan jou kop vat. Jou tong raak los."

Gunther stem saam. Maar hy wonder oor Marta. Met wie praat sy as sy wil kla? By Jesus? Maar ken sy Hom?

"Marta is 'n geslote boek. Sy praat nie oor haar hartsake nie."

Gunther dink aan sy ouer broer en Marta se heldeverering vir Deon. "Was daar ooit 'n man in haar lewe?" waag hy dit.

"Ek weet nie van vroeër nie, maar 'n jaar gelede het John Lessing ná sy vrou se dood by haar probeer aanlê, en daar het niks van gekom nie. Marta sal 'n goeie vrou wees vir die regte man. Sy is 'n ware steun-pilaar vir Emma en die vrouediens – al kom sy selde kerk toe." Johan gee 'n wrang laggie. "Marta is Marta, sê ek altyd, nie Maria nie."

Gunther voel hy moet Marta verdedig. "Jy hoef nie haar lewe van toepassing te maak op Bybelkarakters nie," sê hy, "al is haar suster ook Maria."

"Jy's reg," erken Johan. "Dis ons, baie van ons is soos Marta, min soos Maria en tog skenk die Vader sy genade vir een en almal. Jesus het gekom om ons gelyk te maak. Niemand is in sy stelsel belangriker of ryker of mooier of flukser as die ander een nie, almal is diensknegte. Miskien spartel ons hier op aarde te veel om sogenaamd kop bo water te hou. En in die gespartel vergeet ons waar ons vandaan kom en waarheen ons op pad is. As Jesus verbykom en 'n rukkie by ons wil vertoef, wil ons Hom beïndruk met alles wat ons Hóm kan bied, nie rustig raak en aanneem wat Hý vir óns wil gee nie.

"Ek stel my dikwels voor hoe dit hier in die gemeente sal gaan as Jesus een Sondag kom preek. Ons sal die kerk uitverf, ons sal elke greintjie stopverf uit die vensterrame krap, die houtwerk afskuur en met olie behandel."

"Die orrel …" sê Gunther toe Johan asem skep.

"Die orrel sal herbou word, maak nie saak of daar geld daarvoor is nie, ons voer 'n orrelbouer van Duitsland in. Ons leen en maak skuld. Ons koop nuwe roosbome vir die tuin, ons rol gras uit – nie net op die kaal kolle nie, die hele erf. Ons bestel blomme van die Kaap, kry 'n kampioen om Gerda Schoonraad met die rangskikkings te help. Die teevrouens versier die saal soos 'n troukoek. Hulle hou vergadering op vergadering oor die eetgoed wat hulle gaan voorsit. Dames wat nie hul hande uitgesteek het om iets vir die sopkombuis voor te berei nie, wil skielik help. Ons ry Kaap toe om klere te koop vir die geleentheid. Gemeentelede wat tien jaar laas in die kerk was, daag op. Vir 'n verandering moet daar stoele ingedra word. Almal kom vroeg. Hulle sing uit volle bors. Hulle wil hê Hy moet hulle hoor en raaksien. Die vroue wat die verversings voorsien, is nog in die saal besig om hier en daar iets reg te skuif. Rosie-hulle is in die kombuis om die teewater op te pas, tydsberekening is van die allernoodsaaklikste. Die kerk is gepak. "Dan daag Hy nie op nie. Die gemeente sing hulle hees. Hulle wag, maar Hy kom nie uit nie. Hulle begin onder mekaar fluister. Hulle wonder of Hy die datum verkeerd het, of Hy die afdraai na dorp misgekyk het en verdwaal het. Dalk was Hy in 'n ongeluk? Maar dis nie een van die drie nie. Hy staan op die sendingkerkie se preekstoel en praat met 'n handjie vol volgelinge, honger mense wat ten spyte van hul eenvoud en armoede Hom eerste plaas. Ek meen, dis wat ons moet leer, my vriend. Ek en Emma is ook skuldig. Ons is almal skuldig. Al ons goeie bedoelings, al ons pogings om onsself te verbeter en te verryk, selfs ons goeie werke is niks werd as ons nie tyd maak om by sy voete te sit nie."

Johan haal diep asem. "Ek het ook al baie tyd verloor," sê hy dan.

"Jy verdien jou lewensonderhoud met die verkondiging van Jesus se woorde," sê Gunther. "Jou tyd is syne."

Johan antwoord nie. Gunther sien dat hy sy oë stip op die pad hou. Dis 'n mooi pad, maar die kronkels en draaie is bedrieglik en hy moet konsentreer.

"Jy en Emma doen wat julle kan."

Johan verminder spoed. "Ons is besig met die mense, ons probeer help, selfs met hul geestelike groei. Ons lees boeke, ons soek internetinligting, ons berei vir hulle Bybelstudie voor, redeneer met mekaar daaroor. In die proses kry ons selde tyd om lank genoeg stil te sit en net te luister. Mense soos jou moeder en tannie Hetta is in hierdie sin bevoorreg. Dit klink harteloos, maar gee hulle van hul alleentyd vir Jesus?"

"Hoe sal ons weet?"

"Jy sien, ons is almal dieselfde. Waar het hierdie gesprek begin?"

Gunther het nie tyd om te antwoord nie. Sy selfoon lui en dis Herman.

"Die ambulans het gekom. Kan ons julle by Tygerberg-hospitaal ontmoet? Dis ver, maar ons kan nie wag nie. Hulle stoot al haar bed uit."

Gunther kyk na Johan. "Die ambulans het gekom."

"Dan kry ons hulle in Tygerberg."

Johan bly op die grootpad. Hy ry by Clanwilliam verby.

Een en dertig

Dis vroegaand toe hulle by die hospitaal se teekamer instap en Herman hulle naderwink. Hy en Andrea sit by 'n tafel vir vier en het nog nie bestel nie.

"Die dokters is nou by haar en die saalsuster het gevra of ons kan wag tot besoektyd. So, ons het haar nog nie weer gesien nie."

Andrea slaan haar arms om Gunther en hou hom vas asof Marta sy meisie is. Hy voel te simpel om vir haar te sê dat hulle nie 'n verhouding het nie en dat Marta hom miskien nie eens langs haar hospitaalbed sal verwelkom nie. Maar soveel simpatie komende van Andrea is genoeg om 'n knop in sy keel te veroorsaak. Hy is bekommerd oor Marta en die gevoel wat hy vir haar het, is nie net jammerte nie. Hy is hier om haar by te staan.

"Dankie vir alles wat julle sover gedoen het," hoor hy homself sê.

"Ons kon nie anders nie," sê Herman. "Ek en klein Herman was op die toneel."

"Was dit baie sleg?" vra Johan toe hulle sit.

"Ek het geskrik toe ek haar daar in die opgedrukte karretjie sien, bloed net waar jy kyk. Dis toe 'n diep sny aan die voorkop. Sy lyk beter vandat hulle haar skoongemaak het."

"Kopwonde bloei erg."

"Ons is steeds bekommerd oor moontlike harsingskudding."

"Hulle sal haar seker môre deur al die toetse sit."

Herman slaan 'n spyskaart oop. "Wat eet julle?"

"Iets ligs, 'n toebroodjie of so."

Die kelner staan nader en neem hul bestellings.

"Ons sal haar gaan groet en dan maar teruggaan. Dit was 'n lang dag," sê Andrea en kyk na Herman.

"Dis 'n bestiering, hoor, dat ons daar was," sê hy. "Sy't my teen tienuur gebel om my te sê dat my pa reg is vir 'n besoek. Die een boorgat se pomp was stukkend en ek dag dis net 'n kleinigheid wat ek gou kan oplos. Maar ons raak besig en dit word twaalfuur voor ons kon ry. Ons was op pad, toe bel sy weer en sy was nie baie gelukkig nie. Ek sê nog vir klein Herman ons sal by die agterdeur moet insluip. Die volgende oomblik kry ons 'n pap wiel. Dis asof alles saamgewerk het om ons op daai oomblik op daai pad te laat stop."

"Vreemdelinge sou verbygery het."

"Nie altyd nie."

"Miskien nie."

"Mens weet nie hoe hulle haar sou hanteer het nie."

"As sy my nie gebel het nie, was ons nie daar nie."

"Het jy jou pa gesien?"

"Nee."

"Jy moet maar weer probeer?"

"Matrone het my verseker Marta was reg." Herman sug. "Dis nie lekker nie."

"En Marta? Wat het met haar gebeur? Het 'n band dalk gebars?"

"Niemand weet nie."

"Het hulle haar al gevra?"

"Sy praat nie."

"Tipies Marta, sy praat nie maklik nie."

"Miskien praat sy met jou."

Hulle kyk na Gunther. Hy kan voel hy word rooi, maar hy knik. Hy wil met haar praat – al sê sy niks. Daar is baie wat hy vir haar wil sê.

Hy kry sy kans byna drie uur later. Andrea het voorgestel dat hulle blomme bestel voor die bloemistewinkel toemaak. Sy en Herman het 'n yslike ruiker gekies, Johan 'n kleiner een namens die gemeente en Gunther 'n mandjie pienk rose van hom alleen. Hy weet nie wat om op die kaartjie te skryf nie en volstaan met:

Ek dink aan jou, liefde, Gunther.

Toe hy die pen neersit, is hy onseker, maar die bloemis is haastig en hy is skaam om 'n ander kaartjie te vra. Sy verseker hulle dat die blomme vroeg die volgende oggend afgelewer sal word.

Besoektyd het aangebreek en hulle kies koers na die ortopediese afdeling waar hulle Marta in 'n enkelkamer kry, omring – so lyk dit vir Gunther – deur staanders met drupsakke.

Andrea stap eers nader en praat saggies met haar. "Hoe gaan dit nou?"

"Beter."

Marta se nek is in 'n nekstut en sy kan nie haar kop draai nie. Haar kop en arms is verbind en 'n ander stut hou die beddegoed van haar bene af weg.

"Ons kom kyk of hulle jou goed behandel," sê Herman.

"Julle het my lewe gered. Dankie."

"Ons was toevallig byderhand."

"My ma?"

"Emma is by haar."

"Herman, het jy jou pa gesien?"

"Nee."

"Jy moet."

"Kyk wie's hier."

Herman stoot hom vorentoe en Gunther staan skielik teen haar bed.

"Haai," sê hy sag.

"Gunther?"

Hy raak met sy vingerpunte aan haar hand. "Dis ek."

"Ek's bly … dis jy."

Die manier waarop sy dit sê, stuur 'n fladdering deur sy borskas. Hy wil haar vra wat sy presies bedoel, maar nie voor die ander besoekers nie.

"Johan het my gebring."

"Hulle sê dis Tygerberg hierdie. Dis ver."

"Nie te ver nie. Ek sal jou gereeld besoek – as Johan of Herman my kan bring, of as Rusty my kar aan die loop kry."

"Ek leen jou een van myne," sê Herman. "Daai Cadillac van jou is nie vir die lang pad bedoel nie."

"My Mazda?" vra Marta.

"Ons weet nog nie wanneer hy weer op die pad sal wees nie."

"Groot skade?"

"Jy lewe, en dis die belangrikste."

"Emma se herderspasteie?"

"Eva sal vir jou instaan."

"Ek moet skep."

"Ek sal gaan," sê Andrea. "Ek het tyd en twee hande. Ek het lanklaas geskep."

"Dankie."

Andrea plant 'n soentjie op 'n stukkie wang wat uitsteek. "Ek en Herman is op pad. Kuier jy en Gunther, ons sien jou weer môremiddag."

Johan haal sy Sakbybeltjie uit. Hy kyk op sy horlosie. "Lees en bid eers saam met ons."

Andrea bloos verleë, maar Herman trek vir haar 'n stoel nader en gaan staan agter haar met sy hande op haar skouers. "Ons het vir mekaar gesê dit kon klein Herman gewees het. Hy ry te vinnig."

Marta lek oor haar lippe. Dit lyk asof sy iets wil sê, maar haar moed begewe haar skynbaar.

Andrea sit haar hand op Marta se arm. "Hy't drie karre afgeskryf en twee keer met ernstige beserings in die hospitaal beland. Hy weet hy speel met vuur, maar hy wil nie luister nie. Jy verdien nie die pyn en ongemak nie." Andrea moet haar trane keer voor sy verder kan praat. "Vandag het hy vir die eerste gesien hoe dit van die ander kant af lyk – iemand vasgekeer in 'n wrak. Jou pyn is nie sinloos nie. Klein Herman sal later met jou kom praat."

"Dis nie sy skuld nie."

"Hy het 'n les geleer."

"Ons lees," sê Johan met die oop Bybeltjie in sy hand. "Psalm 86, 'n gebed van Dawid. 'Luister tog na my, Here, verhoor my gebed, want ek is hulpeloos en arm. Beskerm my, want ek is u troue dienaar, red my, want U is my God, op U vertrou ek. Wees my genadig, Here, ek roep die hele dag deur na U. Maak my bly, Here, ek hunker na U. U is goed, Here, U vergewe altyd weer, U is getrou teenoor dié wat na U roep om hulp. Luister na my gebed, Here, gee tog ag op my smeekgebed. Op die dag van my nood roep ek na U, U sal my gebed verhoor. Daar is geen god soos U nie, Here, niks kan met u werk vergelyk word nie. U het al die nasies gemaak; hulle sal voor U kom buig, Here, en aan u Naam die eer gee, want U is groot en doen magtige dade, U alleen is God. Leer my u pad, Here, ek wil wandel in u waarheid; leer my U met toewyding dien. Met my hele hart sal ek U prys, Here my God, u Naam altyd eer, want u liefde vir my was groot: uit die dieptes van die dood het U my gered'." Hy maak die Bybeltjie toe. "Tot sover die Psalm," sê hy sonder om uit te brei.

Dawid se versugtinge is ook myne, ook almal in hierdie kamer s'n, dink Gunther. Johan laat glip die Bybeltjie in sy sak. "Kom ons bid."

"Here, ons staan vanaand voor U met verwondering oor u oneindige liefde. U leer ons op soveel verskillende maniere. Soms maak dit seer, soms voel dit vir ons onregverdig. Maar elke keer word u liefde aan ons geopenbaar, weet ons dat dit U is wat met ons praat, ook U wat ons 'n tweede kans gee. Ons dra Marta aan U op. Sy is vir ons goud werd, 'n ware steunpilaar en 'n getroue werker. Spaar haar en genees haar, rus haar uit en leer haar sodat sy spoedig weer in u diens sal kan staan. Wees vir haar 'n skuilplek, Here. Wil U ons ook bewaar waar ons nou weer op die pad sal gaan. Hou u hand oor al u kinders, soveel in hierdie hospitaal wat genesing nodig het. Vergewe ons ons selftevredenheid, gemaksug en ondankbaarheid, ons geestelike blindheid en doofheid. Wys ons die weg, in Jesus Naam. Amen."

Johan en Herman gee Marta elk 'n sagte handdruk, Andrea nog 'n soentjie.

Gunther wil ook groet, maar Andrea keer hom.

"Besoektyd is nog nie oor nie," sê sy. "Johan, stap solank saam met ons."

"Ek wag vir jou in die portaal," sê Johan. "Geruste nag, Marta."

Gunther het nie 'n keuse nie en hy wil ook nie anders kies nie, hy wil by haar agterbly.

Toe die ander uit is, gaan staan hy sodat sy hom kan sien sonder om haar kop te draai.

Hy glimlag vir haar.

"Ek lyk vreeslik," sê sy.

"Jy lyk soos iemand wat in 'n groot ongeluk was."

"My eie skuld."

"Hoekom?"

"Onthou jy Herman het gesê ek moet hom bel as oom Maans 'n goeie dag het? Dit was vandag. Oom Maans was so normaal soos enigeen van ons."

Sy praat stadiger en hy wil keer.

"Moenie te veel sê as dit jou uitput nie."

"Ek wil … ek moet."

"Goed, dan. Ek luister."

"Ek't Herman gebel, hy't gesê hy kom. Teen die tyd dat ek op pad was, sit oom Maans nog op die stoep, so deurmekaar hy weet nie vir wie hy wag nie. Ek was so kwaad. Ek't Herman weer gebel, op hom geskel. Die ontvangs was so sleg, ek kon net uitmaak hulle ry. Toe ry ek te vinnig huis toe. Die pad was oop."

"Toe spring iets in die pad?"

"Ek't my selfoon uit my handsak gehaal om my ma te bel."

"Jy't weggekyk."

"Ek't die stuurwiel gelos, gedraai of iets. Volgende oomblik tol die kar. Was vreeslik, gevoel my laaste oomblikke breek aan. Geen beheer nie."

"Dis verby, moenie jouself verwyt nie."

"My ma kan nie alleen nie."

"Ons sal 'n plan maak."

"Ek wou haar gerusstel. Wat het ek aangevang?"

"Niks gebeur sonder 'n doel nie."

"Gelukkig kan my ma my nie sien nie."

"Jy is mooi, Marta. En as jy hier opstaan, sal jy nog mooier wees. Jy gaan minstens drie maande rus van wasgoed was en huis skoonmaak en kos kook. Ander mense gaan jou 'n slag bedien."

"Ek sal so verveeld wees."

"Jy kan lees, jou oë makeer niks. Sodra jou hande beter is, kan jy brei of naaldwerk doen. Ek sal kom kuier, ons kan gesels."

"Ek kan nie drie maande in die hospitaal lê nie."

"Jy kom huis toe."

"My ma kan nie na my kyk nie."

"Ek sal sorg dat ons iemand kry. Ek sal jou nie in die steek laat nie."

Marta is stil. Sy maak haar oë toe en hou dit toe. Trane pers onder haar ooglede uit. "Doen jy dit omdat jy eendag 'n predikant wil wees?"

Gunther haal sy sakdoek uit. Hy druk haar wange saggies droog, versigtig.

"Ek doen dit omdat ek Jesus liefhet en omdat jy die enigste vrou in my lewe is. Word gesond, Marta, sodat ons ons soektog kan afrond. Jy het dit op jou manier gedoen, ek op myne. Ons is albei op soek na dieselfde koninkryk."

"My suster se nommer is in die boekie onder Andersen, op die lessenaar in die studeerkamer langs my pa se portret. Miskien het my ma al gebel, vra haar. As sy nog nie gebel het nie, sal jý asseblief?"

Gunther buk af, hy soen Marta op die verband wat om haar kop gedraai is.

"My mond is nie toegebind nie," sê sy.

"Jy gee nie om dat ek jou soen nie?"

"Nee, ek wil hê jy moet."

Toe sy lippe aan hare raak en sy sy naam fluister, weet hy dat hy van nou af vir haar sal sorg en sy vir hom. Diep binne hom is daar sekerheid. Hy glo en hy weet dat sy wat nou so hulpeloos is, binnekort sy steunpilaar sal wees.

'n Nota van die skrywer

Marta is een van die karakters in die Bybel met wie vroue hulle kan vereenselwig. Trouens, daar skuil 'n Marta in elke hardwerkende huisvrou en moeder, én in professionele vroue en enkelma's wat dit regkry om boonop 'n huishouding, sonder hulp, aan die gang te hou. Sy moet haar beroeps- en gesinslewe fyn beplan om met alles te kan byhou. Ongelukkig sal sy haar gereeld afsloof en soms soos 'n vloermat voel. Elke Marta het haar eie frustrasies en omstandighede wat dalk van joune verskil en tog op die ou end so eenders is. Dit ly geen twyfel nie, jy en sy is nes Marta in die Bybel: 'n vrou wat selde tyd kry om lank en rustig by Jesus se voete te sit. Ek het soveel simpatie met jou, want ek ken dit ook – die onvermoë om die tyd uit te koop, wat ná honderde jare van menswees steeds ons lot is.

Marta is ons tweede boek oor vroue met Bybelname. Ek hoop jy geniet dit net soos ek om haar van nader te leer ken. Dit sou egter nie moontlik kon wees sonder Lux Verbi en Veronica Scholtz nie. Baie dankie, Veronica, vir jou aanmoediging, bystand en vertroue. Dankie almal wat so hard werk om my manuskrip in 'n boek te verander. Dankie, Elmarie Botes, vir jou sensitiewe redigering, Johan Steyn, wat geproeflees het, ek waardeer julle moeite. Dankie ook, Marthie Steenkamp, vir die uitleg en pragtige voorblad wat weereens in die kol is. Vir elkeen wat meewerk om die boek bekend te stel en te verkoop, baie dankie.

'n Spesiale woord van dank ook aan my vriendin Jennie Louw en haar seun, Hendrik, wat my op hoogte gebring het met die werking van 'n kerkorrel en Brahms se pragtige korale onder my aandag gebring het. Dankie, Henk my man, vir jou oneindige geduld met my lang werksure, en veral vir jou volgehoue gebede.

Belangrikste nog – aan ons Hemelvader, baie dankie vir u liefde en geduld met elke Marta op aarde, ook met my.

Aan jou, my leser, ek waardeer jou volgehoue ondersteuning.

Kom ons leer saam.

Liefde
Helena Hugo